L'ACQUISITION DU LANGAGE

Marie-Louise Moreau
Marc Richelle

L'acquisition du langage

Cinquième édition

MARDAGA

© by Pierre Mardaga éditeur
Hayen 11 - B-4140 Sprimont
D. 1997-0024-8

Avant-propos

Cet ouvrage prend la relève de l'*Acquisition du langage* publié par l'aîné des auteurs en 1971, alors que le renouveau de la psycholinguistique développementale remontait à peine à une dizaine d'années. Déjà à l'époque, le domaine était si foisonnant qu'il eût fallu un énorme volume pour en faire le tour, et non les quelques chapitres concis d'une introduction. Cette première version devait vieillir très vite. Et il faut s'en réjouir à un double titre. En premier lieu, cela témoigne des progrès rapides de la recherche, productive dans de nombreuses directions, riches de résultats nouveaux devenus indispensables à une information, même très générale, de l'étudiant ou du praticien. En second lieu, la perspective théorique et méthodologique adoptée, — que l'on peut résumer par les termes d'*approche fonctionnelle* — et qui prenait le contrepied du courant formel alors dominant, devait peu à peu rallier la plupart des chercheurs à la faveur du contact avec la réalité de leur matière d'étude. La polémique où s'opposaient de façon manichéenne les disciples de Chomsky et les adeptes de Skinner n'a plus, aujourd'hui, qu'un intérêt historique. Il convenait donc d'envisager une version revue, non seulement augmentée des données apparues en une autre décennie, mais placée dans un nouvel éclairage. Ce qui ne se pouvait formuler qu'à l'état de souhait est aujourd'hui la substance des recherches les plus courantes. Certaines propositions qu'il était impossible de hasarder sans qu'y transparaisse quelque intention polémique vont aujourd'hui de soi. Les pistes à peine amorcées voici dix ans sont devenues des chemins bien tracés, sinon encore des avenues parfaitement dessinées. La bibliographie s'est enrichie de quelque 450 titres. Encore ne s'agit-il que d'un échantillon, que nous espérons représentatif, d'une littérature scientifique de loin plus abondante.

Dans la mesure où cette version nouvelle conserve l'essentiel de la trame de la version initiale, demeure fidèle à sa perspective générale, et retient parfois sans changement l'exposé de certains thèmes déjà classiques à l'époque, elle affirme bien sa filiation au texte précédent. Mais par la hiérarchisation très différente des problèmes, par l'enrichissement des données de fait, par les ouvertures neuves sur des questions à peine soupçonnées il y a dix ans, elle apparaîtra d'une parenté plus lointaine. Tel quel, l'ouvrage reflète, nous l'espérons, l'ajustement des hypothèses et des théories en fonction des faits qui caractérise la démarche scientifique, et dont l'évolution récente des études sur l'acquisition du langage fournit un très bel exemple.

Signe des temps aussi, cette nouvelle version est l'œuvre d'une collaboration entre une linguiste venue à la psychologie et d'un psychologue attentif à la dimension linguistique. C'est dire que les points de vue fonctionnel et formel — plus spécifiques le premier à la psychologie, le second à la linguistique — ne se présentent plus désormais comme antagonistes, mais comme complémentaires.

Plusieurs collègues ont aimablement apporté leurs critiques à certaines parties du texte: C. Botson, S. Brédart, D. Lafontaine, B. Piérart, F. Pire, J.-P. Pourtois, J.A. Rondal. Nous les remercions, tout en les dégageant de toute responsabilité pour les erreurs et les imperfections qui auront survécu à leur lecture.

M.-L. Moreau - M. Richelle
Décembre 1981

Chapitre I
Perspectives théoriques

1. Psycholinguistique développementale et psychologie du langage

L'étude de l'acquisition du langage chez l'enfant fait partie de la psychologie du langage. Un bref rappel des problèmes que se doit d'aborder une psychologie du langage permettra de mieux situer, par rapport à l'ensemble de ses préoccupations, l'objet des chapitres qui vont suivre.

Le psychologue, face à toute grande fonction, est naturellement amené en tout premier lieu à en décrire les caractéristiques propres. S'agissant du langage, une part importante de cette description relève de la linguistique. Les données de cette science n'épuisent pas, cependant, les questions que se pose le psychologue. D'une part, elles ne s'éclairent vraiment que si le langage est correctement rattaché à des aspects plus fondamentaux des conduites humaines, notamment à la fonction symbolique. On trouvera dans Paulus (1969) une synthèse des apports les plus décisifs de la linguistique classique et contemporaine et une discussion des problèmes relatifs à l'insertion du langage dans le cadre plus large de la fonction symbolique. Nous ne reviendrons pas sur ces fondements essentiels de toute étude de la fonction verbale.

D'autre part, si la linguistique nous fournit des données irremplaçables sur la structure des comportements verbaux — telle qu'elle se dégage de l'examen des langues naturelles — elle ne nous apprend rien, parce que ce n'est pas dans son propos, sur les variables dont dépendent non seulement les propriétés du système linguistique, mais l'apparition d'un comportement verbal dans une situation donnée chez un sujet donné. Ce genre d'analyse fonctionnelle englobe aussi bien l'exploration des substrats physiologiques du langage que l'étude des multiples conditions du milieu qui influent sur la production des comportements verbaux chez un sujet parlant. Nous reviendrons sous peu sur cette importante extension du domaine de la psychologie du langage par rapport au domaine de la linguistique, cette dernière s'en tenant à la *langue* alors que la première envisage en tous leurs aspects ce que l'on appelle parfois aujourd'hui les *conduites langagières* et que nous continuerons d'appeler, plus simplement, les *comportements verbaux*.

En second lieu, le psychologue, outre l'analyse des propriétés de la fonction linguistique, s'interrogera sur ses origines phylogénétiques d'une part, ontogénétiques de l'autre. Quelles que soient les discontinuités que l'évolution a pu marquer entre les comportements des différentes espèces, on ne peut se dispenser de rechercher chez les autres espèces ce qui préfigurerait, fût-ce fragmentairement, le langage humain. L'étude comparée, à travers la phylogenèse, des diverses conduites de communication doit permettre de dégager les ressemblances et les filiations propres à expliquer l'émergence du langage humain en certains de ses aspects, et de mettre en évidence les différences irréductibles qui en feront mieux ressortir l'originalité. Ce domaine comporte deux volets : d'une part, l'analyse des systèmes de communication naturelle chez diverses espèces animales, dont les travaux de von Frisch (1967) et de Lindauer (1971) sur les abeilles fournissent encore l'illustration exemplaire; d'autre part, les tentatives d'apprendre à des animaux des systèmes de langage inspirés du langage humain, et d'explorer par là leurs potentialités linguistiques éventuelles. Depuis une quinzaine d'années, ces essais se sont multipliés, notamment sur le chimpanzé, avec les recherches des Gardner (1969, 1972), de Premack (1976), de Rumbaugh (1977) et récemment de Terrace (1979), et elles ne cessent d'alimenter les débats théoriques (pour une vue d'ensemble, voir Sebeok, 1979, et Umiker-Sebeok, 1979).

L'analyse ontogénétique, outre son intérêt évident pour la psychologie de l'enfant, est de nature à éclairer les comportements verbaux tels que le langage adulte nous les livre, en nous permettant de suivre toutes les étapes de leur élaboration. Cet intérêt de l'approche ontogénétique pour une psychologie générale du langage, voire pour la linguistique, n'a pas toujours été unanimement reconnu. Chomsky (1964b) par exemple, estimait impossible de traiter de l'acquisition du langage avant de saisir exactement ce qui est acquis, c'est-à-dire avant que la linguistique ait terminé sa tâche. A plus forte raison ne pouvait-on attendre que l'étude de l'ontogenèse du langage fournisse des lumières pour une théorie générale du langage qu'elle suppose achevée[1]. Un tel point de vue ne nous paraît pas heuristiquement fondé. Il n'est pas sans rappeler les réticences et les oppositions, ou encore l'indifférence des logiciens face à l'entreprise d'un Piaget de suivre dès les origines et dans leur développement les structurations de la pensée, entreprise dont les résultats attestent la signification dans le cadre d'une épistémologie générale. Nous reviendrons plus loin sur cet important débat.

Indépendamment de ses répercussions sur une théorie générale du langage, l'étude de l'acquisition de la langue par l'enfant soulève des questions fort intéressantes en elles-mêmes, notamment du point de vue de la psychologie de l'apprentissage et de la psychologie générale du développement. La langue est un système extrêmement complexe, comme le montrent à suffisance les difficultés des linguistes et des philosophes du langage à en cerner et à en définir les diverses propriétés. Tout enfant normal l'acquiert en quelques années: l'essentiel — du moins à toutes fins utiles dans la communication courante — est en place vers 5 ou 6 ans. La rapidité même de cette évolution, pour autant qu'il soit permis de parler de rapidité en l'absence de tout critère précis, incite à investiguer ses mécanismes et ses conditions internes et externes.

Là ne s'arrête pas, cependant, la tâche d'une psychologie générale du langage. En effet, la fonction verbale ne se manifeste pas seulement par des comportements originaux et irréductibles aux autres formes de conduites. Elle entraîne un remaniement de l'ensemble du comportement. Les conduites classiques analysées sous les étiquettes de *perception, cognition, motricité, mémoire*, etc. ne demeurent pas indépendantes du langage, qui les assiste, en quelque sorte, en mettant à leur disposition des moyens nouveaux, propres à stabiliser, à affiner, à amplifier ce qu'un organisme sans langage est en mesure d'accomplir. Il convient donc, après avoir caractérisé le langage comme *fonction originale*, après en avoir décrit la structure et la genèse, de l'envisager au titre de *fonction intégratrice* et d'examiner ses répercussions sur les divers autres aspects de l'organisation comportementale. C'est là un volet important de la psychologie du langage, qui dépasse singulièrement le territoire que s'assigne la linguistique. A cela, s'ajoute encore le vaste domaine des troubles du langage — dont la plupart demeurent incompréhensibles si l'on s'en tient à une analyse exclusivement axée sur les particularités linguistiques — et celui, non moins touffu, des applications, qui vont de la psychométrie des conduites verbales aux méthodes pédagogiques et orthopédagogiques.

Nous nous concentrerons essentiellement dans le présent ouvrage sur les problèmes de l'ontogenèse du langage. Dans une tentative pour définir les caractères du langage enfantin et cerner les mécanismes de son apparition, nous serons amenés à soulever plus de questions que nous n'en pourrons résoudre. A chaque cas, nous rencontrerons des difficultés méthodologiques que seule l'ingéniosité des chercheurs parviendra peu à peu à surmonter: nous illustrerons d'exemples typiques quelques progrès déjà réalisés à cet égard.

Nous examinerons ensuite, sans les épuiser, quelques problèmes concernant les relations entre langage et pensée, langage et perception, langage et motricité, langage et personnalité. Il ne peut être question, en effet, d'isoler l'aspect strictement linguistique de l'acquisition du langage, et de négliger les rapports que ce dernier entretient, au cours du développement, avec les autres aspects du comportement.

Le lecteur se gardera de consulter cet ouvrage comme une encyclopédie des faits relatifs à l'acquisition du langage, ou comme une synthèse exhaustive des recherches en ce domaine. Notre but est plus limité et tout différent: il est de discuter les thèmes qui nous paraissent capitaux, en nous appuyant sur les concepts et les faits les plus significatifs. Ainsi conçue, cette introduction aidera peut-être le psychologue, le rééducateur, le psychiatre, le linguiste, à s'orienter, sans trop de confusion, dans la multiplicité des travaux de psycholinguistique génétique.

2. Evolution des problématiques

Le champ de la psycholinguistique développementale est assurément l'un des plus foisonnants de la psychologie contemporaine. Il a connu, depuis une vingtaine d'années, une expansion extraordinaire que signale une profusion de recherches observationnelles et expérimentales, dont une partie seulement seront citées dans cet ouvrage. Il a aussi été le lieu de débats théoriques, sur des questions fondamentales et toujours reposées en psychologie, telle la part de l'inné et de l'acquis — ou sur les articulations entre niveaux d'analyse — et notamment la question des rapports entre approche linguistique et psychologie.

Ce n'est pas que l'intérêt pour l'acquisition du langage soit neuf chez les psychologues. Le chapitre, signé par Mc Carthy, que lui consacre le classique *Manuel de psychologie de l'enfant* de Carmichael (1946), ne recense pas moins de 500 travaux[2]. S'y côtoient les simples inventaires de l'étendue du vocabulaire en fonction de l'âge et les enquêtes plus ambitieuses, telles celles de Stern (1928) ou des Bühler (1930). Y domine certes, le souci de fournir un constat descriptif fidèle de l'évolution du langage enfantin, mais leur manquent, de toute évidence, — sauf quelques exceptions — des hypothèses théoriques propres à guider la recherche. Ces travaux réalisés au cours de la première moitié du siècle souffrent aussi d'une certaine indigence de moyens d'investigation (voir chapitre II, *Méthodes*).

De leur côté, les linguistes, qu'ils relèvent de la linguistique historique encore largement dominante dans le premier quart du siècle, ou, dans le sillage de Saussure, de l'approche synchronique, ne s'étaient guère préoccupés du langage enfantin. Il faut noter pourtant quelques exceptions, importantes il est vrai, car certaines d'entre elles continuent à fournir aux psycholinguistes contemporains des matériaux et des aperçus d'une grande richesse. Ainsi doit-on aux linguistes Jespersen (1912) et Jakobson (1941, 1949) des analyses théoriques très suggestives et à Grégoire (1937-1947), à Léopold (1939, 1947, 1949), à Gvozdev (1949) des descriptions biographiques minutieuses, si l'on se reporte à l'époque, du développement linguistique de leurs propres enfants.

La moitié du siècle a cependant marqué un tournant important en psychologie du langage et, par contre-coup, dans l'étude du développement du langage. C'est au début des années 1950 que se manifeste, comme le rappelle Costermans (1980), une volonté délibérée d'aborder les problèmes de psychologie du langage dans une perspective interdisciplinaire — réunissant psychologie et linguistique, comme aussi théorie de l'information. A la même époque, des psychologues appartenant à la tradition behavioriste, spécialistes de l'apprentissage, s'efforcent à envisager les comportements verbaux dans le cadre conceptuel qui leur est familier. Ainsi Skinner, dans un essai d'ailleurs purement théorique, esquisse les grandes lignes d'une analyse fonctionnelle du comportement verbal qui paraîtra dans sa forme définitive en 1957 (Skinner, 1957). Il y est peu question (comme d'ailleurs dans les travaux des autres behavioristes de l'époque) d'acquisition du langage. Mais les principes généraux de l'analyse proposée, qui privilégie l'épisode verbal global, c'est-à-dire l'échange verbal entre locuteur et interlocuteur dans un contexte situationnel donné, indiquent clairement dans quelle direction l'étude du développement linguistique devrait aller. Si l'on veut bien se libérer des distorsions et des erreurs de lecture que, pour des raisons diverses (Richelle, 1978), l'œuvre de Skinner a entraînées, on ne peut manquer d'y reconnaître un projet à maints égards précurseur des préoccupations les plus actuelles de la psycholinguistique développementale.

Mais, l'année même où paraissait *Verbal behavior*, s'imposait à l'attention des linguistes *Syntactic structures* de Chomsky. Celui-ci y jetait les bases de la grammaire générative transformationnelle qui devait renouveler la recherche linguistique, d'une manière peut-être inégalée depuis Saussure. Le premier jalon d'une œuvre capitale pour la linguistique n'aurait probablement eu aucune répercussion en psychologie si Chomsky n'avait, d'autre part, publié en 1959 un compte-rendu critique, exceptionnellement long, de *Verbal behavior* (Chomsky 1959). Il y réduisait à néant, souvent en la ridiculisant, la tentative de Skinner, derrière laquelle il visait, en fait, toute tentative d'explication du langage par les théories de l'apprentissage dans une perspective fonctionnelle. Plusieurs auteurs ont, depuis, dénoncé les partis-pris de Chomsky dans cette critique devenue célèbre, ses ignorances des théories behavioristes, ses erreurs de lecture à la limite parfois de l'honnêteté intellectuelle (voir notamment Bricker et Bricker, 1974; Catania, 1972-1973; Hebb, Lambert et Tucker, 1971; Mc Corquodale, 1970; Putnam, 1979; Richelle, 1973; Salzinger, 1970, 1973; Segal, 1975; Suppes, 1969a, 1969b; Wiert, 1967).

Il n'empêche que, à la faveur peut-être d'une incursion quelque peu provocatrice, Chomsky se trouva, dès le début des années 60, au centre des débats et des recherches en psychologie du langage, et fit figure de chef de file pour une génération de psycholinguistes. Sous son influence se manifesta un intérêt, on pourrait dire un engouement pour l'analyse formelle du langage, les psychologues cherchant à cerner les caractéristiques de la *compétence* par-delà les vicissitudes de la *performance*. On verra, au paragraphe 4 ci-dessous, les problèmes que soulève dans le champ du développement du langage une distinction fort proche de celle que faisait Saussure entre *langue* et *parole*, à ceci près que la notion de compétence renvoie à une capacité psychologique du sujet plutôt qu'à des propriétés objectivables du système linguistique lui-même. Sur le plan des théories explicatives, l'influence de Chomsky se traduisit surtout par la mise en honneur de la thèse *innéiste* ou *nativiste*. C'est en effet la réplique que le maître de la linguistique transformationnelle a opposée, et n'a cessé d'opposer, aux théories de l'apprentissage, qu'il considère comme inadéquates pour rendre compte de la compétence linguistique.

Il faut reconnaître à Chomsky le mérite d'avoir donné aux recherches en psychologie du langage une nouvelle impulsion et d'avoir rendu les psychologues plus attentifs aux apports de la linguistique. Par le caractère extrême de ses positions — approche formaliste, innéisme, assimilation du cognitif au linguistique (voir chapitre VIII) — il a, une fois passé le premier enthousiasme, entraîné de multiples réactions et stimulé les psychologues à mieux définir les dimensions qu'il avait lui-même négligées ou écartées et à les explorer concrètement. Nous examinerons ici succinctement quelques-unes des impasses auxquelles a abouti l'approche chomskyenne, telle qu'elle fut, parfois avec un certain simplisme, adoptée par les spécialistes de l'acquisition du langage dans les années 1960, et nous indiquerons les directions prises, particulièrement depuis 1970 environ, pour aller au-delà[3]. Les chapitres qui suivent fourniront d'abondantes illustrations de ces courants nouveaux.

3. Compétence et performance

Chomsky assignait à la linguistique, en priorité, la tâche de fournir un modèle de la compétence linguistique, définie comme le système de règles que tout individu posséderait de sa langue et qui sous-tendrait ses comportements verbaux, ou actes de performance : production d'énoncés, compréhension, jugements de grammaticalité, etc.

Ce concept de compétence ne va pas sans soulever sur le terrain même des linguistes de sérieuses objections. Nous ne les examinerons pas ici dans le détail, mais il importe de les signaler, ne serait-ce que pour éviter que des notions propres à Chomsky ne soient confondues avec des idées unanimement admises en linguistique. Il n'est pas sans intérêt pour le psychologue du langage de savoir que cette notion de compétence, cruciale dans son domaine, a été mise en question par des linguistes mêmes, avec des arguments qui rejoignent parfois les siens. Ainsi, des sociolinguistes comme Hymes (1971) ou Labov (1972a, 1972b) insistent sur le fait qu'une langue ne présente pas le caractère monolithique que suppose la notion chomskyenne de compétence, beaucoup trop restrictive à leurs yeux. Lorsqu'on parle du français ou de l'anglais, par exemple, on désigne en fait une multiplicité d'usages et de registres différents; une langue ne se réduit pas à UN système de règles, mais à plusieurs systèmes, que le sujet pratique, activement ou passivement, plus ou moins fréquemment suivant les circonstances. *Si j'aurais su, je m'aurais pas levé* et *Si j'avais su, je ne me serais pas levé* sont tous deux produits par certains francophones et compris par tous, même si le second de ces énoncés est le seul que reconnaisse la norme. Décrire la connaissance qu'a le locuteur de sa langue impose donc qu'on établisse la grammaire de tous ces registres (et non pas seulement celle du registre appelé standard) et qu'on définisse les relations entre ces divers systèmes.

D'autre part, divers courants de la linguistique contemporaine font une place de plus en plus large aux conditions de l'énonciation et au cadre communicationnel dans lequel le langage s'inscrit (voir notamment Gordon et Lakoff, 1975; Grice, 1975; Keenan, 1974). Par exemple, les partenaires doivent savoir que telle question appelle une information (*Quelle heure est-il?*) tandis qu'une autre attend une action (*Voudriez-vous me passer le sel?*); qu'une requête se voit différemment modulée suivant le statut des interlocuteurs et la nature de la demande; que les informations connues des partenaires ne sont pas encodées systématiquement, etc. Si l'on veut prendre en compte tous ces aspects, qu'ignore une description des règles strictement grammaticales, on débouche sur une définition de la compétence singulièrement plus vaste que celle prévue par Chomsky, et qui s'en distingue essentiellement par ce que les psychologues appelleraient la dimension fonctionnelle du langage. Nous y reviendrons dans la section 5 ci-dessous.

Que l'on s'en tienne à la définition restreinte ou à la définition élargie, la notion de compétence pose un autre problème encore lorsqu'on étudie le langage enfantin. Il est clair en effet que le système de règles intériorisé par le sujet ne peut être étudié que de manière indirecte: c'est au départ des actes de performance, des comportements linguistiques dans lesquels ce système s'actualise qu'on peut inférer la compétence. On sait cependant que tous les actes de performance ne reflètent pas la compétence et que toute la compétence n'est pas reflétée par la performance. Pour établir la grammaire de l'adulte, le linguiste peut résoudre les problèmes posés par cette double disparité en faisant appel au jugement du locuteur natif; or on ne peut rien espérer d'une telle démarche auprès de l'enfant.

Voyons ceci de façon plus détaillée. Lorsqu'il étudie le langage de l'adulte, le linguiste fonde sa description sur un corpus, ou ensemble d'énoncés effectivement produits. Toutefois, s'il se limite à recueillir le tout-venant linguistique, il risque fort, d'une part, de voir ses données parasitées par des variables — historiques, sociales, régionales, stylistiques, etc. — qui tombent en dehors de son propos; d'autre part, de laisser s'insérer dans son échantillon des énoncés qui témoigneraient de l'un ou l'autre accident de la performance : hésitations, répétitions, ruptures de construction, etc. Pour éviter que ces écarts soient pris en considération, le linguiste, même quand sa démarche n'est pas explicite, fait appel au jugement du locuteur natif (celui qui a fourni le corpus ou un représentant de la même communauté linguistique, lui-même le cas échéant), pour départager des autres les énoncés vraiment représentatifs de l'usage linguistique qu'il veut aborder.

Même lorsqu'il résulte d'une telle sélection, et si dès lors il comporte seulement des phrases relevant de la langue considérée, c'est-à-dire des phrases grammaticales, le corpus ne peut évidemment pas les contenir toutes, leur nombre étant infini. Il ne fournit pas non plus d'indications quant aux limites de la grammaticalité. Aussi le linguiste sera-t-il rapidement amené, afin de clarifier un point de sa description, à proposer lui-même au jugement du sujet parlant (qui, encore une fois, peut n'être autre que lui-même) des énoncés ne faisant pas partie originellement du corpus, mais en quelque sorte inventés à titre de tests.

C'est là un moyen commode et expéditif d'augmenter le corpus et de vérifier certaines hypothèses. Il est devenu le procédé de prédilection des grammairiens actuels, pour lesquels la notion de grammaticalité fournit le critère essentiel pour départager les énoncés dont la grammaire doit rendre compte et ceux qu'elle doit négliger.

S'agissant de l'adulte, ni la sélection du corpus ni son élargissement ne posent de problèmes dans la mesure où l'on peut compter sur la capacité du sujet à se poser une question hypothétique : « Est-ce que je dirais cela ? Est-ce que les gens diraient cela » ou quelque chose de ce genre.

Il en va tout autrement quand on étudie la langue de l'enfant. Si on peut faire l'hypothèse que l'enfant aussi produit des énoncés déviants par rapport à sa grammaire, on ne dispose cependant d'aucun moyen pour le contrôler (sauf dans les cas, rares et tardifs, d'auto-correction spontanée). L'enfant ne peut en effet apporter au psycholinguiste le secours de son intuition quant à la grammaticalité des énoncés qu'il prononce. Cette activité réflexive, métalinguistique, n'est pas à sa portée.

Si on est tenté de supposer d'autre part que l'enfant pourrait produire d'autres énoncés que ceux qu'il réalise effectivement, qu'il pourrait par exemple, au stade où l'on observe les combinaisons ax, bx et ay, combiner b et y, rien ne permet cependant de le vérifier, le recours au jugement de grammaticalité étant ici aussi exclu. Comment le psycholinguiste pourra-t-il dès lors dissocier la compétence de la performance, et à quels énoncés assignera-t-il le statut de témoin de la première, à quels signes reconnaîtra-t-il les limitations introduites par la seconde ? Que peut-on décider, à ce point de vue, quand un enfant de 5 ans, au comportement verbal extrêmement développé et riche, interroge à la suite d'une proposition malicieuse d'un adulte de tirer la queue d'un cheval : « On peut lui la tirer ? », ou quand, à une autre occasion, il prononce la phrase : « C'est vrai qu'il était y allé ? » ?

De tels énoncés dans la bouche d'un adulte seraient aisément écartés par le linguiste comme des accidents de performance, et ils n'interviendraient pas dans les règles concernant les pronoms préverbaux. Qu'en faire chez l'enfant ? Rien n'autorise à les traiter de la même manière. Leur caractère exceptionnel n'est naturellement pas un argument pour les négliger. Le linguiste remanie couramment l'analyse d'un ensemble de phénomènes pour y incorporer quelques faits rares. De plus, chez l'enfant, dont le langage est en continuelle évolution, le fait exceptionnel aujourd'hui peut être la première manifestation de la régularité de demain, aussi bien que le dernier vestige des particularités d'hier. Enfin, les énoncés exceptionnels peuvent être plus révélateurs de la créativité linguistique de l'enfant que les énoncés plus fréquents, lesquels peuvent très bien, par exemple, n'être que des comportements imitatifs, reproduisant fidèlement les modèles offerts par l'entourage linguistique.

En l'absence de règles permettant de classer les énoncés en fonction d'un critère de grammaticalité — règles qui renvoient, en dernière analyse, aux usages d'une communauté linguistique — tout énoncé enfantin, c'est-à-dire tout élément du corpus réel, doit être pris en considération pour décrire la grammaire de l'enfant. Pratiquement, toute tentative de dissocier compétence et performance est donc vaine.

4. Inné et acquis

Chomsky, on vient de le rappeler, a défendu une conception nettement innéiste. L'importance d'une exposition à une communauté linguistique pour que s'actualisent les potentialités innées de l'enfant ne lui a naturellement pas échappé. Mais le milieu ne joue, pour lui, au mieux, qu'un rôle de catalyseur ou de déclencheur d'une machinerie toute montée dans le cerveau du sujet et qui n'a plus qu'à se mettre en route pour assimiler la réalisation particulière qui lui est présentée des règles du langage, universelles et propres à l'espèce, dont elles constituent un modèle interne. Il compare volontiers le langage, assez curieusement, à un *organe*, comme le cœur ou le foie.

«Comme dans le cas des organes physiques, il ne paraît pas possible de rendre compte du caractère et de l'origine des structures mentales de base en termes d'interaction de l'organisme et de l'environnement. Organes mentaux et organes physiques sont les uns comme les autres déterminés par des propriétés propres à l'espèce et génétiquement déterminées». (Chomsky, 1979).

Cette forme d'innéisme radical s'accorde mal aux données actuelles sur le rôle de l'inné et de l'acquis. Les sciences du comportement semblent avoir définitivement dépassé la vieille dichotomie, elles ont renoncé à parler de *comportements innés* par opposition à des *comportements acquis*, pour la bonne raison qu'ils ne sont jamais dissociables dans la réalité. Ce que nous observons, ce sont des comportements en élaboration résultant d'une interaction entre l'organisme actif et son milieu. Les contraintes génétiques se marquent dans ce développement, lequel ne se fait pas au hasard et ne peut être infléchi dans n'importe quelle direction. Elles ne se manifestent pas sous forme de structures toutes faites données dès le départ, moins encore de *théories*. Piaget a clairement exprimé, dans sa conception *constructiviste*, cette approche conforme à l'examen des faits et à l'esprit d'une psychologie résolument biologique (Piaget, 1967, 1968, 1979)[5]. Une évolution analogue des idées s'est accomplie en éthologie, notamment dans l'école britannique (voir Hinde, 1966), aussi bien que, en sens inverse, parmi les behavioristes les plus influents, moins préoccupés d'apprentissage que de mécanismes de sélection et de maintien des comportements (voir à ce sujet Skinner, 1966, 1969, 1981).

Nous n'entrerons pas ici dans les détails de ce débat. Notons seulement, indépendamment des questions relatives à l'épigenèse, que la conception de Chomsky repose sur deux prémisses tout à fait gratuites. La première est la détermination biologique, génétique de ce qui est général, universel dans le langage. Un trait comportemental commun à l'espèce humaine n'est pas pour autant inné et, s'agissant du langage, il est impossible d'en décider, dans l'ignorance où nous sommes de l'histoire de ses origines. Un mécanisme de convergence ou de diffusion pourrait aussi bien être responsable de caractères universels. Personne ne songerait à invoquer un programme inné en constatant que tous les hommes conduisent une voiture : cette conduite met évidemment à profit un équipement sensori-moteur donné, qui l'autorise ; si quelque chose est inné, ce sont les éléments de ce système et certaines contraintes de leur fonctionnement, non les conduites qui en résultent.

En second lieu, Chomsky postule, comme nombre de philosophes avant lui, la spécificité du langage humain. Or, les études de plus en plus nombreuses menées chez l'animal, d'une part sur les systèmes de communication naturels, d'autre part sur les capacités symboliques, cognitives, linguistiques, mises en évidence artificiellement dans des situations d'apprentissage, n'ont cessé de mettre en question, au fil des quelque vingt dernières années, la définition de ce qui, dans le langage humain, est strictement propre à notre espèce. A chaque fois que se dévoile chez l'animal un nouveau précurseur ou un nouveau préalable au langage humain, on est amené à reformuler cette définition.

A titre d'illustration, nous évoquerons la découverte par Eimas et al. (1971) d'une capacité discriminative sélective, chez le bébé dès l'âge de un mois, pour l'opposition entre sourde et sonore (et plus spécifiquement pour la différence qui les distingue quant au décalage temporel entre les deux formants principaux). Une telle précocité dans le traitement d'un aspect de l'information auditive proprement linguistique est évidemment un argument très fort en faveur de l'innéité. Or, la même capacité a été démontrée chez le chinchilla (Kuhl et Miller, 1975). Elle n'a, naturellement, chez cet animal, aucune signification adaptative par rapport au langage. Il se pourrait donc que, chez le bébé, la disposition innée n'ait, en tant que telle, rien de spécifiquement linguistique, l'espèce humaine ayant tout simplement exploité, dans l'élaboration de conduites plus socio-culturellement que biologiquement déterminées, des moyens mis en place par l'évolution pour des raisons totalement différentes.

Certes, d'autres faits suggèrent, s'ils ne démontrent pas, la part de dispositions innées dans l'acquisition du langage. Ainsi, on souligne avec raison la régularité que présentent d'un enfant à l'autre, et, pour les grandes lignes, d'un milieu linguistique à l'autre (pour ce que l'on en sait, car en fait les études comparatives sont extrêmement rares et pauvres), les étapes générales de l'apparition du langage. Celles-ci se trouvent effectivement concentrées dans une période où semblent régner, à cet égard, des conditions psychophysiologiques particulièrement favorables. L'acquisition du langage, comme le développement cognitif, ferait plus songer, à certains égards, si l'on s'en rapporte à une analogie de Brown et Bellugi (1964)[6], au déroulement d'une embryogenèse qu'à une accumulation de réactions conditionnées.

On relève encore que les enfants apprenant leur langue maternelle deviennent très rapidement capables d'engendrer et de comprendre un nombre pratiquement illimité d'énoncés, performance qui, eu égard à la complexité du système en cause, témoignerait de l'intervention de facteurs internes tout préparés à intervenir.

Cette *créativité* dont fait preuve très tôt le sujet parlant, a beaucoup frappé Chomsky. Il l'invoque souvent à l'appui de la thèse innéiste, d'une façon explicite, dans ses premiers écrits comme dans ses interventions les plus récentes (voir notamment dans Piatelli-Palmarini, 1979; Rieber, 1981; Rieber et Voyat, 1981). Le système maîtrisé est si complexe qu'il faut selon lui supposer un *dispositif d'acquisition du langage* — language acquisition device, LAD — équipé pour capter, dans la langue de l'entourage, avec une rapidité étonnante, les éléments de base, de nature universelle. Pour Mc Neill, psycholinguiste du développement particulièrement marqué par Chomsky,

«(la structure interne du LAD) peut pour une part au moins être décrite par la théorie de la grammaire. Celle-ci concerne la forme générale du langage humain; elle est constituée d'affirmations valables pour toutes les langues naturelles, indépendamment du contexte physique ou culturel. Si le LAD était doté de toute l'information décrite dans une théorie linguistique universelle, l'enfant pourrait borner ses efforts à acquérir les traits de sa langue qui *ne* sont *pas* universels» (Mc Neill, 1968).

Pour Chomsky, si les théories de l'apprentissage sont inaptes à expliquer l'acquisition du langage, c'est qu'elles ont

«... complètement négligé de tenir compte de l'aspect créatif de l'usage du langage, de l'aptitude à former et à comprendre des phrases jamais entendues auparavant» (Chomsky, 1964a, p. 112).

Pour remarquable qu'elle soit, cette aptitude n'est pas exclusive au langage. Dans le domaine moteur, par exemple, il est évident que les êtres humains sont capables de produire une diversité infinie de gestes organisés inédits à l'aide d'un nombre fini de muscles et de motoneurones. De plus, elle n'est nullement incompatible avec une analyse behavioriste, spécialement de type skinnérien, qui, loin de concevoir les conduites comme des réponses stéréotypées associées de façon univoque à des stimuli qui les déclencheraient, fait la part la plus large à la notion d'*activité* de l'organisme et à l'émergence — à la *production* — de conduites sans cesse nouvelles. Skinner souligne clairement ce caractère du comportement: «Le comportement verbal est caractéristiquement dynamique, quelle qu'en soit la dimension, ou la complexité». En tout état de cause, la créativité ou productivité langagière ne constitue pas, en soi, un argument en faveur de l'innéité.

La conclusion à apporter à ce débat ne peut donc, à l'heure actuelle, qu'être toute provisoire. Il ne paraît pas contestable que l'homme naisse avec des dispositions à comprendre et à parler une langue naturelle, pas plus que n'est contestable la nécessité d'un environnement linguistique pour que s'actualise cette disposition. Reste à préciser, cependant, la nature spécifiquement linguistique de cette disposition: le développement du langage ne met-il pas simplement à profit des dispositions perceptives, motrices, cognitives, mises en place pour d'autres raisons et utilisables à d'autres fins? Par ailleurs, quoi qu'il en soit de la *disposition innée*, celle-ci ne se confond jamais avec le comportement qu'elle autorise et prépare; celui-ci est toujours le résultat d'une *épigenèse*, au cours de laquelle l'organisme se trouve en interaction avec son environnement. Les modalités de cette interaction constituent, elles-mêmes, un objet important d'investigation pour le psychologue, aux yeux duquel les conduites qui émergent à travers le développement apparaissent le plus souvent comme une construction d'un sujet actif dans son milieu, et non comme un simple dévoilement de structures préformées. C'est ce point de vue que Piaget n'a cessé de défendre avec vigueur, notamment face à Chomsky dans un débat qui reflète bien les positions en présence (Piatelli-Palmarini, 1979).

5. Analyse formelle et analyse fonctionnelle

Nous l'avons dit, l'influence de Chomsky a eu pour heureuse conséquence de donner à l'analyse formelle des énoncés enfantins la place qui lui revient. Mais pour qui s'intéresse à l'acquisition du langage, nombre de questions surgissent qui ne trouvent pas leur réponse dans l'analyse formelle si raffinée qu'elle soit. En outre, on s'est rapidement aperçu que, en bien des cas, l'interprétation purement linguistique des énoncés enfantins (comme d'ailleurs, bien que dans une moindre mesure, de ceux de l'adulte) n'était pas possible sans une connaissance du contexte situationnel. En d'autres termes, il ne suffit pas de savoir ce que dit l'enfant, mais à qui il le dit, à propos de quoi, en présence de quels objets, en l'accompagnant de quels gestes, de quelles mimiques, de quelles réactions, avec quel résultat, etc. L'analyse formelle doit donc se compléter d'une analyse fonctionnelle dont maints aspects avaient retenu l'attention des auteurs les plus classiques, et que Skinner s'était attaché à défendre dans son *Verbal behavior* (1957) (sans toutefois axer son analyse sur la phase d'acquisition).

Les structures syntaxiques, de toute évidence, n'apparaissent pas *in vacuo* et les énoncés de l'enfant, inédits ou non, surviennent dans certaines circonstances plutôt que d'autres. Les variables du milieu sont naturellement indispensables pour que s'actualisent les potentialités linguistiques de l'enfant. Elles peuvent s'envisager sous plusieurs aspects.

En premier lieu, l'entourage humain avec lequel l'enfant communique couramment véhicule la langue qu'il sera amené à acquérir; il incarne donc le système de règles caractéristiques de la communauté linguistique. Son rôle est essentiel, même sur le plan strictement linguistique. Assez curieusement, s'il a toujours été reconnu, on s'est rarement donné la peine de l'analyser, jusqu'à une époque fort récente. On s'était longtemps borné à regarder l'entourage linguistique de l'enfant comme le simple véhicule de la langue maternelle, responsable de l'acquisition du français, plutôt que du russe ou du chinois. Avec Chomsky se répandit l'idée, dénuée d'ailleurs de tout fondement empirique mais utile à une vue innéiste, que le bébé est exposé à un flux d'énoncés la plupart du temps incomplets ou imparfaits. N'était-ce pas merveille, et preuve de sa disposition génétique, que de le voir maîtriser sa langue à travers un tel chaos ? Depuis 1970, principalement, le langage des adultes aux enfants, a retenu l'attention croissante des chercheurs, qui, loin de vérifier le désordre postulé par Chomsky, y ont repéré de multiples propriétés interprétables comme autant de procédés éducatifs implicites (voir chapitre VII). Ceux-ci s'insèrent dans une interaction sociale qui préside au développement socio-affectif général, et il serait vain de vouloir en rendre compte par une analyse purement formelle des échanges verbaux. En second lieu, l'apprentissage du langage n'est pas dissociable des autres formes de conduites que l'enfant acquiert au contact du monde qui l'entoure. On n'assiste pas, d'un côté, au développement des conduites verbales, et d'un autre, à celui de la connaissance des objets et de leur rapport ou à celui des conduites de communication. Ces divers aspects du développement que nous distinguons par commodité pour les analyser, sont, dans la réalité, intégrés les uns aux autres, et nous ne pouvons comprendre l'un d'entre eux sans faire référence aux autres. Au niveau strictement méthodologique déjà, il se révèle impossible d'interpréter les énoncés enfantins en l'absence d'informations sur le contexte physique et social dans lequel ils ont lieu. L'holophrase «*pomme*» peut revêtir les valeurs les plus diverses, selon les circonstances de son émission. Seule une analyse du contexte situationnel permettra de décider s'il s'agit d'une demande, d'une désignation simple, de la description d'un événement (*la pomme est tombée*), d'une interrogation à la suite d'une disparition, etc.

Mais, au-delà de ce niveau méthodologique, c'est l'articulation même des actions et des perceptions au langage naissant qu'il s'agit de préciser. C'est à quoi visent les recherches réalisées depuis 1970 environ, où, par exemple, l'évolution des structures syntaxiques ou morphologiques est mise en relation avec celle de la connaissance du monde physique, des relations spatiales, des notions de temps, des opérations de classification ou de sériation des objets, etc. Souvent parties des problématiques développées par Piaget, qui n'a cessé d'insister sur la subordination du langage aux lois plus générales du développement cognitif, ces études sont généralement présentées comme ressortissant à l'examen du rapport entre développement linguistique et développement cognitif — et c'est dans ce cadre conventionnel que nous les résumerons et les discuterons au chapitre VIII. Mais elles traduisent, tant par les méthodes expérimentales employées que par les perspectives théoriques adoptées, le souci d'éclairer les productions enfantines par une analyse fonctionnelle.

S'il est vrai que l'enfant, au cours de son acquisition du langage, apprend à maîtriser des règles strictement internes au système grammatical de sa langue — telles que les règles d'accord ou de concordance des temps — il doit aussi apprendre des règles non moins subtiles mais qui mettent en cause des variables extralinguistiques pourtant décisives dans la production des énoncés. Certes, c'est la grammaire du français qui lui imposera la désinence du verbe selon qu'il emploiera le *tu* ou le *vous*, mais elle ne lui fournit, en elle-même, aucune indication sur les occasions où l'une ou l'autre de ces formes sera pertinente. Ces indications, il les apprendra en se familiarisant avec les modalités des rapports sociaux, à travers l'expérience directe de la communication avec autrui. Apprendre le langage, c'est aussi apprendre ces éléments relatifs aux *occasions* dans lesquelles les diverses *formes* linguistiques seront effectivement produites.

Libre au linguiste de restreindre son intérêt à ces formes, et d'ignorer les occasions. En effet, si même dans une situation déterminée, *Vous m'agacez* apparaît comme plus indiqué que *Fiche-moi la paix* ou *Ça vous ennuierait de jouer plutôt là-bas?*, il demeure que la construction de chacun de ces trois énoncés repose sur un certain nombre de règles, dont le modèle linguistique doit rendre compte. Il demeure aussi que ces énoncés peuvent être produits et compris par les francophones, grâce à une compétence linguistique qui ne doit rien parfois, ici par exemple, aux données de la situation. Assurément, la possibilité d'encoder ou de décoder des messages en dehors de leur contexte d'énonciation figure aussi parmi les objectifs atteints par l'enfant au cours de son apprentissage de la langue, et le psycholinguiste doit tenter de déterminer comment les sujets arrivent à cette maîtrise (Chomsky et Walker, 1978). Il serait cependant illusoire de songer que l'installation de cette compétence strictement linguistique résulte seulement de l'analyse par l'enfant du langage auquel il est exposé, et plus illusoire encore d'imaginer qu'elle apparaîtrait en premier au cours du développement pour ne s'assortir qu'ensuite des multiples nuances liées aux contextes d'énonciation. L'hypothèse inverse nous semble infiniment plus plausible, qui considérerait que les messages linguistiques sont étroitement liés, dans les premiers temps, au contexte dans lequel ils sont émis, leurs divers aspects, référentiel, syntaxique, social, pragmatique ou autres, indistincts tout d'abord, ne s'en dégageant que peu à peu.

La plupart des spécialistes du langage enfantin travaillent, depuis une dizaine d'années, dans le cadre de cette hypothèse, qu'étayent déjà des données empiriques qui seront exposées tout au long de cet ouvrage. Ils se situent en ceci bien au-delà des positions à vrai dire étonnamment simplificatrices qui avaient envahi leur domaine sous l'influence de Chomsky. Ils ont, au contact de l'enfant qui apprend à parler, remis en honneur une perspective fonctionnelle inhérente, en fait, à toute étude psychologique, sans pour autant renoncer à l'examen des aspects formels auxquels, fort heureusement, le courant chomskyen les avait rendus attentifs. Fécondation réciproque des deux domaines — linguistique et psychologie — ou évolution convergente de leur problématique, le mouvement qui caractérise aujourd'hui la psycholinguistique développementale trouve son écho dans le champ de la linguistique. Ainsi que nous le signalions ci-dessus à propos des critiques de la notion de compétence, les théories de l'énonciation et les écoles de la pragmatique s'efforcent à élaborer des théories du langage qui complètent l'approche formelle dominante il y a quelques années, par l'approche fonctionnelle (peu importe que ce terme soit ou non explicitement employé). Sans doute nous approchons-nous par là, bien modestement encore, de cette science de synthèse qu'envisageait Saussure, sous le nom de *sémiologie*, et qui engloberait en une même théorie les faits de langue et les faits de parole, ce qui longtemps faisait l'objet distinct de la linguistique d'une part, de la psychologie du langage de l'autre. L'étude de la genèse du langage se trouve être le lieu de cette amorce de synthèse. Ce n'est pas là un hasard. L'enfant déjoue, en effet, nos tentatives pour tenir abstraitement séparés des niveaux d'analyse qui, dans la réalité des conduites, se confondent ou du moins se conjuguent. Analyse fonctionnelle et analyse formelle ne se présentent plus aujourd'hui, en ce domaine, comme deux voies opposées, mais comme deux approches complémentaires. A cet égard, l'étude du langage enfantin ne revêt pas seulement un intérêt lié aux problèmes fascinants qu'elle aborde: elle a, pour la psychologie, une signification véritablement exemplaire.

CHAPITRE I - NOTES

[1] Voir notamment, les commentaires de Chomsky au rapport de W. Miller et S. Erwin (1964). L'idée a été reprise très explicitement par Ruwet (1967) dans son excellente présentation en français des thèses de Chomsky. Une théorie générale du langage devrait viser, selon Ruwet, à fournir — dans cet ordre — un modèle de la *compétence*, un modèle de la *performance* et un modèle de l'acquisition du langage. «Cette question (l'apprentissage du langage), pour pouvoir être traitée adéquatement, présuppose d'ailleurs que les deux autres questions ont déjà été éclaircies».

[2] On complètera utilement cette bibliographie par Slobin (1972).

[3] Pour une discussion de ces problèmes dans une perspective historique, voir aussi Richelle et Moreau (sous presse).

[4] Sur les difficultés soulevées pour une psychologie générale du langage par la notion de *compétence*, nous renvoyons à l'excellente discussion de Herriot (1970) et à quelques-unes de ses sources.

⁵ On relira notamment la conclusion, spirituelle autant que profonde, de l'essai sur le structuralisme, et notamment cette phrase: «L'innéité de la raison chez Chomsky ou la performance de l'intellect humain chez Levi-Strauss ne satisfont l'esprit qu'à condition que l'on oublie la biologie» (Piaget, p. 122).

⁶ «Il semble que l'induction des structures latentes pose un sérieux problème à toutes les théories de l'apprentissage élaborées en psychologie. L'intégration et la différenciation très complexes qui constituent l'évolution du syntagme nominal font plus songer au développement biologique de l'embryon qu'à l'acquisition d'un réflexe conditionné» (traduit de Brown et Bellugi, 1964).

Chapitre II
Méthodes

Des deux voies qui s'ouvrent au chercheur intéressé par le développement du langage chez l'enfant — l'étude des comportements linguistiques spontanés ou la démarche expérimentale —, les travaux classiques explorèrent pour la plupart la première. Certains auteurs portèrent leur attention sur le développement du langage chez un ou deux enfants (leurs propres enfants généralement), notant des échantillons plus ou moins étendus de leurs productions verbales suivies longitudinalement. Parmi les études biographiques les plus riches, on retiendra celles des Stern (1928) pour l'acquisition de l'allemand, de Grégoire (1937-1947) pour le français, de Léopold (1939, 1947, 1949) chez un enfant bilingue anglais-allemand, et de Gvozdev (1949) en russe. On peut sans doute leur reprocher d'allier rarement rigueur linguistique et rigueur psychologique; d'autre part, les critères d'échantillonnage des énoncés sont généralement peu systématiques et ne satisfont guère aux exigences d'une véritable étude scientifique. Il reste que ces travaux antérieurs à l'ère du magnétophone continuent de fournir d'abondantes données; on ne peut s'empêcher de regretter qu'ils ne soient pas aujourd'hui plus nombreux, alors que la technique moderne les met pour ainsi dire à la portée de tous.

D'autres auteurs se sont fondés sur des coupes transversales et sur des groupes statistiques relativement importants. Ces études ont été résumées notamment par Mc Carthy (1946); nous n'y reviendrons qu'occasionnellement.

1. L'observation du comportement linguistique spontané[1] demeure assurément un idéal à beaucoup de points de vue, dans la mesure où, par définition, les données recueillies dans l'exercice du langage ne sont pas perturbées par l'intervention d'une technique expérimentale; dans la mesure où, en d'autres termes, l'investigateur n'impose pas ici à l'enfant, outre la tâche d'encodage ou de décodage de l'information, celle de maîtriser la technique expérimentale au travers de laquelle le sujet fera apparaître comment il encode ou décode. On reparlera de ce point ci-dessous.

Le recours au corpus spontané apporte cependant fort souvent des déceptions. Le chercheur souhaite en effet organiser dans leur totalité les multiples données devant lesquelles il se trouve. Or c'est une tâche que rend souvent impossible l'insuffisance des cadres conceptuels proposés par la psychologie ou la linguistique. Les premiers travaux de psycholinguistique génétique illustrent bien cette lacune. Ou bien, c'est surtout le cas des études transversales, on a visé à établir des inventaires en fonction de l'âge du stock lexical, de la diversité des phonèmes, de la longueur des énoncés, etc. Ces indices numériques, s'ils peuvent effectivement prétendre rendre compte de la globalité du corpus à certains égards, et s'ils fournissent des normes utilisables dans l'évaluation rapide du niveau de développement, sont en revanche fort peu éclairants sur la nature des processus mis en œuvre dans l'acquisition du langage. Ou bien, sans préoccupations quantitatives, les auteurs se sont attachés à déterminer, autant que faire se pouvait, l'ordre d'émergence de différents mécanismes morpho-syntaxiques ponctuels. Ils ont ainsi accumulé une masse considérable d'informations. Malheureusement, faute d'outils théoriques qui auraient notamment situé le degré de complexité linguistique ou psychologique des acquisitions, ces travaux restent purement descriptifs et non prédictifs quant aux mécanismes qu'ils n'ont pas envisagés. Ils fournissent une multitude de données dispersées, mais, à de rares exceptions près, fort peu de tentatives d'explication, fort peu de principes généraux permettant de structurer ces faits et d'en rendre compte. S'ils nous informent sur ce que l'enfant apprend, sur l'âge auquel ont lieu ces apprentissages, ils nous disent bien peu de choses sur le comment de ces acquisitions ou le pourquoi de leur ordre d'émergence.

Une analyse exhaustive de corpus spontanés supposerait résolues un certain nombre de questions jusqu'ici sans réponse.

a) Ainsi, on est dans l'absence d'un cadre théorique qui déterminerait si un mécanisme linguistique donné est plus, aussi ou moins complexe qu'un autre. Sans doute peut-on estimer intuitivement que des deux énoncés suivants, le premier est linguistiquement plus complexe que le second:

(1) Ce garçon se plaint d'être exposé à des soupçons que son comportement n'a en rien justifiés.
(2) Il pleure.

Dans ces exemples, la complexité tient sans doute à la longueur respective des phrases, mais la comparaison de (1) et de (3) fait apparaître qu'il n'en va pas toujours ainsi: (1) reste perçu comme plus complexe que (3):

(3) Il pleure chez lui, chez ses grands-parents, chez son parrain, chez ses amis, à l'école, dans la rue, dans les magasins, partout.

L'intuition qui assiste à la hiérarchisation de ces trois phrases est cependant défaillante lorsqu'il s'agit d'évaluer la complexité relative de séquences telles que celles-ci:

(4) Le chat de la mère du boucher.
(5) Le chat qui boit du lait.
(6) Le plus gros des chats.
(7) Un plus gros chat que celui-ci.

Dans les années 60, avec l'essor de la grammaire générative, certains ont pensé détenir un modèle explicatif qui permettrait de rendre compte des données syntaxiques offertes par le corpus (e.a. Brown et Fraser, 1964; Menyuk, 1969): on a ainsi émis l'hypothèse que la complexité d'une phrase serait fonction du nombre de transformations que sa dérivation nécessiterait. Les limitations de cette approche sont toutefois apparues après quelque temps (voir, par exemple, Brown, 1973 — on reviendra sur ce cadre théorique dans le chapitre *Evolution des acquisitions*).

D'autres tentatives se sont proposé d'aborder le problème de la complexité des corpus, non pas sous l'angle syntaxique, mais du point de vue sémantique, dans la ligne proposée par Fillmore (1968). Certes, des résultats intéressants ont pu être dégagés (il en sera de nouveau question dans le chapitre *Premières étapes de l'acquisition*), mais il semble que ce type d'analyse ne puisse être retenu que pour les premiers stades de l'apprentissage.

b) Il est bien évident par ailleurs que l'absence, dans un corpus, d'un mécanisme linguistique donné n'implique nullement que le sujet ne maîtrise pas ce mécanisme. Le fait qu'un enfant dise *Il ne peut pas venir, il est malade* et non *Il ne peut pas venir parce qu'il est malade* ne peut pas être interprété comme signalant une expression immature de la causalité. Dans la même perspective, l'absence de comparatifs, dans un texte déterminé, peut tout simplement signifier que le thème dont le locuteur traitait ne prêtait pas à des comparaisons, et ne renseigner en rien sur les connaissances linguistiques de ce locuteur. Or le corpus est un ensemble *clos* de données : celles qu'il contient fournissent bien rarement des informations sur celles qui n'y figurent pas.

c) Pour un même contenu, diverses formulations sont souvent possibles, dont le choix est dicté par les situations de production. Comparons ainsi les deux énoncés qui suivent :

(8) Le bombardement intensif des lignes par l'aviation suscite un grand nombre de désertions chez les mercenaires.
(9) L'aviation bombarde intensivement les lignes ; alors, beaucoup de mercenaires désertent.

On s'accordera sans doute pour considérer la phrase (8) comme plus complexe du point de vue syntaxique que les deux phrases contenues dans (9). Mais si la première est plus appropriée dans un discours de style soutenu, par exemple dans un article de journal, elle apparaîtrait peut-être comme pédante et artificielle dans une conversation à bâtons rompus entre familiers, où un énoncé proche de (9) serait plus indiqué. Il y a donc une délicate balance à établir entre complexité linguistique et adéquation stylistique aux circonstances d'énonciation. Mais on est tout aussi démuni pour évaluer cette adéquation que pour établir la complexité linguistique. Une chose doit cependant rester acquise : c'est qu'on ne peut nécessairement assimiler complexité et conformité à une sur-norme, qui privilégie certaines formulations parmi d'autres, également grammaticales (François, 1978a).

d) L'analyse des corpus spontanés implique une certaine catégorisation des données. Or, il n'y a pas de taxinomie qui s'impose a priori. Ainsi, rien n'indique au départ s'il est justifié ou non d'associer en une même rubrique les séquences *qui a attrapé un merle* dans les phrases comme celles-ci :

(10) Le chat qui a attrapé un merle n'est pas à moi.
(11) J'ai envie d'adopter le chat qui a attrapé un merle.
(12) Regarde, il y a un chat qui a attrapé un merle.
(13) C'est le chat noir qui a attrapé un merle, pas le roux.

Si l'analyse se complète d'un traitement statistique, des regroupements de catégories peuvent s'avérer nécessaires, mais les principes mis en œuvre pour opérer ces regroupements sont rarement à l'abri de toute mise en cause. Par exemple, que l'on range les relatives avec les compléments du nom ou avec les subordonnées, on s'expose à trouver confondus des mécanismes linguistiques très divers : les séquences soulignées en (14) avec la première solution, celle de (15) avec la seconde :

(14) Le chat *qui a attrapé un merle*.
   Le chat *du voisin*.
   Le chat *de la mère du voisin*.
   Un chat *bien plus agressif que le tien*.
(15) Le chat *qui a attrapé un merle*.
   Je crois *qu'il a attrapé un merle*.
   S'il attrapait un merle, je lui en voudrais.
   Il n'est heureux que *quand il a attrapé un merle*.

Il n'est dès lors pas étonnant si les résultats de ce genre d'analyse sont souvent assez consternants : au terme du travail, mis à part que les phénomènes ont été étiquetés et mis en ordre, les données sont à peine moins denses qu'initialement dans le corpus et elles se prêtent à peine plus à l'interprétation.

Durant la dernière décennie, on constate cependant que beaucoup d'études recourent à des corpus spontanés. Il faut toutefois aussitôt souligner deux caractéristiques de ces travaux récents : ils ne prétendent pas à une analyse exhaustive des données, ils ne limitent pas le corpus aux productions linguistiques de l'enfant. A titre d'exemple, on citera en ce sens les travaux de Bruner et de ses collaborateurs (1975a, 1975b, 1977, 1978a, 1978b), de Dore (1975, 1977b, 1979a, 1979b), de Ervin-Tripp (1977, 1979), de Garvey (1975, 1977, 1979) ou de Schachter et al. (1976). Ils ont en commun de porter une attention toute particulière à la façon dont l'enfant et son entourage communiquent : on tend dès lors plus volontiers à recueillir non seulement les productions de l'enfant, mais aussi celles de ses interlocuteurs, non seulement les comportements linguistiques des partenaires, mais aussi leurs comportements non verbaux. L'intérêt de ces travaux souligne ce qu'il y a à gagner de l'observation minutieuse — grandement facilitée aujourd'hui par le recours au magnétoscope — de situations réelles de communication.

2. Les méthodes expérimentales

Le corpus, par l'abondance des données qu'il contient, est parfois d'un maniement assez lourd, il se révèle en outre fort souvent lacunaire. Aussi a-t-on recours à la méthode expérimentale pour compléter les données de l'observation directe. Au départ, plus familière aux psychologues qu'aux linguistes, elle a été surtout utilisée dans les domaines de la psychologie du langage portant sur ce que nous avons appelé sa fonction intégratrice. Pour analyser les relations fonctionnelles entre le comportement verbal et divers autres aspects du comportement, les psychologues ont tout naturellement eu recours aux méthodes qu'ils avaient élaborées pour l'étude des conduites motrices, de la perception, de l'intelligence. A titre d'exemple, les travaux de Luria sur la régulation de l'action motrice par le langage (1961), de Sinclair sur la relation entre développement cognitif et développement linguistique (1967), de divers chercheurs soviétiques sur les relations entre les deux types de conditionnement (voir Razran, 1961) font largement appel à l'expérimentation.

Le recours aux méthodes expérimentales dans l'étude du langage enfantin, quoique d'introduction plus récente, est actuellement largement répandu.

Ainsi, dans les recherches sur la production, certains chercheurs manipulent divers objets (poupées, boîtes, animaux de la ferme, etc.) en présence de l'enfant et lui demandent de préciser ce qui se passe ou s'est passé; ou bien ils proposent à l'enfant de décrire une ou plusieurs images; ou bien encore ils posent des questions qui contraignent leurs sujets à utiliser de manière préférentielle telle ou telle structure verbale.

Si l'on souhaite s'assurer que les formes fournies ne soient pas le produit d'une simple imitation, mais résultent de l'application de règles, on peut soumettre aux sujets des logatomes, c'est-à-dire des mots fictifs dont la formation respecte cependant les règles phonologiques de la langue en cause. Ainsi, sur le modèle de l'étude de Berko (1958), on dira à l'enfant: « Tu vois, ce monsieur, il /pim/ tout le temps; il /pim/ maintenant; tout à l'heure, il /pimra/ encore; hier, à ton avis, qu'est-ce qu'il a fait? ».

Lorsque les travaux portent sur la compréhension, on a également recours à la manipulation d'objets: l'enfant sera invité à représenter un énoncé à l'aide de poupées et d'objets mis à sa disposition; parfois, on demande au sujet de choisir parmi diverses images celle qui correspond à un énoncé donné; en d'autres occasions, on fait exécuter par l'enfant l'une ou l'autre tâche; ou on lui pose une question à propos de la phrase ou du texte qu'on lui a soumis auparavant; par exemple, après l'énoncé *Le cheval mord le lion,* on demandera « Qui est-ce qui a mal alors? ».

Cette énumération n'a pas l'ambition de couvrir la totalité — loin s'en faut — des méthodes utilisées pour faire naître des comportements linguistiques en situation expérimentale. Ce serait sous-estimer l'imagination et l'originalité dont font montre certains chercheurs, qui élaborent des techniques parfois fort sophistiquées pour recueillir l'un ou l'autre type de données [2].

Quelle que soit la méthode expérimentale choisie, on veillera à rester conscient du biais qu'elle introduit fort souvent dans les données linguistiques. Ainsi, il est coutume, lorsqu'on souhaite recueillir des productions enfantines plus standardisées que dans le langage spontané, sans passer cependant par un cadre expérimental contraignant, de demander à l'enfant de décrire librement une ou plusieurs images ou une situation donnée; il est bien clair que ce faisant, on obtiendra moins d'énoncés interrogatifs ou impératifs que dans un dialogue. Dans une description d'images, on peut s'attendre en outre, vu le caractère statique de celles-ci, à disposer d'un ensemble d'énoncés où les *c'est*, les *il y a* et les énumérations figureront en nombre plus élevé que dans le langage tout à fait spontané de l'enfant (Detheux-Jehin et Manni, 1973). Autrement dit, dans une épreuve de ce type, on risque de faire surgir un échantillon de langage qui se situe en deçà des possibilités du sujet, qui ne manifeste pas toute la complexité qu'on voit pourtant apparaître dans son discours spontané.

Dans les situations expérimentales contraignantes, les comportements linguistiques des sujets sont également fonction de la méthode utilisée pour les recueillir. Piérart et al. (1976) comparent de ce point de vue les performances réalisées par des enfants de 2;6 à 5 ans dans la production et la compréhension de phrases impliquant un contraste singulier/pluriel (*Il est sur la table / Ils sont sur la table*) ou un passif: lorsque l'enquêteur invite l'enfant à décrire une image (« Dis-moi ce qui se passe sur cette image »), le nombre d'échecs est nettement plus élevé que lorsque l'enfant a à décrire une manipulation effectuée en sa présence sur des objets (« Dis-moi ce qui se passe »). De même, dans l'épreuve de compréhension, proposer à l'enfant de choisir parmi deux images celle qui correspond à la phrase testée suscite plus d'erreurs que lui demander de représenter cette phrase à l'aide de poupées, les différences entre les deux types de résultats étant particulièrement significatives avec les jeunes enfants. La méthode des manipulations fournit en outre plus d'informations sur le fonctionnement du langage chez l'enfant: quand il crée une situation, l'enfant peut faire apparaître en effet l'une ou l'autre particularité de son interprétation, que l'enquêteur n'aurait pas aperçue avec des dessins, où les situations sont figées. Ces résultats sont confirmés dans une étude de Moreau (1977) portant sur la compréhension de phrases passives chez des enfants de 5 ans : les performances des enfants sont meilleures dans les manipulations que dans le choix d'images, cette dernière technique s'avérant elle-même supérieure à celle qui consiste à poser une question à l'enfant sur le contenu de l'énoncé. Les trois méthodes se hiérarchisent de la même manière lorsqu'on examine les discordances entre les réponses fournies par les enfants soumis deux fois à la même épreuve à quinze jours d'intervalle : la méthode des manipulations assure des réponses plus stables que celle des dessins et des questions[3].

La commodité qu'il y a à utiliser des images, notamment, cache souvent certains inconvénients. Ainsi, l'adulte qu'est l'expérimentateur n'oublie-t-il pas, parfois, que l'interprétation d'une image repose elle aussi sur un code dont la maîtrise n'est pas nécessairement acquise par l'enfant ? Pour prendre un exemple clair, il ne va pas de soi dès le départ que l'ordonnance des images de la gauche vers la droite[4] (mais non pas la disposition des personnages ou des objets à l'intérieur d'une même image) correspond à une succession temporelle des événements. Dans certains cas, la mise en jeu de deux codes, le linguistique et le graphique, rend dès lors impossible de déterminer si telle réponse fournie par l'enfant reflète son niveau linguistique ou celui qu'il a atteint dans le décodage des images. Ainsi, quand on demande à un enfant laquelle de deux images, l'une représentant un chien attaquant un chat, l'autre un chat attaquant un chien, correspond à l'énoncé *Le chat est attaqué par le chien*, le choix de la deuxième image peut indiquer ou bien que l'enfant ne maîtrise pas le passif, ou bien, éventualités souvent négligées, que dans le décodage graphique, il identifie les personnages et l'action, sans tenir compte de l'orientation de l'action[5]; ou bien encore qu'il ordonne linéairement les personnages à l'intérieur d'une même image et privilégie celle qui représente à gauche le premier personnage nommé et à droite le deuxième, ou bien encore que le décodage des messages graphiques rend floue la représentation mentale, peut-être conforme au langage de l'adulte, que le sujet s'était formée du message linguistique. Il semble bien, par ailleurs, que la plus ou moins grande rapidité avec laquelle l'enfant domine le code implicite des images soit fonction de son milieu socioculturel (Moulard, 1975). On peut se demander dès lors si c'est bien le langage qu'étudient les travaux de sociolinguistique qui recueillent leurs données linguistiques au départ de descriptions d'images.

La méthode expérimentale peut influer d'une autre manière encore sur les données, en ce qu'elle amène le sujet à utiliser ses connaissances linguistiques dans un cadre parfois fort artificiel par rapport aux fonctions que remplit habituellement le langage. Soumettre un énoncé à un enfant en l'invitant à trouver la question à laquelle cet énoncé pourrait servir de réponse, c'est lui proposer une activité logique, linguistique et métalinguistique qui a bien peu de choses en commun avec ses capacités, strictement linguistiques, à poser une question à autrui ou à répondre aux questions de ses interlocuteurs.

Prenons un autre exemple, dont l'artificialité est peut-être moins évidente. Il est fréquent que l'expérimentateur fasse décrire un dessin ou une situation qu'il voit cependant tout aussi bien que son sujet; il lui réclame donc une information que lui-même possède déjà et dont le sujet sait qu'il la possède. N'est-ce pas, là aussi, sortir des conditions habituelles de l'exercice du langage, ou, à tout le moins, risquer que cette situation ne soit pas également familière à tous les enfants (Dannequin, 1977, ch. X)[10]? Et les réponses obtenues dans ce genre d'épreuves ne refléteront-elles pas, à la fois, et de manière inextricable, les connaissances linguistiques de l'enfant sans doute, mais aussi la plus ou moins grande facilité avec laquelle il aura surmonté l'artificialité de la situation? (Voir aussi Labov, 1972a.)

Ces propos n'ont évidemment pas pour intention de détourner le chercheur de la voie expérimentale pour explorer le langage de l'enfant. On souhaiterait seulement l'inviter à une vigilance toute particulière: s'il est possible que toute technique utilisée pour provoquer des comportements linguistiques parasite ces comportements de données non linguistiques liées à la technique elle-même, l'important est que le chercheur s'interroge scrupuleusement sur la nature de ces biais pour mieux en réduire l'ampleur.

CHAPITRE II - NOTES

[1] Pour le dépouillement des corpus spontanés, on verra Boisseau (1979), Bloom et Lahey (1978, p. 600-609), François (1978a, 1979), Miller (1981) et Plas (1979).

[2] Ainsi Lloyd et Donaldson (1976), qui, afin de faciliter la production par l'enfant de jugements sur le caractère vrai ou faux d'énoncés, font «parler» une poupée-panda munie d'un haut-parleur incorporé, par lequel s'exprime un expérimentateur invisible à l'enfant.

[3] Kail (1976) observe également des changements de réponses, voire des changements de stratégie en fonction de la méthode expérimentale. Cocking et Mc Hale (1981) étudient systématiquement, chez des enfants de 4 à 5 ans, l'influence, sur la production et la compréhension, de trois procédures : choix ou description de dessins, manipulation ou description d'une manipulation mettant en scène des objets, cette deuxième procédure impliquant tantôt les seuls objets en cause, tantôt d'autres, à effet distracteur.

[4] Dans notre culture. Cette restriction implique qu'il y a effectivement un codage.

[5] Il faut noter aussi que les jeunes enfants ne sont pas également attentifs à tous les indices fournis par l'image. Sur ce point, voir Stick et Norris (1979).

[6] Pour rendre celle-ci plus naturelle, on pourrait songer à faire recueillir les productions de l'enfant par un deuxième enquêteur, qui serait censé ne pas savoir sur quoi porte la description.

Chapitre III
Les conditions biologiques
du développement linguistique

Le langage humain suppose des organes périphériques et un système nerveux central appropriés. Le substrat organique qui autorise l'acquisition du langage n'est pas fonctionnel dès la naissance, et ne le reste pas au même degré pendant toute la vie de l'individu[1]. Exposé à un entourage linguistique pourtant relativement constant, le jeune enfant ne commence pas à parler d'emblée, et le développement du langage se réalise à travers une succession d'étapes où s'actualisent clairement des potentiels organiques chaque fois accrus.

Divers arguments rassemblés et développés par Lenneberg[2] portent à penser que le développement du langage non seulement dépend de facteurs maturationnels, mais qu'il se situe dans une période limitée, au-delà de laquelle l'acquisition d'une langue ne pourrait plus s'appuyer sur les mêmes facilités. On pourrait donc parler, à propos de l'apparition du langage, de *période critique,* ou plus correctement de *période privilégiée.* Une période critique est une période de l'ontogenèse au cours de laquelle un comportement généralement caractéristique de l'espèce se constitue et en dehors de laquelle il ne peut apparaître, du moins sous sa forme normale. Il s'agit donc d'une période marquée d'un début et d'un terme. L'exemple le plus classique en est la période critique de l'empreinte, décrite par les éthologistes chez certaines espèces animales.

On connaît aussi, depuis les travaux des neurophysiologistes Hubel et Wiesel[3], l'importance d'une période particulière de la croissance, située entre la troisième et la douzième semaine, pour la mise en place fonctionnelle des circuits de la perception visuelle chez le chaton. Une privation, même limitée, de l'«alimentation» stimulatoire normale entraîne des altérations fonctionnelles caractéristiques, sinon irréversibles. L'extension temporelle de la phase au cours de laquelle des carences d'information entraînent des répercussions est ici nettement plus large que dans le cas de l'empreinte, d'où le terme de période privilégiée, favorable ou sensible, utilisé de préférence à celui de période critique.

Dans le développement humain, certaines acquisitions semblent également se situer électivement dans certaines périodes privilégiées. Ainsi en va-t-il de nombreux aspects du développement cognitif et affectif. Le développement verbal paraît suivre la même règle. Les débuts d'une période privilégiée dépendent naturellement d'une maturation organique, que l'on infère, à défaut d'en connaître les propriétés spécifiques. La fin en est déterminée, selon toute évidence, par quelque modification fonctionnelle, sinon structurale du système nerveux, moins aisée encore à préciser et à expliquer.

Le rôle des facteurs maturationnels dans l'acquisition du langage paraît démontré par les arguments suivants.

Le langage apparaît chez tous les enfants normaux dans des marges chronologiques très semblables, et les étapes de son développement présentent une très grande régularité. La relative spécificité du développement verbal paraît attestée par l'absence de parallélisme strict entre le développement moteur, intellectuel et verbal. Des enfants atteints d'hypotonie musculaire grave, par exemple, ne présentent pas nécessairement de retard du langage; les retards de langage se rencontrent couramment chez des sujets au développement moteur et intellectuel normal. Les premiers mots apparaissent vers la fin de la première année, vers 8 mois chez les enfants les plus précoces, à 20 mois chez les moins avancés; mais on les relève chez 75 % des enfants de 12 mois. Les énoncés de deux mots apparaissent chez la plupart des enfants vers 18 mois. L'activité verbale qui prépare à l'apprentissage linguistique proprement dit passe, elle aussi, par des stades caractéristiques — gazouillis et babillages de plus en plus différenciés — dont les variétés individuelles ne peuvent vraisemblablement masquer les constantes fondamentales.

Quel que soit le rôle du milieu dans l'apprentissage proprement dit, il est difficile d'en faire le facteur décisif déterminant le *moment* où cet apprentissage débute. En effet, aux premiers mots de l'enfant ne correspond pas une modification subite de l'environnement linguistique. Les adultes et les enfants plus âgés parlent autour de l'enfant avant qu'il ne prononce ses premiers mots comme après. La plupart des parents et des nurses parlent au nourrisson et l'exposent ainsi aux mêmes stimulations verbales que quelques mois plus tard. Si les accidents du milieu, tels que la rupture plus ou moins prolongée des relations avec la mère, peuvent se répercuter de façon parfois dramatique sur la qualité et la richesse du langage de l'enfant, ils ont peu d'influence sur le moment d'apparition des comportements verbaux, et sur le potentiel d'acquisition de ceux-ci. Ainsi, des enfants placés en orphelinats présentent à 3 ans des carences dans le domaine verbal, par comparaison avec des normaux. Mais placés à cet âge dans un milieu riche en stimulations verbales et en échanges interpersonnels, ils récupèrent leur retard en quelques années[4].

La comparaison, au stade du babillage, d'enfants de parents sourds et d'enfants de parents entendants fournit des indications intéressantes sur le rôle de l'environnement. Lenneberg (1967) a enregistré les productions vocales d'enfants appartenant à ces deux populations, dans lesquelles le milieu diffère sous un double aspect : d'une part, les vocalisations de l'adulte sont dans l'ensemble plus rares chez les sourds; d'autre part, il n'y a pas, chez ces derniers, de réponse de l'adulte aux vocalisations de l'enfant. Or, dans l'ensemble, les enfants de parents sourds ne vocalisent pas moins que ceux des parents entendants, mais à la différence de ceux-ci, ils ne vocalisent pas en réponse aux vocalisations de l'entourage. L'activité du sujet est donc la même de part et d'autre, dépendant sans doute de la maturation, mais elle ne se différencie pas, chez l'enfant de sourds, en conduites d'interrelation avec autrui, elle ne se modèle pas au gré des *contingences de renforcement* caractérisant le milieu, dirions-nous en termes skinnériens[5].

Si le langage est un outil éminemment utile dans la vie sociale de l'homme, son utilité ne s'impose pas subitement au moment où il apparaît dans le développement de l'enfant. Les besoins vitaux de ce dernier sont satisfaits par l'entourage, qu'il apprenne ou non à parler, qu'il dise *maman* à 12 mois ou à 8. L'acquisition ne correspond donc à aucune contrainte particulière de l'environnement, qui ferait en quelque sorte à l'enfant une nécessité d'apprendre à parler à un moment précis. On peut voir là un argument de plus en faveur du rôle de la maturation, encore que discutable à plusieurs égards[6].

Le critère le plus décisif pour attester les facteurs maturationnels est l'apparition du comportement en l'absence de tout exercice. On n'imagine pas, naturellement, de procéder chez l'enfant à des expériences comparables à celles de Carmichael (1928), qui permirent de démontrer le rôle de la maturation dans le développement de la motricité chez la salamandre. Il ne peut être question de priver artificiellement des enfants, aux fins d'expériences, de l'exercice de l'appareil vocal, non plus que de les soustraire aux stimulations d'un entourage linguistique. L'expérience, fût-elle moralement possible, devrait d'ailleurs nécessairement se situer dans les tout premiers stades de l'activité vocale de l'enfant, dans ce qu'on pourrait appeler la phase prélinguistique, car personne ne s'attendrait à ce qu'un enfant manifeste des comportements verbaux quelque peu structurés s'il n'a été exposé à une langue naturelle. Or, dès l'instant où il y a exposition à un entourage linguistique, l'exercice de l'organisme est incontrôlable (voir ci-dessous les remarques sur les aspects *compréhension et production*). L'appréciation du rôle de la maturation aux stades les plus significatifs de l'acquisition linguistique, entre 1 et 4 ans, se heurte donc à des difficultés méthodologiques actuellement insurmontables. Pour les stades prélinguistiques, Lenneberg encore rapporte les cas d'enfants trachéotomisés, qui ne peuvent par conséquent exercer leur appareil phonateur, et dont l'activité vocale apparaît d'emblée normale lorsque sont rétablies les voies normales de la respiration. L'un d'entre eux, observé à 14 mois au terme d'une trachéotomie de 6 mois, babillait dès le lendemain de la suppression du tube, sans qu'aucun exercice antérieur n'ait eu lieu.

Si l'on peut sans trop de peine situer les grandes étapes du développement verbal qui pourraient hypothétiquement correspondre aux étapes maturationnelles du système neuromoteur impliqué dans l'acquisition du langage, et suivre ainsi les premières phases de la « période privilégiée », il est moins aisé de préciser le moment où celle-ci s'achève. Les hypothèses que l'on peut faire à ce sujet ne peuvent guère s'appuyer que sur les données de la pathologie, car l'expérience décisive, qui consisterait à priver des groupes d'enfants de toute stimulation linguistique pendant un an, deux ans, trois ans, quatre ans, etc., pour observer comment se présenterait l'acquisition du langage ainsi décalée chronologiquement, cette expérience est, elle aussi, irréalisable.

Certaines atteintes cérébrales entraînent une détérioration du langage, décrite sous le nom d'*aphasie*. Celle-ci peut constituer, chez l'adulte, un symptôme relativement transitoire ou, au contraire, définitif, irréversible. D'une manière générale, ou bien le langage se rétablit dans les six mois qui suivent le traumatisme, ou il ne se rétablit jamais, les progrès réalisables après 6 mois étant négligeables. Le malade chez lequel le langage se reconstitue ne repasse pas par les stades caractéristiques de l'apprentissage du langage chez l'enfant. Il ne réapprend pas à parler, ou du moins pas dans le sens que revêt cette expression appliquée à l'enfant. Passée la phase de récupération spontanée, les efforts déployés pour réapprendre à l'aphasique adulte à parler ne seront généralement récompensés que par des succès maigres et fragmentaires, alors même qu'en d'autres domaines les capacités générales d'apprentissage ne semblent pas amoindries.

Chez les enfants atteints de lésions traumatiques unilatérales après l'acquisition du langage, des symptômes aphasiques, d'une grande diversité de formes, peuvent apparaître comme chez l'adulte. Si le malade est âgé de plus d'une dizaine d'années, les séquelles se présentent avec la même gravité. Par contre, si l'atteinte se situe entre 4 et 10 ans, la récupération est très active et s'étend souvent sur plusieurs années. Si les lésions surviennent dans les tout premiers stades, le processus d'acquisition recommence à ses débuts. A la différence de l'aphasique adulte, le jeune aphasique semble donc, littéralement, recommencer son apprentissage du langage.

Cette possibilité de réacquisition témoigne d'une plasticité fonctionnelle du cortex cérébral. Selon la théorie la plus généralement admise, il y aurait à la naissance et au cours des premières années, *équipotentialité* des deux hémisphères cérébraux. Avec le développement, cette équipotentialité céderait le pas à la *latéralisation,* chaque hémisphère prenant en charge son domaine spécialisé - le langage étant dévolu à l'hémisphère gauche[7]. Dans sa forme extrême, cette conception suppose que, à l'origine, les deux hémisphères participent conjointement à la mise en place des fonctions linguistiques et que, peu à peu, l'hémisphère droit les abandonne presque entièrement à son partenaire, à la faveur d'un mécanisme inhibiteur dont on ne sait encore rien. On peut aussi, et plus raisonnablement, concevoir que les deux moitiés du cortex cérébral sont, quant à leurs capacités à traiter le langage, initialement dotées, au sens strict, d'une potentialité égale qui ne s'actualise normalement que dans l'hémisphère gauche. Exceptionnellement, la potentialité de l'hémisphère droit pourra s'actualiser, par suppléance, lorsque le gauche sera mis hors service, pour autant que l'accident survienne assez précocement, c'est-à-dire à un moment où la plasticité interhémisphérique est encore suffisante. On comprend dès lors que des lésions (ablation) unilatérales survenant avant l'acquisition du langage n'aient pas d'effets différentiels sur celle-ci, selon le côté atteint, ainsi que l'indiquaient déjà les données de Basser (1962). Si la lésion survient lorsque le langage est en voie d'acquisition ou acquis, mais avant 10 ans environ, les répercussions sur le langage sont nettement plus fréquentes s'il s'agit de l'hémisphère gauche que s'il s'agit de l'hémisphère droit — ce qui traduit le processus de latéralisation — et les récupérations ou réapprentissages sont importants — ce qui traduit la persistance de la plasticité cérébrale.

Notons que certains auteurs estiment, contrairement à Lenneberg, que la prise en charge de la fonction verbale par l'hémisphère mineur après lésion de l'hémisphère dominant cesse d'être parfaite au-delà de 5 ans. Les récupérations, bien que spectaculaires et plus étalées dans le temps que chez l'adulte, n'amèneraient jamais le patient au même niveau qu'un cerveau sain. C'est la position défendue, notamment, par Berry (1979) et par Dennis et Whitaker (1976). Ces derniers, sur base d'un examen minutieux de deux sujets qui avaient subi une hémisphérectomie gauche précoce, mettent en évidence certains indices de déficit dans les aspects syntaxiques complexes.

D'autre part, le problème des origines de la spécialisation hémisphérique est encore loin d'être résolu. Le destin fonctionnel de l'hémisphère gauche quant au langage se trouve-t-il inscrit déjà dans les asymétries anatomiques relevées chez le fœtus, dans une proportion de cas qui, malheureusement, n'atteint que 65 % — au lieu des 99 % que l'on attendrait sur base des données relatives à la latéralisation du langage [8] ? Comment faut-il interpréter les asymétries corticales constatées chez le singe ? La neurophysiologie comparée et la neurophysiologie embryologique ont sans doute encore de nouvelles informations à nous fournir sur le substrat cérébral de l'activité symbolique et verbale, informations qui nous aideront peut-être aussi à mieux cerner la part de la programmation génétique dans la machinerie nerveuse qui sous-tend cette activité.

Force est bien, pour l'instant, de nous contenter, sur ces points importants, des conclusions incertaines que l'on peut tirer des observations pathologiques. Celles-ci sont d'une grande diversité, tant sous l'angle de leur étiologie que de leur symptomatologie, et elles ne fournissent, au mieux, que des tendances statistiques, non des relations tranchées. Elles sont souvent imprécises ou, au mieux, difficiles à comparer, quant à l'évaluation du déficit et de la récupération. Quoi qu'il en soit, on peut conclure avec Lenneberg que la récupération du langage est d'autant plus probable que la lésion unilatérale survient précocement, c'est-à-dire à un moment où la latéralisation de l'hémisphère dominant n'est pas encore achevée.

Inversement, les répercussions sur le développement verbal de la surdité acquise seront d'autant plus graves que l'atteinte est précoce. Pour peu que l'acquisition du langage ait été amorcée, l'éducation du sourd sera facilitée, comme si quelque chose de fondamental s'était installé, définitivement, qui pourra toujours être mis à profit ultérieurement.

Ces données très brièvement résumées permettent de situer approximativement la fin de la période privilégiée de l'acquisition du langage au plus tôt vers 5-6 ans, au plus tard autour de 10 ans - âge au-delà duquel le cerveau semble avoir perdu la plasticité fonctionnelle nécessaire.

Un tout autre ordre d'arguments suggère l'existence d'une période privilégiée: c'est la facilité d'acquisition d'une langue seconde au cours de l'enfance, en gros jusqu'à dix ans également. Cette facilité a été soulignée à maintes reprises, à titre anecdotique ou sur base de recherches systématiques. Ainsi a-t-on observé la rapidité et l'aisance avec laquelle les enfants d'immigrants acquièrent la langue de leur nouveau milieu, cependant que leurs parents s'y évertuent sans grand succès. Certaines études attestent que plus les enfants sont jeunes, plus l'acquisition de la langue seconde est rapide et complète. Pourtant, ces conclusions ne sont nullement confirmées par toutes les recherches. Certaines aboutissent à des résultats opposés. Les discordances tiennent vraisemblablement aux innombrables variables qui interviennent dans les situations de bilinguisme, où les attitudes affectives et sociales, les motivations, la présence d'interlocuteurs partageant la langue première, la durée totale de l'exposition à la langue seconde, son contexte, le caractère plus ou moins actif de l'échange verbal, etc., sont de nature à masquer ce qui ressortit à la potentialité électivement linguistique du système nerveux. Les mêmes variables sont d'ailleurs de nature à fausser les comparaisons entre adultes et enfants, indépendamment d'une possible réduction de plasticité du cerveau de l'adulte, liée d'une part au vieillissement, d'autre part à l'installation plus ancienne des habitudes propres à la langue première (les transferts négatifs, ou limitations que fait peser un apprentissage antérieur sur un nouvel apprentissage, sont bien connus en psychologie expérimentale)[9]. Il semble que l'avantage d'un apprentissage précoce de la langue seconde ne soit décisivement démontré qu'en ce qui concerne les réalisations phonétiques — les contrôles moteurs fins impliqués dans la production des phonèmes perdant peut-être leur plasticité une fois la latéralisation cérébrale achevée. Pour ce qui est des autres aspects du langage, le problème demeure ouvert, et trouvera sa solution avec les progrès de l'étude du bilinguisme.

Enfin, un dernier argument a été tiré des cas, à vrai dire — fort heureusement — exceptionnels, d'enfants profondément ou totalement privés de contacts humains et verbaux : enfants sauvages ou «enfants-loups», dont le plus scientifiquement étudié demeure Victor de l'Aveyron, soumis par Itard à une intervention éducative d'une grande sagacité pour l'époque (voir Malson, 1964). Plus près de nous, le cas de Genie, recueillie à l'âge de 14 ans, a fait l'objet d'un effort de rééducation du langage exceptionnellement poussée et, chose unique, d'un examen constant à l'aide des outils de la psycholinguistique moderne [10]. Les difficultés rencontrées à faire accéder ces enfants au maniement d'une langue naturelle (en dépit des succès très partiels obtenus chez Genie) confirment à première vue l'idée que la période favorable se trouvait définitivement dépassée. Mais l'expérience vécue par ces sujets est si massivement différente du cours normal de la vie d'un enfant qu'il est bien délicat d'en isoler les problèmes linguistiques et de les rapporter spécifiquement aux contraintes psychophysiologiques du développement cérébral.

Admettons, pour l'instant, l'existence d'une période privilégiée, ainsi largement définie du milieu de la première année à la fin de la première décennie (ou à son milieu). Il restera à se demander si cette période privilégiée est spécifique au langage. Aucune donnée morphologique ni physiologique ne permet de l'affirmer : les modifications organiques connues dans le système nerveux central — accroissement de volume des neurones centraux, coefficient de matière grise, composition chimique, rythmes électroencéphalographiques et même latéralisation cérébrale — qui coïncident avec cette période de l'ontogenèse peuvent aussi bien être mises en relation avec d'autres aspects du développement psychologique. Sur le plan psychologique d'ailleurs, on ne peut manquer de noter le parallélisme entre cette période étendue au cours de laquelle l'organisme jouirait des capacités maximales pour acquérir une langue naturelle et les étapes les plus décisives du développement cognitif.

On peut penser que le même outil cérébral, avec les mêmes propriétés, est mis à profit à des fins très diverses, dont l'acquisition du langage, pendant une période de croissance extraordinairement riche.

CHAPITRE III - NOTES

[1] Reconnaître l'importance de la maturation organique dans le développement n'entraîne nullement, est-il besoin de le rappeler, que l'on tienne pour *innées* les structures linguistiques qui apparaissent peu à peu dans le langage de l'enfant. Comme en bien d'autres domaines de la psychologie humaine, la maturation organique met en place les instruments indispensables à des acquisitions, mais celles-ci ne s'installent pas sans une interaction avec le milieu, ni en dehors d'une histoire des conduites. Nous renvoyons à nouveau à la conception constructiviste de Piaget, et aux théories de Hebb (voir notamment Hebb et al., 1971).

[2] Nous renvoyons le lecteur, pour des compléments d'information sur les questions très sommairement abordées ici, à l'ouvrage remarquablement documenté de Lenneberg (1967), dont nous nous sommes largement inspirés, et à E.H. Lenneberg et E. Lenneberg (1975).

[3] Voir à ce sujet Hubel et Wiesel (1963, 1970) et pour une synthèse des travaux ultérieurs, Imbert (1981).

[4] Voir à ce sujet Morley (1957).

[5] Cet exemple permet d'illustrer clairement la différence de point de vue, selon que l'on prête attention à la *topographie* d'un comportement — elle est ici la même chez les deux catégories d'enfants — ou à la *fréquence* et aux *conditions d'apparition* de ce comportement. Rapidement, le babillage de l'enfant survient de préférence en réponse aux vocalisations de l'entourage, probablement parce qu'il est alors renforcé par de nouvelles vocalisations et, éventuellement, d'autres marques d'attention. Ainsi s'élaborent les interactions et les dépendances réciproques inhérentes à la communication linguistique.

[6] La faiblesse de cet argument apparaît si l'on songe aux multiples activités qui s'acquièrent sans être au moment même nécessaires à la survie de l'organisme, et pour lesquelles on ne songerait pas à invoquer un facteur maturationnel. La plupart des conduites acquises sous contrôle des variables socioculturelles sont de cette nature. On peut chez l'animal contrôler aisément la production de comportements donnés en manipulant certaines variables (stimuli discriminatifs, renforcements) d'une manière qui tire son efficacité d'une certaine histoire de l'apprentissage, et non de la valeur immédiate que le comportement en cause peut avoir, en terme de survie.

[7] On a longtemps admis la concordance entre latéralisation manuelle et latéralisation cérébrale de la fonction verbale, l'hémisphère gauche étant considéré comme dominant (et siège du langage) chez les droitiers et inversement. L'accumulation des observations cliniques a conduit à reconnaître la quasi-généralité de la dominance de l'hémisphère gauche, s'agissant du langage, indépendamment de la latéralisation manuelle — à l'exception, bien entendu, des cas de suppléance par l'hémisphère droit après atteinte, dans l'enfance, à l'hémisphère gauche initialement dominant. Sur la dominance cérébrale et le langage, on consultera notamment Angelergues (1965), Berry (1969), Browin et Goebel (1976), Hecaen (1977), Hecaen et Angelergues (1965), Ingram (1975), Penfield et Roberts (1959), Roberts (1966), Tissot (1966), Zangwill (1960a, 1960b, 1975).

[8] Pour une discussion des problèmes que soulèvent les théories de l'équipotentialité, de l'asymétrie cérébrale et de la suppléance inter- et intrahémisphérique, dans leurs rapports avec l'acquisition du langage et avec l'aphasie de l'enfant, on se reportera à Seron (1977).

[9] Le problème de l'apprentissage d'une langue seconde chez l'enfant a été discuté par Mc Laughin (1977), qui rapporte les arguments de faits pour et contre l'hypothèse d'une période privilégiée. On s'y reportera pour un examen plus détaillé de la question.

[10] Voir Curtiss (1977).

Chapitre IV
Premières étapes de l'acquisition

Où faire débuter l'acquisition du langage par l'enfant ? La réponse à cette question est partiellement une affaire de convention. Elle variera, en effet, selon que l'on conviendra de considérer comme la première manifestation du langage les premiers cris, ou les premières vocalisations, ou le premier indice d'une activité référentielle, ou la production du premier mot, ou la première « compréhension » des énoncés entendus. Quel que soit le critère retenu, on restera cependant attentif au fait qu'aucune de ces activités — à l'exception de la première mentionnée — n'émerge ex nihilo: pour prendre un seul exemple, la production du premier mot suppose que l'enfant ait acquis préalablement une partie du système phonologique. Divers travaux récents de psycholinguistique génétique montrent en effet que la discontinuité entre les différentes étapes de l'acquisition doit sans doute être considérée comme bien moins importante qu'on ne l'avait cru initialement. Si nous recourons à des étiquettes dans les paragraphes qui suivent, ce sera dès lors moins par souci de tracer des frontières entre les périodes successives que pour fournir au lecteur les points de repère auxquels il est accoutumé.

1. **L'acquisition des sons de la langue**

A. L'acquisition des phonèmes suppose que l'enfant *différencie auditivement* les multiples sons qu'il entend. Chez l'adulte, l'identification des sons linguistiques est catégorielle : si on présente à des sujets différentes syllabes synthétiques variant sur un axe donné, mais équidistantes sur le plan physique, les sujets ne fournissent pas de réponse du type « c'est entre /to/ et /do/ » par exemple, mais ils identifient une partie des stimuli comme étant des /to/ et l'autre partie comme étant des /do/. On constate en outre que la discrimination des sons est catégorielle : les sujets ne discriminent pas les stimuli situés du même côté d'une frontière phonémique (Liberman et al., 1957)[1].

Chez le nouveau-né, on observe également, pour certains contrastes au moins, une discrimination catégorielle des sons utilisés dans le langage. Ceci a pu être ainsi établi : le rythme de succion chez l'enfant exposé à un stimulus acoustique tend à diminuer si le stimulus ne varie pas ; en revanche, lorsqu'on fait entendre un stimulus différent du premier, le rythme de succion connaît une accélération. Sur cette base, on a mis en évidence que, dès l'âge de 4 semaines, l'enfant adopte un comportement de succion différent suivant que les sons auxquels on l'expose restent dans une zone qui, dans différentes langues, correspond aux sourdes ou franchissent la frontière entre sourdes et sonores[2] (Eimas et al., 1971, 1981).

La mise en évidence de tels faits éclaire de manière très précieuse les mécanismes sur lesquels se fonde l'acquisition du système phonologique, car elle permet de déterminer ce qui, dans cette acquisition, relève de l'organisme et ce qui est dû aux stimulations de l'environnement. L'interprétation des données au niveau théorique doit cependant s'entourer d'un certain nombre de précautions.

Ainsi, tout d'abord, il serait hâtif de mettre ces propriétés auditives innées en relation avec les spécificités du langage humain et de conclure à la spécificité des premières ou à l'innéisme du second, puisque aussi bien, par exemple, les chinchillas manifestent aussi une perception catégorielle pour cette même opposition sourdes-sonores (Kuhl et Miller, 1975).

En second lieu, il n'y a pas plus matière à penser jusqu'ici que l'organisme humain est orienté vers l'apprentissage du langage qu'à croire que la mer est faite pour porter les bateaux. Sans doute l'équipement du nouveau-né peut-il lui rendre plus faciles certaines acquisitions que d'autres, mais il serait bien étonnant d'un autre côté que la constitution des langues, leur évolution, leur re-construction par l'enfant sur la base de ce qu'il entend, se soient faites ou se fassent d'une manière totalement indépendante des possibilités auditives et articulatoires des usagers.

Enfin, la discrimination des sons n'équivaut pas à leur identification dans des séquences significatives. Lorsque Garnica (1973) et Edwards (1974) proposent à des sujets de un à trois ans d'accomplir une action mettant en jeu l'une des deux figurines qu'elles ont désignées par des logatomes constituant une paire minimale[3], le pourcentage d'échecs chez les jeunes enfants indique bien qu'il importe de ne pas confondre la capacité de distinguer des sons et l'utilisation de cette capacité dans des tâches linguistiques référentielles.

B. Si l'on considère les productions vocales de l'enfant à partir de la naissance, on voit apparaître en premier lieu des *cris*, des *pleurs* et des *sons végétatifs* (toux, renvois, déglutition, etc.), formes très élémentaires d'activité vocale qui persisteront toute la vie tout en subissant une évolution: au cours des premières semaines déjà (Stark, 1978), durant l'enfance et à la puberté (où le timbre, notamment, se modifie).

C. Le *babil*[4], duquel émergeront les phonèmes, débute dès la fin du deuxième mois dans des situations de confort. On a noté la coïncidence chronologique avec l'apparition du sourire. L'émergence des deux phénomènes, même si leur évolution n'échappe pas à l'influence des conditions générales dans lesquelles l'enfant est élevé, est sans doute déterminée génétiquement. Ils jouent, l'un comme l'autre, un rôle capital à l'origine de la socialisation de l'individu et le moment commun de leur apparition marque une étape importante dans le développement.

Alors que Lenneberg (1967) voit une nette rupture entre le babil et les productions vocales précédentes, Wolf (1969), Bosma (1975) et Stark (1978) montrent que le babil s'enracine du point de vue acoustique dans les premières productions. Pour Stark, les traits acoustiques des activités vocales primitives sont incorporés dans le babil tels quels ou en de nouvelles combinaisons; l'enfant ne peut cependant réaliser celles-ci que parce que, dès la période précédente, il a acquis un contrôle de plus en plus grand sur ses organes vocaux.

Très brèves au départ (quelques dixièmes de seconde), les émissions du babil peuvent ultérieurement se développer en des séquences plus longues (plusieurs dizaines de secondes), où les sons consonantiques, plus fréquents, sont aussi articulés avec plus de précision. Déjà à ce stade, l'enfant interagit vocalement avec son entourage; on voit, lors des échanges écholaliques, s'ébaucher des proto-dialogues, où chacun prend son tour de «parole» et réagit au comportement vocal de l'autre. (On reviendra sur ce point au chapitre VI.)

Les émissions produites par l'enfant au stade du babil ne correspondent pas aux sons de la langue. Elles en diffèrent si bien que la mère ne parvient pas à les imiter exactement; lorsqu'elle tente de le faire, comme c'est couramment le cas dans les interactions écholaliques, elle les ramène en réalité à des phonèmes de la langue qui lui sont familiers. La gamme de ces vocalisations est à la fois plus riche et plus pauvre que celle des sons du langage qui sera appris par l'enfant. Plus pauvre, parce qu'on n'y trouve pas l'ébauche de certains sons consonantiques, ni de certaines séquences exigeant une coordination motrice très fine des organes articulatoires. Plus riche, parce qu'on y relève certains sons qui sembleraient pouvoir servir tout naturellement de matériaux pour des phonèmes qui ne font pas nécessairement partie du répertoire de la langue de l'enfant, mais existent cependant dans d'autres langues naturelles. Ainsi, Grégoire (1937) relevait chez son fils des *inspirations* et des *clics* qui ne tiennent aucune place dans la phonologie française, mais font partie du système phonologique de certaines langues africaines ou amérindiennes.

On sait peu de chose sur la manière dont le babillage spontané se façonne au contact de la langue pour finir par s'y conformer. Les données disponibles jusqu'ici indiquent cependant une influence très rapide sur ces productions de la langue particulière à laquelle l'enfant est exposé, pour les caractéristiques suprasegmentales comme pour les unités segmentales. En ce qui concerne les premières, certains auteurs, dont Grégoire (1937) et Lewis (1936), ont remarqué que le babillage reproduisait d'abord les contours généraux de la phrase: les séquences présentent des accentuations et des intonations qu'on retrouve chez l'adulte. La contribution de Weir (1966) est plus décisive: étudiant des enfants de milieu linguistique américain, chinois, russe et arabe, Weir relève en effet chez les enfants chinois, déjà vers 6 mois, des variations tonales plus importantes que chez les autres sujets; or le système phonologique du chinois connaît, parmi ses traits pertinents, quatre tons ou tonèmes, alors que l'anglais, le russe et l'arabe n'utilisent pas les différences tonales comme traits distinctifs. Il semble permis d'affirmer que, dès 6 mois au moins, la langue imprime son influence sur l'activité vocale de l'enfant.

D'un autre côté, la fréquence des sons produits par l'enfant au stade du babil apparaît aussi comme liée à la fréquence des unités dans la langue utilisée par son entourage; ainsi, on relèvera, à titre d'exemple, dans l'étude de Boysson-Bardies et al. (1981), que la fréquence des voyelles nasales chez l'enfant de milieu francophone étudié par ces auteurs entre 1;6 et 1;8 an est plus élevée que chez les enfants de milieu anglophone observés par Oller et al. (1976).

D. *La différenciation progressive des phonèmes spécifiques de la langue* est extrêmement rapide après 18 mois. La discrimination auditive des phonèmes précède régulièrement leur production par l'enfant. Cette asymétrie se manifeste dans les autres domaines de l'acquisition du langage : la compréhension est systématiquement en avance sur l'émission et ce phénomène persiste toute la vie. S'agissant de l'acquisition des phonèmes, sauf trouble articulatoire, la production finit par rejoindre l'identification, mais c'est parfois au terme d'un processus relativement lent. Le décalage s'observe très clairement dans des interactions de ce type (Bouton, 1976, p. 98): « Jeanne, 2 ans et demi, a baptisé « Magali » une de ses poupées. Malheureusement, elle ne sait pas prononcer le /g/ et y substitue un /d/, elle dit donc: « *Madali* ». Si l'on dit comme elle, elle se fâche : « T'est pas Madali, t'est *Madali* » (Ce n'est pas ..., c'est) ». Ce domaine, d'accès difficile, reste fort peu étudié.

Les données sur la production sont en revanche beaucoup plus nombreuses. Il reste néanmoins fort malaisé de dire à quelles régularités obéit l'ordre des acquisitions et d'y faire la part des lois universelles, des particularités propres à la langue en cause et des éventuelles stratégies appliquées idiosyncratiquement par chaque enfant. Jakobson (1941; Jakobson et Halle, 1956) a sans doute cru pouvoir proposer un modèle qui rendrait compte, de manière universelle, de l'ordre dans lequel les phonèmes sont appris[5]. Il présente un ensemble de douze oppositions binaires, définies en termes acoustiques et hiérarchisées les unes par rapport aux autres. Le groupe acquis en premier lieu serait le couple consonne-voyelle /pa/, où le son consonantique diffus /p/ (correspondant à l'énergie minimale) s'oppose au son vocalique compact /a/ (correspondant à l'énergie maximale) dans le contraste maximal. Ce système élémentaire s'enrichirait rapidement de la consonne nasale /m/. Du côté consonantique, une nouvelle opposition s'instaure entre /p/ et /t/, basée sur le contraste de hauteur, les fréquences basses dominant dans le /p/, les fréquences élevées dans le /t/. Selon le double axe d'opposition aigu-grave et diffus-compact vont alors se différencier d'une part les voyelles (à /a/ compact s'opposent les voyelles diffuses /u/ et /i/ — respectivement grave et aiguë), d'autre part les consonnes (aux diffuses /p/ et /t/ s'oppose la consonne compacte /k/). Ces deux axes d'opposition sont universels. S'y superpose éventuellement l'opposition vélaire-palatal et les autres oppositions non universelles, et postérieures dans l'ordre d'acquisition, selon Jakobson.

Cette théorie, d'une élégance formelle séduisante. n'est cependant pas étayée par d'importantes données empiriques. Elle postule que la riche activité vocale de l'enfant au stade du babillage ne sert pas vraiment de base à la structuration du système phonétique, laquelle repartirait pour ainsi dire à zéro, le babillage n'ayant été qu'une sorte de prélude gymnastique indifférencié des organes phonatoires. Jakobson est allé jusqu'à proposer une période de silence entre la phase du babillage et l'acquisition du langage proprement dite. Cette discontinuité, on vient de le voir, ne se retrouve pas chez les enfants étudiés plus systématiquement au cours des dix dernières années : les données actuelles tendent au contraire à donner du corps à l'hypothèse opposée, celle d'une continuité au travers des diverses étapes.

Le modèle de Jakobson a en outre été sérieusement ébranlé par les recherches empiriques récentes. Elles font apparaître tout d'abord que l'ordre d'acquisition des phonèmes varie considérablement d'un enfant à l'autre au sein d'une même langue (Smith, 1973; Ferguson et Farwell, 1975; Shibamoto et Olmsted, 1978;) qu'il est impossible de prédire, pour les étapes initiales au moins, quels phonèmes émergeront en premier lieu, dans la mesure où on ne peut prévoir quels mots l'enfant prononcera tout d'abord. Il est bien évident en effet que l'enfant n'élabore pas son système linguistique en prononçant des sons isolés qu'il agencerait dans des mots en un second temps, mais en produisant des séquences sonores significatives. Or, suivant qu'il acquerra d'abord le mot *coucou* ou le mot *tasse* ou le nom de son chien, il réalisera des phonèmes différents et l'ordre d'émergence des phonèmes sera ainsi fortement contraint par son registre lexical.

Il reste que, passée l'étape des tout premiers mots, certaines régularités se dégagent, qui s'expriment seulement en termes de fréquence et qui ne peuvent prétendre au statut d'universaux. On constate ainsi que certaines oppositions ont tendance à se mettre en place plus tardivement que d'autres, dans tous les contextes ou dans quelques-uns seulement, soit qu'un phonème n'apparaisse pas, soit que deux ou plusieurs phonèmes se substituent l'un à l'autre. Par exemple, /k/ et /t/ sont fréquemment confondus : on entend /tɔʃõ/ pour *cochon* ou /krɛ̃/ pour *train*. De manière assez régulière également, lorsqu'un même mot adulte contient deux phonèmes d'une même opposition, l'enfant tend à assimiler les deux : *culotte* /kylɔt/ est transformé en /kylɔk/ ou en /tylɔt/ (ce qui éclaire, comme le note D. François (1977), la prédilection que manifestent les enfants pour les réduplications : *toto, wawa,* etc.). Le répertoire phonique présente parfois longtemps des lacunes ou des erreurs de cette sorte. Le système complet n'est en fait maîtrisé, chez l'enfant normal, que vers 5-6 ans.

D'autres constantes encore peuvent ainsi être observées (Olmsted, 1971; Ingram, 1976; Oléron, 1976). Le nombre de variables en jeu (les différents traits pertinents, la position initiale, intérieure ou finale de l'unité dans le mot, l'entourage vocalique ou consonantique, la structure du mot, etc.) rend cependant la matière extrêmement complexe et nous empêche de rapporter ici les résultats que commencent à obtenir les chercheurs engagés dans cette voie. Nous ferons seulement une dernière remarque sur ce sujet. La masse des informations à traiter entraîne souvent une limitation drastique du nombre de sujets étudiés: on examine fréquemment les productions d'un seul sujet, d'une petite douzaine dans beaucoup de cas. Cela ne constitue évidemment pas les meilleures conditions pour dégager des régularités, à défaut d'universaux. Or, comme le signalent Shibamoto et Olmsted (1978), s'il apparaît que les enfants étudiés adoptent effectivement des cheminements idiosyncratiques avant d'arriver à la maîtrise du système phonologique, cela n'exclut pas que le nombre des itinéraires possibles soit toutefois limité.

E. Caractéristiques acoustiques

Les techniques spectrographiques ont permis d'analyser avec précision les caractéristiques des divers sons de la langue. Le *sonogramme* fournit une image des fréquences composant le son en fonction du temps (*formants*). Tous les formants ne sont pas également nécessaires à la discrimination et à l'identification des phonèmes (voir Flanagan, 1965). A ce niveau comme aux autres niveaux, le langage est redondant, cette redondance étant la meilleure garantie pour assurer la transmission des messages en dépit des variations interindividuelles ou des circonstances accidentelles. Tous les individus ne se fondent pas nécessairement sur les mêmes caractères acoustiques pour discriminer les phonèmes. Les sourds qui ne perçoivent plus certaines bandes de fréquences s'appuient sur leurs restes auditifs, même s'ils sont situés dans des bandes pratiquement inutilisées par les sujets normaux dans la discrimination des mêmes sons (Lafon, 1965, 1968; Gilles, 1970). Le jeune enfant atteint du même type d'infirmité parviendra à structurer le système phonologique de sa langue et à parler d'une manière intelligible pour autant qu'on le maintienne dans un environnement très riche en stimulations verbales (Fry, 1966 et 1975).

2. Emergence de la référence

Le babil n'est pas constitué exclusivement de productions aléatoires de sons; il ne faut pas attendre l'apparition du premier mot (défini comme une émission analogue à une unité de la langue adulte quant à sa forme et à son sens) pour que le bébé commence à *signifier* au moyen de sons (Bzoch et League, 1978; Carter, 1979; Dore et al., 1976; Halliday, 1975). Ce nouveau pas vers la maîtrise de la langue s'enregistre vers 9 mois. On observe que dès cet âge, l'enfant utilise de façon plus ou moins régulière des séquences phoniques dans des situations relativement déterminées. Ainsi, Deborah dit volontiers [i i i] sur un ton aigu lorsqu'elle prend plaisir à voir apparaître un objet; le fils de Lewis (1936) recourt à [e e e] quand il désire un objet hors de portée, etc.

Ces premières expressions significatives peuvent être ainsi caractérisées : précédées et suivies d'une pause, elles se présentent comme des unités isolables; les diverses occurrences manifestent une relative stabilité phonique et leur émission est associée à un certain nombre de conditions relativement stables elles aussi; de même que les sons utilisés ne font pas nécessairement partie du répertoire de la langue adulte (d'où la difficulté parfois de transcrire ces formes à l'aide de signes phonétiques conventionnels), leur aspect référentiel ne correspond pas à celui des signes adultes : le caractère délicat de leur « traduction » conduit d'ailleurs Carter (1979) à leur attribuer plus une fonction pragmatique qu'une valeur sémantique. Enfin, dans la plupart des cas, comme les exemples l'ont montré, ces expressions ne doivent rien à la langue de l'entourage, chaque enfant se constituant un stock d'unités qui lui est propre : si un enfant utilise [æ::] pour signifier son plaisir, un autre recourt, pour l'expression du même affect, à la séquence [gaga] ou [agagi], etc.

La mise en évidence de tels faits éclaire de nouveau la continuité qui unit les diverses phases de l'acquisition du langage : l'apparition du premier mot est précédée de tout un cheminement, qui, au départ des productions sonores réflexes et végétatives, en passant par le babil et les expressions significatives, met en place les rudiments d'un système phonologique d'une part, et amorce l'ébauche d'un système référentiel d'autre part.

3. Les premiers mots

Le premier mot apparaît, en moyenne, vers 10 mois. Le répertoire lexical, ainsi que l'ont montré depuis longtemps les inventaires statistiques (Smith, M.E., 1926) s'accroît lentement pour atteindre une vingtaine de mots au milieu de la seconde année. On assiste alors à une brusque extension du vocabulaire qui passe à plus d'une centaine de mots vers 20 mois, pour atteindre près de trois cents mots à deux ans, non loin de mille à 3 ans[6].

Les raisons du brusque accroissement dans la seconde moitié de la seconde année ne sont pas claires. On est naturellement tenté d'y voir une étape maturationnelle, mais concerne-t-elle les coordinations auditivo-vocales qui, améliorées, permettraient à l'enfant de discerner et de reproduire un nombre croissant de mots; ou une capacité cognitive sous-jacente, qui donnerait son essor à la fonction référentielle du langage en généralisant les conduites de désignation ? A l'appui de cette hypothèse, qui n'entre d'ailleurs pas nécessairement en conflit avec la première, on peut faire valoir que c'est aussi vers sa troisième année que l'enfant assiège l'adulte de questions relatives à l'identité des objets.

Une estimation quantitative du vocabulaire à ce stade ne donne cependant qu'une image très lacunaire du développement verbal. Sans doute, tant sur le plan du signifiant que sur celui du signifié, les unités identifiées comme des mots chez l'enfant peuvent-elles être rapprochées d'unités existant dans le langage de l'adulte; elles en diffèrent cependant par leurs caractéristiques et leur statut:

- La forme phonique est le plus souvent une approximation seulement du signifiant adulte, ne serait-ce que parce que le système phonologique n'est pas mis en place d'emblée. Le référent, par ailleurs, ne recouvre pas non plus le signifié adulte: sur-inclusion et sous-inclusion sémantiques sont des phénomènes fréquents[7]; ainsi, *papa* peut désigner le père, mais aussi, très souvent, toute personne adulte, cependant que *bébé* est utilisé pour les poupées uniquement, mais non pour les jeunes enfants.

- Le signifiant comme le signifié sont instables: à quelques secondes d'intervalle, Alain, parlant d'une framboise, produit les séquences /ʒôbwaz/, /ʃâbwas/ /lôbrwazœ/ et /ʒâbwazœ/[8]. D'un autre côté, les catégories de référents associés à un signifiant donné ne sont pas strictement délimitées. Ainsi, pour le fils de Guillaume, «*blablab*» (...) désigne l'acte de faire vibrer les lèvres avec le doigt, puis la bouche, surtout celle d'un portrait d'enfant, puis tout portrait, tout dessin, les cartes illustrées (...), toute feuille manuscrite ou imprimée, un journal, un livre, mais exprime aussi l'acte de « lire » ou le désir de lire » (1927, p. 8). Il semble que sous l'étiquette d'un signifiant déterminé, l'enfant catégorise les objets en fonction de leurs propriétés affectives, fonctionnelles et perceptives, qu'il y ait glissement d'un trait à un autre, sans qu'on puisse toujours rattacher les derniers emplois d'une série aux premiers. La signification des unités apparaît donc comme floue, d'autant que certains emplois, privilégiés à certaines périodes, peuvent disparaître totalement du lexique de l'enfant pendant plusieurs semaines. Il en résulte que le mot n'est interprétable que grâce au contexte situationnel dans lequel il est émis (Vigotsky, 1934; Bloom, 1973; Luria, 1975).

- Les unités ne sont pas catégorisées grammaticalement : si on les étiquette parfois substantifs, verbes, adjectifs, etc., ce ne peut être que par référence à leur statut dans la langue de l'adulte. Dans celle de l'enfant, un même mot peut désigner aussi bien un objet qu'une action, encore que le plus souvent, il renvoie plus vraisemblablement à une situation.

- Chaque mot est utilisé seul, d'où le terme *holophrase* employé pour ces énoncés. Une controverse s'est développée récemment à propos de cette étiquette, certains auteurs soutenant que les holophrases sont des phrases effectives, exprimant des relations syntaxiques ou sémantiques comparables à celles de l'adulte (Mc Neill, 1970b; Greenfield et Smith, 1976; Rodgon, 1976; Rodgon et al., 1977). Ainsi, quand un des enfants étudiés par Rodgon (p. 37) dit /dai/ - « train » chaque fois qu'un train s'arrête, on interprète son énoncé comme impliquant une relation de sujet à verbe; de même, quand un autre enfant, en prenant le pantalon fraîchement repassé de son père, prononce *Daddy*, on considérera que cet énoncé exprime une relation possession-possesseur (p. 18).

Les diverses études conduites en ce sens disent rencontrer un ordre semblable d'émergence des relations chez les enfants, même lorsqu'on a affaire à des langues différentes, encore que les stratégies individuelles peuvent diverger dans le détail. C'est sans doute là l'argument le plus décisif en faveur de ce type d'analyses. Nous manifesterons cependant certaines réserves à leur endroit. Qui parle de relation suppose en effet au moins deux éléments; ainsi, qui attribue à un mot un rôle de sujet ou d'actant suppose qu'il y a aussi un verbe ou une action. Dans les énoncés de l'enfant, on n'observe qu'un seul mot. Qu'en est-il du second ? Dans le pire des cas, il est approximativement reconstruit par le chercheur sur la base d'une reformulation de l'énoncé enfantin dans la langue adulte. Par exemple, quand un enfant dit *œil*, on assigne à ce terme une fonction d'objet de préposition parce qu'on « traduit » ce qu'a dit l'enfant par *J'ai de l'eau dans l'œil*. On pourrait tout aussi bien traiter *œil* comme un sujet au départ de la paraphrase *Mon œil me fait mal* ou comme un objet à partir de *Tu as touché mon œil*, etc., l'éventail des diverses gloses ne constituant pas une garantie quant au sérieux de ces études. Dans le meilleur des cas, le deuxième élément de la relation est induit du contexte extralinguistique. Même lorsque le bien-fondé de cette induction s'appuie sur la convergence des analyses menées par plusieurs observateurs, il demeure un problème de taille. Prenons l'exemple cité plus haut : la situation indique que l'enfant établit une relation entre son père et le pantalon, ce qui peut être tenu pour une étape dans son développement cognitif; pour parler de relation possession-possesseur, même en restant sur le terrain cognitif, on aimerait toutefois disposer de plus amples données. Si on envisage par ailleurs les choses du point de vue linguistique, il nous semble a fortiori précipité de postuler d'une part que c'est cette relation précise que l'enfant exprime (son intention significative pourrait être proche aussi bien de « Ça, c'est le pantalon de papa » que de « Papa a renversé de la soupe sur ce pantalon », que de « Papa va être content de le retrouver propre », etc.), d'autre part que l'enfant maîtrise les moyens linguistiques relatifs à l'expression de la possession. Il nous paraît dès lors plus prudent de ne pas spécifier quel rôle joue un élément linguistique dans une relation tant que celle-ci n'est pas fournie par l'enfant lui-même, autrement dit, d'attendre, comme le fait Bloom (1973)[10], pour pratiquer ce type d'analyse, le stade de la phrase à deux mots au moins.

- Une autre problématique est apparue par ailleurs à propos de la période holophrastique; elle concerne la sélection qu'opère l'enfant dans son répertoire en fonction de la situation : par exemple, au moment où la production de l'enfant se limite à un seul mot, mais lorsque son vocabulaire comporte aussi bien le terme *chat* que le terme *parti*, est-il possible de déterminer lequel de ces deux mots il utilisera lors de l'éloignement d'un chat ? Parmi d'autres hypothèses, Bates (1976) et Greenfield (1978, 1980) proposent celle que l'enfant privilégie l'encodage de l'élément neuf ou saillant de la situation : il dirait plus volontiers *parti* dans un contexte situationnel où l'événement le plus notable serait le départ du chat, dont il aurait auparavant observé les divers autres comportements, et plus volontiers *chat* s'il avait au préalable assisté à l'éloignement de divers autres êtres ou objets. La confirmation d'une telle hypothèse soulève cependant de nombreuses difficultés, d'ordre théorique et méthodologique (Pea, 1979); la moindre n'est pas le risque de circularité: on peut craindre que ne soit estimé saillant, dans une situation déterminée, précisément l'élément d'information encodé par l'enfant. Les démarches expérimentales, jusqu'ici, n'ont par ailleurs pas assez pris en compte le rôle de l'interaction avec l'adulte et notamment la part que joue l'imitation chez l'enfant des propos tenus par l'adulte. Une re-définition de cette approche s'avère donc nécessaire; amorcée déjà avec le texte de Greenfield (1980), elle pourrait ouvrir des perspectives fort intéressantes.

4. Emergence de la combinatoire

L'enfant ne passe pas brusquement de la période holophrastique à la production de phrases à deux mots, prosodiquement et sémantiquement structurées. Différents observateurs (Bloom, 1973; Dore et al., 1976; Ramer, 1976; Larock, 1979[11]) relèvent deux mécanismes transitionnels entre ces deux phases. Tout d'abord, l'enfant combine, dans un même schéma intonatoire, un mot et une unité vide de signification. Ainsi, la fille de Bloom utilise une forme /widə/, qui ne présente aucun caractère systématique en ce qui concerne la référence, mais qui semble soumise à des contraintes syntaxiques: /widə/ n'apparaît pas seul, il accompagne certains seulement des mots employés par l'enfant (*Mama, Dada, more,* etc., mais non, par exemple, des mots pourtant fréquents tels que *up, gone* ou *cookie*) et il occupe toujours la deuxième position[12] dans ces combinaisons, qui sont produites sur un seul schéma prosodique.

On voit apparaître ensuite[13] des énoncés contenant deux ou plusieurs mots, prononcés l'un à la suite de l'autre, chacun ayant cependant son propre contour intonatoire[14]. Ces données sont interprétées comme manifestant une relative indépendance du développement sémantique et du développement formel: l'enfant pourrait, du point de vue cognitif, être à même de capter différents éléments d'une situation sans pourtant être capable de leur donner une expression linguistique. Les mécanismes présyntaxiques constitueraient des points d'appui formels sur lesquels la communication en un même énoncé de deux notions différentes pourra ultérieurement se fonder.

Halliday (1975) remarque également dans le langage de Nigel, vers 16 mois et demi, ce qu'il appelle des protostructures: combinaison d'un mot avec une intonation (ainsi, le mot correspondant à «trou» dit sur un ton plaintif signifie «fais un trou»), ou d'un mot avec un geste (par exemple, le mot pour «étoile» énoncé en hochant la tête, l'ensemble étant interprété comme voulant dire «je ne vois pas les étoiles»), ou encore d'un mot avec un autre mot utilisé seul auparavant à titre de représentant privilégié d'une des fonctions communicatives (ainsi, la combinaison du mot signifiant «trou» et du mot employé pour les requêtes prend valeur de «fais un trou»).

Dans un stade ultérieur, Nigel combine les mots de façon plus libre, mais chaque unité a encore son contour prosodique propre. (On reviendra sur l'analyse de Halliday au cours du chapitre VI.)

Ces diverses recherches indiquent combien il importe de prêter attention à toutes les composantes du comportement de l'enfant pour comprendre comment se fait l'acquisition du langage. Observer les productions de l'enfant, ce n'est pas seulement relever les séquences correspondant aux unités significatives de la langue adulte, c'est être attentif aussi à tout ce que la transcription habituelle néglige — l'intonation, les répétitions, les marques d'hésitation, les unités vides de sens — en gardant en outre à l'esprit que les phénomènes non linguistiques tels que mimiques, gestes ou attitudes peuvent avoir, chez l'enfant, une fonction communicative que le langage ne peut encore exercer. Le langage est un instrument privilégié pour la communication; on comprendra sans doute mieux comment il est acquis si on continue d'examiner comment l'enfant apprend à communiquer linguistiquement ET non linguistiquement.

5. Les phrases à deux mots

Les énoncés où l'enfant associe deux mots [15] ont occupé et occupent toujours une place privilégiée dans les recherches en psycholinguistique génétique: c'est qu'ils constituent les premières manifestations de la syntaxe dans le développement du langage. Ils apparaissent entre 18 et 24 mois, avec d'importantes variations individuelles.

Style télégraphique: les phrases à deux mots, comme les constructions qui les suivent, ne font pas de place aux marques grammaticales; on n'y observe pas d'inflexion (désinences temporelles pour le verbe [16], marques du genre et du nombre pour le nom et l'adjectif), les mots fonctionnels [17] (articles, prépositions, pronoms, par exemple) y sont rares. Cette caractéristique a amené Brown et Fraser (1963) à proposer la formule de style télégraphique, les énoncés de ce stade ne retenant que les mots chargés sémantiquement. Des observations ultérieures ont toutefois amené Brown (1973, p. 82sq.) à restreindre la portée de ses premières descriptions: certains mots fonctionnels apparaissent en effet dès la phrase à deux mots [18]. L'auteur suggère que l'utilisation ou la non-utilisation de ces mots dépend de leur fréquence, de leur saillance perceptuelle (ainsi, leur position par rapport au mot, leur caractère syllabique ou non syllabique), des relations sémantiques qu'ils expriment et de leurs éventuelles variations formelles.

Grammaire à pivots: en 1963 — on en était au début de l'enthousiasme des chercheurs pour les modèles linguistiques —, Braine proposa pour les énoncés à deux termes une description plus ambitieuse, que différents auteurs allaient reprendre et développer; ces tentatives sont désignées par l'étiquette de «grammaires à pivots» [19]. Le principe de ces analyses repose sur une technique distributionnelle: à partir d'un corpus de productions enfantines, on détermine la fréquence de chaque mot, la position qu'il occupe dans les combinaisons et avec quels autres mots il s'associe. On a cru que ce traitement permettait de distinguer deux catégories de mots: les pivots et les mots de la classe ouverte. Les premiers se seraient caractérisés par leur fréquence élevée, leur accroissement numérique lent, leur position fixe à l'intérieur des combinaisons (en première position pour certains, en seconde pour les autres); ces mots étaient en outre définis comme n'apparaissant pas seuls et ne se combinant pas entre eux. Les mots de la classe ouverte auraient présenté les traits inverses.

Il y a actuellement convergence des opinions sur les insuffisances de ces essais de formalisation; les critiques peuvent être regroupées sous quatre rubriques:

1. Présentées comme des modèles de la compétence enfantine, ces grammaires se veulent prédictives, en ce sens qu'elles assignent un statut de grammaticalité ou de non-grammaticalité à des énoncés autres que ceux sur lesquels l'analyse a porté. Mais comme on l'a vu précédemment, on ne dispose d'aucun moyen, s'agissant du langage enfantin, de définir les limites de la grammaticalité; on ne peut donc contrôler le bien-fondé des hypothèses que l'on formule.

2. Les caractéristiques distributionnelles sur lesquelles se fonde la catégorisation des mots sont apparues comme très fluctuantes; la position des pivots n'est pas aussi rigide qu'on ne l'avait pensé initialement, ils sont parfois produits seuls et certains se combinent entre

eux. La distinction entre la classe des pivots et la classe ouverte se révèle dès lors fort précaire (Bloom, 1970; Bowerman, 1973a).

3. Les grammaires à pivots prétendaient rendre compte des énoncés à deux mots, mais leur champ d'application est rigoureusement limité à ceux-ci : elles n'indiquent en rien sur quoi peut s'appuyer le développement ultérieur, comment d'une grammaire à pivots, l'enfant passera à des combinaisons plus élaborées [20].

4. Pour Bloom (1970), les grammaires à pivots présentaient en outre ce grave inconvénient de sous-représenter les capacités linguistiques de l'enfant : fondées exclusivement sur les données formelles des énoncés, elles en négligeaient le contenu. La position de Bloom s'appuie notamment sur la production par l'enfant d'énoncés auxquels on peut donner des interprétations différentes en fonction du contexte situationnel. Ainsi, Kathryn dit *mommy sock* alors qu'elle prend les chaussettes de sa mère, et elle produit la même phrase lorsque sa mère, en train de l'habiller, lui enfile ses chaussettes. Si on crédite l'enfant de deux intentions significatives différentes dans ces deux occurrences du même énoncé, il est clair qu'on ne peut espérer rendre compte de ces productions au moyen d'une grammaire à pivots, qui se contenterait d'analyser *mommy sock* dans les deux cas comme une combinaison de mots de la classe ouverte et ne traiterait en rien son ambiguïté.

L'interprétation dite « riche »: abandonnant l'approche formelle qu'illustraient les grammaires à pivots, les chercheurs se sont tournés vers des descriptions qui accordaient une large part à l'interprétation. Les cadres fournis permettent de rendre compte des phrases à deux mots, mais aussi des étapes ultérieures du développement, ce qui constitue un progrès par rapport aux grammaires à pivots.

Différentes grilles d'analyse ont été proposées, qu'on peut catégoriser en syntaxiques (Mc Neill, 1966; Bloom, 1970; Schaerlaekens, 1973) et sémantiques (Schlesinger, 1971; Bowerman 1973a, 1973b, 1976; Brown, 1973; Bloom et al., 1975; Braine, 1976; F. François, 1977).

Si on se situe dans une perspective syntaxique, l'exemple d'énoncé ambigu rapporté par Bloom, *mommy sock*, sera traité comme comportant un déterminant, *mommy,* et un déterminé *sock*, dans le premier cas, comme une séquence sujet-objet dans le second. Est considérée aussi comme syntaxique la démarche qui analyse les énoncés enfantins en termes de noms, verbes, adjectifs, etc. Les travaux à orientation sémantique, d'un autre côté, catalogueraient la première occurrence de *mommy sock* dans le groupe des séquences possesseur-possession, cependant que la deuxième serait catégorisée comme une relation agent-patient, par exemple.

Les grammaires sémantiques ont actuellement la préférence des chercheurs : on estime en effet peu plausible que l'enfant, au stade de la phrase à deux mots, dispose de catégories aussi abstraites que celle de sujet ou de nom, pour ne prendre que celles-là (Bowerman, 1973b). Il reste qu'un certain nombre de problèmes demeurent en suspens.

1. Le premier concerne la catégorisation des données. Le nombre et le contenu des catégories diffèrent parfois de façon notable d'un auteur à l'autre. Ainsi, Brown, (1973, p. 174) propose les huit relations suivantes pour les phrases à deux mots :

agent-action	entité-locatif
action-objet	possesseur-possession
agent-objet	entité-attribut
action-locatif	démonstratif-entité

cependant que Bloom et al. (1975) travaillent au départ d'une grille comportant des cases qui ne peuvent pas toujours être rapportées à l'une ou à l'autre des catégories de Brown. On distingue ainsi :

action	possession
action avec locatif	existence
état avec locatif	négation
appel de l'attention	récurrence
état	attribution
intention	questions (avec marqueur)
causalité	bénéficiaire d'une action
	instrument
	lieu
pour les termes à fonction verbale	*pour les termes à fonction non verbale*

Bien entendu, rien n'indique a priori quelle catégorisation il faut privilégier. Pour éclaircir le débat, pour déterminer plus rigoureusement quelles sont les diverses intentions significatives qu'on peut attribuer à l'enfant, il serait assurément utile de disposer également de données aussi précises que possible sur la compréhension. On encouragera en ce sens des études comme celle de Golinkoff et Markessini (1980) sur les relations possessives [22].

2. La façon d'approcher le problème de la catégorisation varie aussi suivant les chercheurs. Ou bien, comme dans la plupart des

études, on travaille avec une grille préétablie, où les catégories abriteront différentes sous-relations. Ainsi, sous l'étiquette « entité-attribut » de Brown, ou « attribution » de Bloom et al., on peut ranger des énoncés tels que *chien gros, canard petit,* avec un attribut relatif à la taille, *bébé beau, papa méchant,* qui comportent une appréciation, et *crayon rouge, chat blanc,* où figure la dénomination d'une couleur. Ou bien, comme le fait Braine (1976), on ne postule l'existence d'une catégorie sémantique donnée chez l'enfant que s'il adopte toujours pour les mots de cette catégorie une position fixe dans la combinaison[23]. Ainsi, étudiant le langage de son fils Jonathan, Braine constate que l'enfant produit des séquences où *big* et *little* figurent en première position. Il en conclut que Jonathan dispose d'une règle « taille » + X; pour rendre compte d'un énoncé ultérieur, tel que *hot X,* il faudrait étendre la portée de la règle. On pourrait songer à formuler la nouvelle règle: « propriété » + X. C'est une conclusion que Braine refuse d'adopter: Jonathan utilise en effet les mots *wet* et *all wet* en deuxième position; autrement dit, l'enfant n'adopte pas le même comportement syntaxique pour tous les termes désignant une propriété. On ne peut donc, pour Braine, créditer l'enfant de la connaissance d'une catégorie aussi vaste que celle de « propriété ».

3. L'universalité des catégories et de l'ordre dans lequel elles émergent constitue un autre problème. L'intérêt accordé par les chercheurs à l'examen de langues très contrastées atteste la préoccupation qui les anime de présenter des modèles aussi généralisables que possible[24]. Ce souci tient sans doute à deux ordres de faits. D'une part, on préfère évidemment toujours avoir mis en évidence LA loi générale d'un mécanisme qu'une des façons par lesquelles il peut se mettre en place. Mais le refus de considérer l'univers comme anarchique, sans lequel il n'y aurait pas de science, oblitère parfois la conscience que différentes lois, variant suivant les cas, peuvent rendre compte d'un phénomène donné. D'autre part, s'il apparaît que le modèle ne sort pas infirmé de la confrontation avec des données très différentes de celles qu'on a abordées au départ, il devient tentant de voir dans cette nouvelle possibilité d'application du modèle une confirmation de son bien-fondé. Peut-être faut-il se rappeler ici que les hypothèses à caractère général sont seulement falsifiables: on ne peut prouver qu'elles sont vraies, on peut seulement prouver qu'elles sont fausses (Popper, 1934).

Les données qu'on a recueillies en examinant des corpus dans diverses langues sont à vrai dire difficiles à interpréter. Alors que Bloom et al. (1975), Brown (1973), Leonard (1976), Ramer (1974),

Slobin (1970) et Wells (1974) constatent une remarquable stabilité dans l'ordre d'émergence des premières relations sémantiques, Braine (1976), de son côté, en appliquant comme on l'a vu une méthode d'analyse beaucoup plus sévère, observe des différences considérables d'un enfant à l'autre. Les divergences tiennent peut-être seulement aux différences dans la façon d'approcher les données; il est possible que celle de Braine soit trop drastique, trop peu généreuse, puisqu'il crédite l'enfant seulement de ce qui apparaît en position fixe dans ses productions; d'un autre côté, il est un peu surprenant qu'en adoptant des catégorisations aussi différentes, les tenants de l'universalité obtiennent des résultats tellement congruents. Au demeurant, si même d'autres études que celle de Braine signalaient de notables différences entre les enfants, cela n'entraînerait pas encore la faillite de l'interprétation « riche », cela pourrait signifier seulement que l'apprentissage du langage n'emprunte pas toujours nécessairement le même itinéraire. C'est bien ainsi que Braine interpète d'ailleurs ses données : il postule que l'enfant constitue peu à peu son stock de relations syntaxiques associées à des relations sémantiques au départ de formules non analysées, la variété de celles-ci expliquant la diversité des cheminements.

4. L'extension des analyses à des langues très diverses se fonde peut-être sur un autre désir encore. Si on parvient à montrer que les enfants, quelle que soit la langue de leur entourage, passent par les mêmes stades de développement linguistique, cela permettra d'englober le modèle linguistique dans un ensemble théorique plus vaste. Le temps n'est plus où bien des psycholinguistes avaient tendance à confrondre universalité et innéisme [25]. L'écueil actuel est ailleurs. Lorsqu'on parle de sémantique, on ne se trouve pas loin du cognitif. Ainsi, Brown, (1973) fait-il explicitement référence à la théorie piagétienne : il constate que les phrases à deux mots apparaissent précisément vers 18 mois, stade culminant pour Piaget de la période sensori-motrice [26]. Il serait assurément fort étonnant que l'acquisition du langage et le développement cognitif se fassent de manière tout à fait indépendante. Mais ceci ne doit pas conduire à assimiler purement et simplement relations sémantiques et relations cognitives (voir le chapitre VIII). La diversité des catégorisations possibles incite à la prudence. Car enfin, s'il est légitime, du point de vue linguistique, de catégoriser une phrase comme *chat miaule* dans la rubrique agent + action, on peut tout aussi bien, de ce même point de vue, l'analyser comme une séquence agent animé + action dépourvue de patient, ou animal agent + production spécifique de l'agent, etc., étant

entendu que rien ne permet de décider laquelle de ces relations fonctionne au niveau cognitif chez l'enfant.

5. Le problème le plus crucial sans doute pour les grammaires interprétatives, c'est bien qu'elles sont étroitement dépendantes de l'interprétation que fait l'adulte des énoncés produits par l'enfant, sans qu'il y ait toujours de contrôle possible quant au bien-fondé de cette interprétation. D'une part, les catégories proposées sont celles de l'adulte, et peut-être pas celles de l'enfant, d'autre part, la catégorisation dans l'une ou dans l'autre rubrique est effectuée par l'adulte.

Considérons le premier point, en prenant un exemple. Si on pose à des adultes la question «Avec quoi mangez-vous?», les réponses peuvent être catégorisées en instruments faisant partie du corps («avec ma bouche»), instruments autres («avec une fourchette»), ou accompagnement («avec une serviette»), pour ne reprendre que les catégories principales. Les réponses mentionnant l'objet de l'action, telles que «avec du pain», ne sont généralement pas fournies. Duchan et Lund (1979), s'adressant à des enfants de trois ans, recueillent des réponses que cette catégorisation ne permet pas de prédire et notamment des mots faisant référence à certains des objets de l'action. Les données qu'elles obtiennent s'éclairent si on distingue les personnes et les objets présents de manière continue dans l'expérience de l'enfant (son corps, sa mère, par exemple) des personnes et des objets qui apparaissent essentiellement lors de l'action évoquée par le verbe (ainsi, la nourriture quand on a le verbe *manger*, le lit quand on a *dormir*); les réponses de l'enfant privilégient la seconde catégorie. Il semble en outre que les sujets catégorisent les êtres et les choses suivant qu'ils sont nécessaires à l'action ou seulement facultatifs: c'est ainsi qu'à la question «Avec quoi manges-tu?», ils répondent plus souvent par un terme relatif à la nourriture que par un mot désignant un couvert, cependant qu'à la question «Avec quoi bois-tu?», la moitié d'entre eux répond par *eau, lait* ou *jus*, et l'autre moitié mentionne un récipient. On est bien en présence, chez l'enfant, de catégories qui ne recouvrent pas celles de l'adulte.

La façon de catégoriser les données est aussi sujette à caution. Prenons la phrase *Parti, papa*. La relation exprimée par l'enfant peut être décrite comme une relation d'action à agent («Papa s'en est allé»), mais aussi de lieu à entité («Papa est ailleurs qu'ici») ou encore de négation à entité («Il y a absence de Papa»), ou comme une autre relation encore. Sur quoi se fondera le classement de la phrase dans une catégorie plutôt qu'une autre? Beaucoup de phrases à deux mots véhiculent ce type d'ambiguïté et souvent, leur catégorisation comporte une large part d'arbitraire[27]. On court dès lors toujours le risque que la grammaire proposée pour rendre compte du langage enfantin soit seulement une grammaire des interprétations fournies par l'adulte (Howe, 1976; Sourdot, 1977).

Au-delà de ces diverses critiques, dont on ne peut sous-estimer la pertinence, il reste que lorsque l'adulte analyse en psycholinguiste le langage enfantin, il ne se comporte pas de façon essentiellement différente de l'adulte en situation d'interaction naturelle avec l'enfant. Or la manière dont l'entourage interprète les énoncés enfantins doit certainement contribuer au maintien, à la modification ou à l'abandon par l'enfant de certains mécanismes linguistiques. Si les interprétations « riches » ne nous fournissent peut-être pas une description de la grammaire de l'enfant, elles suggèrent à tout le moins comment l'adulte façonne l'apprentissage du langage par l'enfant. Plus prosaïquement, il reste aussi, enfin, pour la recherche en la matière, que l'interprétation ne dispose pas de solution de rechange: seul un adulte pourra établir la grammaire de l'enfant, ou s'en approcher; mais il importe que cet adulte soit conscient des limitations qui peuvent peser sur son analyse.

6. La compréhension

Lors des premiers stades de l'acquisition, la compréhension par l'enfant des énoncés produits par l'adulte soulève des questions de deux ordres essentiellement: peut-on tout d'abord se fier à l'avis de la plupart des parents, qui soulignent volontiers la nette avance de la compréhension sur la production (« Il ne parle presque pas, mais il comprend tout »)? En deuxième lieu, au stade où l'enfant produit des énoncés en style télégraphique, les mots-fonction n'apparaissent pas encore dans son répertoire; dans quelle mesure tient-il dès lors compte de ces mots dans les messages de l'adulte?

Le suspicion que l'on jette dans la première question sur l'appréciation parentale tient à ce que, parfois partiaux, ces juges négligent souvent le rôle joué dans la compréhension par les indices non linguistiques. Meumann (1908)[28] illustrait déjà fort bien ce point: quand il demande à son fils, élevé dans un milieu monolingue allemand, « Wo ist das Fenster? », l'enfant désigne effectivement la fenêtre; mais il adopte aussi le même comportement, lorsque son père lui pose ensuite la question en français, puis en anglais, et il montre encore la fenêtre à la question « Wo ist die Tür? ».

De même, quand Luria (1959) invite un bébé de 1;2 à 1;4 an à lui donner un jouet, un poisson, posé sur la table, l'enfant exécute l'instruction correctement. Si l'expérimentateur place un chat entre le sujet et le poisson, et lui demande de nouveau « Donne-moi le poisson », la main de l'enfant se tend dans la direction adéquate, mais lorsqu'elle arrive à proximité du chat, elle saisit celui-ci pour le donner à l'expérimentateur. Il apparaît ainsi que l'énoncé linguistique n'est pas vraiment analysé, qu'il peut sans doute orienter le comportement de l'enfant, mais qu'il ne le guide pas toujours de façon précise : la dynamique de la situation joue parfois un rôle aussi prégnant, sinon plus, que les données verbales (voir aussi la section 3 du chapitre VI).

Il importe donc, pour apprécier la compréhension chez le jeune enfant, de s'assurer que le comportement du sujet est bien fondé sur un décodage effectif du matériel linguistique et non sur des indices extérieurs au message proprement dit : geste ou regard du locuteur, caractère habituel ou inaccoutumé de l'instruction, séquence situationnelle dans laquelle s'inscrit l'énoncé.

Sachs et Truswell (1978) soumettent à des enfants dont le langage ne comporte encore que des holophrases, des impératives composées d'un verbe et d'un objet. Le matériel linguistique est établi en sorte que chaque verbe soit associé à deux objets différents et chaque objet à deux verbes, en sorte aussi que les actions à exécuter soient plus ou moins habituelles. Les sujets doivent ainsi « embrasser le canard », « embrasser la voiture », « frapper le canard », « frapper la voiture ». Sur les 12 enfants étudiés, 10 réagissent correctement à au moins un ensemble de 4 phrases contrastées (comme celui que nous avons donné en exemple), et 11 d'entre eux répondent adéquatement à au moins un ordre peu habituel, tel que « Embrasse la voiture » ou « Chatouille la bouteille ». Ces résultats attestent clairement une avance de la compréhension sur la production : le décodage des phrases présentées s'appuie bien, chez la plupart des enfants examinés, sur une analyse des deux segments qui la composent.

Pour le deuxième type de question, on peut, avec C.S. Smith (1970) émettre deux hypothèses : ou bien l'enfant réagit sélectivement aux éléments du langage adulte qui constituent son propre langage, c'est-à-dire les mots à contenu sémantique, et dans ce cas, il comprendra plus aisément des énoncés construits comme les siens propres, l'adjonction des mots-fonction ne pouvant que compliquer la tâche, ou bien, les mots-fonction sont essentiels à la compréhension, qu'ils devraient dès lors faciliter. Smith a testé expérimentalement ces hypothèses chez des enfants de 1;6 à 2;6 ans. Des ordres simples sont donnés au sujet en présence d'objets familiers. On considère qu'il y a réponse lorsque l'enfant touche ou oriente nettement le regard vers l'objet mentionné dans l'ordre de l'expérimentateur. On note également les réponses verbales spontanées. Les énoncés sont construits soit sur le modèle des structures propres à l'enfant, soit conformément aux usages de l'adulte. Chacune de ces deux catégories se subdivise à son tour selon qu'on aura inclus des mots sans signification ou seulement des mots existant dans le langage familier. On a donc les quatre catégories suivantes :

Enoncés télégraphiques :
Sans logatomes : *Ball; Throw ball; Please, Jim, throw ball.*
Avec logatomes : *Gor ball.*

Enoncés bien formés :
Sans logatomes : *Throw me the ball.*
Avec logatomes : *Throw routa ball; Gor me the ball; Gor routa ball.*

Les résultats semblent indiquer que des énoncés bien formés, comportant des mots-fonction, ne compliquent pas la tâche de l'enfant, et que ses réactions sont d'autant moins probables que l'ordre contient un ou plusieurs mots sans signification. Il convient cependant de nuancer cette conclusion : si l'on ordonne les enfants en fonction de la «maturité verbale», sur la base de la longueur moyenne des énoncés[30], il apparaît que les plus avancés réagissent de préférence aux ordres bien formés, et les moins avancés aux ordres formulés en langage enfantin.

Petretic et Tweney (1977) réalisent une expérience semblable et recueillent des résultats qui vont dans le sens d'une meilleure compréhension des phrases bien formées, même chez les enfants les plus jeunes ; ils font l'hypothèse que les mots-fonction pourraient servir de balises aux mots à contenu et faciliter leur détection[31]. Chapman (1978, 1981) suggère toutefois de situer après 2 ans au moins le moment où l'enfant prend en compte les mots-fonction.

7. Où le souci de clarté peut nuire

La présentation adoptée dans ce chapitre risque de donner une image du développement linguistique beaucoup trop ordonnée : les acquisitions se font de manière bien moins linéaire. Pour s'en convaincre, à défaut de l'observation de n'importe quel enfant commençant à apprendre n'importe quelle langue, il suffit de se reporter aux analyses longitudinales comme celles, par exemple, de Grégoire (1937, 1947) ou de D. François (1977): à tout moment, des ajustements se produisent sur le plan phonologique, les valeurs sémantiques fluctuent, des associations d'unités intégrées en blocs dans le répertoire de l'enfant se défigent, cependant que des combinaisons apparemment libres au départ semblent au contraire acquérir un statut de formules; les modifications rapprochent le plus souvent le langage enfantin du modèle adulte, mais on observe aussi des phénomènes de régression. La séparation, classique en linguistique, entre phonologie, syntaxe et sémantique connaît ici des frontières beaucoup moins nettes. Ainsi, le développement de la syntaxe s'appuie, semble-t-il, sur un développement du potentiel phonétique; c'est ce qui apparaît dans les études portant sur les stades transitionnels (voir la section 4 de ce chapitre); c'est aussi ce qu'indique l'analyse de Sourdot (1977): l'utilisation préférentielle, lors du stade de la phrase à deux mots, de certaines structures phonologiques (définies en termes de successions déterminées de voyelles et de consonnes) favoriserait la production d'unités, vides initialement de fonction grammaticale, mais qui pourraient constituer des points d'ancrage pour l'acquisition ultérieure des mots fonctionnels comme les déterminants du nom (qui n'apparaissent pas en tant que tels à ce stade). Certaines phrases à deux mots sont donc des amorces de phrases à trois mots. La caractérisation des étapes du développement linguistique en termes de nombre de mots (période holophrastique, période de la phrase à deux mots), de même que toute distinction entre les niveaux de l'analyse, doit donc être considérée comme largement entachée d'artificialité: seul le souci de présenter les faits et leur interprétation avec quelque clarté justifie de telles catégorisations.

CHAPITRE IV - NOTES

[1] Ceci se vérifie pour les sons consonantiques; les voyelles semblent beaucoup moins strictement catégorisées.

[2] Il en va de même pour le contraste [r] - [l] et pour les constrastes entre lieux d'occlusion, notamment, les expériences ayant été conduites sur des enfants de milieux linguistiques différents. On trouvera dans Alegria (1980) et dans Mehler et Bertoncini (1980) une synthèse des recherches menées dans cette direction. Celles-ci posent en général que les capacités discriminatives du nouveau-né sont supérieures à celles de l'adulte. Eilers et al. (1979, 1980) arrivent cependant à des conclusions beaucoup plus nuancées.

[3] Le terme *logatome* est expliqué dans le chapitre II, « Méthodes ». Par paire minimale, on entend un ensemble de deux mots qu'un seul trait phonique (par exemple, l'opposition sourde/sonore) différencie. Ainsi, les mots /kar/-*car* et /gar/-*gare*.

[4] La terminologie est loin d'être fixée sur ce point: certains auteurs utilisent indifféremment pour les émissions qui émergent vers deux mois dans des situations de confort les termes *vocalisations, babil, babillage, jasis, gazouillis* ou *roucoulement*. D'autres réservent le premier de ces mots pour les productions sonores réflexes du bébé (cris, pleurs, sons végétatifs).

[5] Cette hiérarchie s'observerait dans trois domaines: une opposition donnée n'existerait dans une langue donnée que si cette langue possède aussi une autre opposition, définie comme plus fondamentale (ces douze oppositions devraient permettre de rendre compte de tous les systèmes phonologiques); l'ordre d'acquisition des phonèmes par l'enfant s'alignerait sur l'ordre des oppositions dans la hiérarchie, les détériorations aphasiques verraient disparaître en premier lieu les oppositions les plus basses dans la hiérarchie.

[6] Recenser le vocabulaire connu par un individu soulève bon nombre de problèmes, qui expliquent sans doute pour une part les divergences entre les auteurs. Il y a lieu tout d'abord de distinguer les mots utilisés adéquatement et les mots compris (c'est à ceux-ci que renvoient les chiffres mentionnés dans le texte). De notables différences peuvent en effet surgir; ainsi, Benedict (1979) relève que les enfants de 1;1 an comprennent 50 mots en moyenne, mais qu'il faut attendre 1;6 an pour que ces enfants produisent un même nombre de 50 mots différents. Dans le cas des études portant sur la compréhension, il importe aussi de préciser ce qu'on entendra par « compréhension »: que doit-on par exemple connaître du référent de *sole* pour que soit établie la compréhension de ce mot? Qu'il s'agit d'un poisson et non d'un meuble? d'un poisson plat? d'eau salée?, etc. Pour le développement du lexique, voir Ehrlich et al. (1978).

[7] Les phénomènes de surextension et de sous-extension sont étudiés avec plus de détails par Anglin (1977), Barrett (1976), Bloom (1973, ch. IV), Clark (1973b), Kuczaj et Lederberg (1977), Nelson (1974), Oléron (1979) et Rescorla (1980).

[8] Corpus d'Alain D., recueilli par J.-P. Boons, 1re séance. Lors de cette séance Alain a 2;2 ans et produit déjà des phrases complètes sujet-verbe-objet. Le phénomène mentionné s'étire donc sur une période bien plus longue que celle du stade holophrastique.

[9] On en trouvera un résumé chez Dore (1975).

[10] Cet auteur, de même que Brown (1973, p. 151-155), développe d'autres arguments encore contre cette approche des holophrases.

[11] Les rapports longitudinaux de Léopold (1939-1949) et de Grégoire (1937 et 1947) offrent, de même que Guillaume (1927), différents exemples de ces phénomènes transitionnels.

[12] Les exemples fournis par Dore et al. et toutes les constructions de ce type produites par les six enfants observés par Larock positionnent cependant l'élément vide en première place. Il y aurait peut-être là des régularités à dégager.

[13] En fait, les deux mécanismes sont présents dès la première séance de la période envisagée par Bloom et par Larock, le premier étant nettement plus fréquent que le second. Dore et al. ne distinguent pas les deux au niveau de la catégorisation de leurs données, mais ils postulent que leur apparition se fera dans l'ordre que nous adoptons.

[14] Branigan (1979), sur la base d'examens spectrographiques, soutient cependant que les séquences de mots successifs partagent des caractéristiques suprasegmentales avec les combinaisons de mots.

[15] L'identification de ces combinaisons se gardera, bien entendu, de rapporter les productions de l'enfant à la langue adulte: des séquences telles que /kəsɛsa/ «qu'est-ce que c'est, ça?» ou /apy/ «il n'y a plus», par exemple, doivent être considérées comme une seule unité dans la langue de l'enfant.

[16] Plus exactement, pour ce qui correspond, dans la langue adulte, à un verbe. La même remarque vaut pour les termes *nom*, *adjectif*, etc.

[17] Le mot fonctionnel se définit par opposition au mot lexical (ou mot à contenu) tel que *voiture, dodo, grand*.

[18] Ainsi, en anglais, on observe *here, more, my* mais non *the, and* ou *of*.

[19] La littérature anglo-saxonne parle de *pivot-grammars*. Les caractéristiques de ces descriptions, les critiques auxquelles elles s'exposent sont présentées de façon détaillée par Brown (1973, p. 90 sq.).

[20] Ce fait, joint au souci que certains auteurs (entre autres, Mc Neill, 1970a) manifestèrent de hisser les grammaires à pivots au rang de modèles universels, suscite ce mot de Brown (1973, p. 95): «But does nature build a universal cul-de-sac?».

[21] Pour plus de détails sur cette question, on se reportera à Bowerman (1976) et à Howe (1976).

[22] L'étude de ces auteurs porte sur la compréhension par l'enfant des structures possessives N's N telles que *baby's daddy*. Trois catégories de phrases sont distinguées: 1) les séquences réciproques, où les deux noms peuvent également renvoyer au possesseur ou à la possession, où donc seul l'ordre est pertinent (*baby's daddy, daddy's baby*); 2) les séquences non réciproques, subdivisées à leur tour en deux groupes suivant que la possession est aliénable (*girl's shoe*) ou intrinsèque (*girl's hair*); 3) les séquences anomales, subdivisées aussi suivant le même critère aliénable/intrinsèque: *ball's mommy/shoe's girl*.

[23] Il serait sans aucun doute beaucoup plus délicat de conduire une telle analyse sur des données françaises: les phénomènes d'ordre dans la langue adulte y sont en effet beaucoup plus complexes qu'en anglais (place des adjectifs, par exemple); par ailleurs, des mécanismes syntaxiques très fréquents dans l'oral — et peut-être encore plus fréquents dans la langue de l'adulte s'adressant à l'enfant — bouleversent l'ordre canonique des constituants (nous pensons par exemple au phénomène de détachement: à côté de *Papa lave la voiture*, on a *Il lave la voiture, Papa; Il la lave, Papa, la voiture; Il la lave, la voiture, Papa*, etc.).

[24] Ainsi, l'analyse de Slobin (1970) porte sur des données anglaises, allemandes, russes, finnoises, samoennes et luos; celle de Brown (1973) est consacrée à des enfants parlant l'anglais, l'espagnol, le suédois, le finnois ou le samoen; Braine (1976) étudie des corpus anglais, suédois, samoens, hébreux et finnois.

[25] Pour la critique de cette tendance, on se reportera au chapitre I.

[26] Edwards (1973) étudie le parallélisme entre le développement cognitif de l'enfant et les relations sémantiques qu'il exprime dans ses phrases à deux mots.

[27] Howe (1976) préconise de traiter les données sur la base de catégories plus larges et moins ambiguës. Elle suggère aussi de prêter davantage attention aux réactions verbales et non verbales de l'enfant devant les interprétations que font les adultes de ses énoncés. Il est vrai que cet élargissement du champ exploré réduirait le nombre de cas ambigus. Nous ne voyons cependant pas, dans les cas comme celui de l'exemple *Parti, papa*, en quoi le comportement de l'enfant pourrait orienter le choix vers l'une plutôt que vers l'autre interprétation. La critique de Howe a fait l'objet d'une réponse : Bloom et al. (1981), Golinkoff (1981). Voir aussi Howe (1981).

[28] Nous avons connaissance de ces faits via Hörmann (1971, p. 269). Voir aussi Shatz (1978a).

[29] Benedict (1970) étudie le décalage entre compréhension et production dans les acquisitions lexicales chez des enfants âgés de 9 à 20 mois.

[30] Cette longueur moyenne des énoncés est calculée sur la base du nombre moyen des morphèmes (voir le chapitre suivant).

[31] Voir aussi Tweney et Petretic (1981), Chapman et al. (1981).

Chapitre V
Evolution des acquisitions

Pour les premières étapes de l'acquisition du langage, la structuration de la matière peut se contenter de suivre l'évolution observée : on relève des productions autonomes avant de voir apparaître des énoncés linguistiques ; ceux-ci comportent d'abord un mot, puis deux. Si le passage du premier stade au deuxième se caractérise par l'adoption de signes conventionnels, si l'accès aux phrases à deux mots manifeste l'apparition de la combinatoire, on ne peut identifier d'étapes aussi cruciales dans la suite de l'acquisition : le développement linguistique intègre assurément de nouveaux éléments (et ceci bien au-delà de l'enfance), mais les principes spécifiques du langage sont en place et les nouveaux apprentissages, de ce point de vue, ne constituent qu'une extension, une généralisation de ces principes. Ainsi, les phrases à trois mots se situent dans le prolongement de l'aptitude qu'a acquise l'enfant, lors de la phrase à deux mots, à combiner entre elles les unités signifiantes.

Découper l'évolution linguistique ultérieure en stades de la phrase à trois mots, puis de la phrase à quatre mots, etc. ne fournirait donc aucun enseignement, d'autant que le produit final de l'acquisition — la maîtrise par l'individu d'un code lui permettant de communiquer — ne se définit évidemment pas comme une aptitude à produire des phrases particulièrement longues. L'intérêt doit se porter sur les significations que l'enfant exprime et sur les mécanismes linguistiques qu'il utilise pour signifier.

Tout au plus si la *longueur moyenne des énoncés* croît graduellement, pourra-t-on prendre ce critère (les repères chronologiques se révélant beaucoup trop fluctuants) comme mesure de la maturité verbale, pour délimiter des phases successives à l'intérieur desquelles les acquisitions se situeraient les unes par rapport aux autres. Ainsi, dans l'étude du corpus fourni par leurs sujets (Adam, Eve et Sarah), Brown et ses collaborateurs définissent des étapes de référence sur base de la longueur moyenne des énoncés (exprimée en nombre de morphèmes): la première débute avec les énoncés d'une longueur moyenne de 1.75, la quatrième se terminant avec les énoncés d'une longueur moyenne de 4 morphèmes. Ces niveaux correspondent à des âges très différents selon les sujets: le début se situe à 18 mois pour l'un, à 27 mois pour les deux autres; la fin à 26 mois pour le premier, à 42 mois et 48 mois pour les autres.

Pour Brown, cet indice est, bien plus que l'âge, prédictif de la complexité linguistique des productions, mais il estime aussi qu'au-delà d'une longueur moyenne de 4 morphèmes par énoncé, ce que dit l'enfant est plus fonction de l'interaction dans laquelle on recueille les échantillons que de ses connaissances verbales: l'indice, à ce stade, n'est plus fiable.

Si l'on était en possession d'un critère interne de référence couvrant toute la période de l'acquisition pour déterminer la complexité globale atteinte par un enfant, on pourrait sans doute mieux échelonner les nouveaux acquis. Cependant, une réponse à la question «quand» n'implique rien encore quant au «pourquoi» ni au «comment»; or là gisent assurément les problèmes les plus fondamentaux qui se posent au psycholinguiste. Pour les résoudre, il faudrait disposer d'un appareil théorique auquel rattacher les données de l'observation. Mais aucun modèle général n'est disponible pour l'instant en psycholinguistique développementale, et on peut se demander si ce n'est pas de cette carence théorique qu'elle souffre le plus actuellement: il n'est plus guère possible de parler autrement qu'au passé du modèle transformationaliste; la perspective ouverte par la recherche des stratégies est assurément fort prometteuse, mais ce courant n'a pas encore défini sa portée ni trouvé ses racines — du côté cognitif notamment (voir chapitre VIII); il reste à espérer que les phénomènes mis en lumière par ces travaux et d'autres études de caractère empirique servent de point d'appui à l'élaboration d'un schéma conceptuel explicatif.

1. Le modèle transformationaliste

La grammaire générative transformationnelle[2] proposée par Chomsky (1957, 1965, 1970, 1975, 1977, 1979) est explicitement annoncée comme un modèle (linguistique) de la compétence et non comme un modèle (psycholinguistique) de la performance (voir le chapitre I): il s'agit de décrire les langues humaines en rendant compte de la connaissance qu'en ont les usagers et non de prendre en considération la manière dont les individus utilisent cette connaissance pour produire, interpréter, juger ou mémoriser des messages. Toutefois, l'objectif avoué de Chomsky est de décrire la connaissance linguistique du *sujet* (et non seulement le système linguistique en tant que détaché de l'utilisateur); selon lui, la spécificité des langues humaines est associée à des bases biologiques, et le travail du linguiste doit aboutir à une caractérisation de l'aptitude innée au langage dont dispose l'homme. Il apparaît dès lors que ce modèle a priori strictement linguistique entretient en fait un flirt non dissimulé avec la psychologie (voir notamment Chomsky, 1965, 1977, 1979). Aussi ne doit-on pas s'étonner si les hypothèses chomskyennes ont suscité chez de nombreux chercheurs, tant en psycholinguistique de l'adulte qu'en psycholinguistique développementale, des recherches destinées à démontrer la réalité psychologique du modèle proposé.

S'agissant des conceptions de Chomsky, on peut distinguer les thèses psycholinguistiques et les thèses linguistiques. Les premières se rattachent à la théorie nativiste; la question a été traitée dans le chapitre I. Du point de vue linguistique, Chomsky conçoit la grammaire comme un ensemble de règles capables d'engendrer toutes les phrases grammaticales de la langue envisagée, en assurant la liaison entre leur sens et leur forme phonologique. En matière syntaxique, il postule que le moyen d'établir cette liaison, tout en captant au maximum les régularités du système, consiste à distinguer deux niveaux dans la description des phrases: au-delà des structures superficielles (celles qui sont effectivement observables), on prévoira des structures profondes[3] dont on dérivera les premières au moyen de règles transformationnelles. Ainsi, la structure superficielle *La charrette est tirée par un âne* sera décrite comme engendrée au départ d'une structure profonde abstraite:

[[l'âne] [tire [la charrette]]]
 P SN   SV   SN

sur laquelle porte la transformation « Passif ».

Pour prendre un exemple plus complexe, on considérera que la phrase *Qu'as-tu fait?* dérive d'une structure de base telle que (1), transformée d'abord en (2) par attachement du marqueur interrogatif *QU-* au syntagme indéfini *quelque chose*, puis en (3) par déplacement en tête de phrase du syntagme où figure le marqueur, puis en (4) par permutation de l'auxiliaire et du sujet, pour aboutir enfin à la structure superficielle (5), grâce à des ajustements morphologiques :

(1) QU + [tu as fait quelque chose].
     P
(2) Tu as fait QU + quelque chose.
(3) QU + quelque chose tu as fait.
(4) QU + quelque chose as-tu fait.
(5) Qu'as-tu fait ?

Chomsky n'a pas établi lui-même, sinon en des termes très généraux, comment s'articulaient ses hypothèses psycholinguistiques et sa théorie linguistique[5]. Mais d'autres chercheurs ont tenté de construire une théorie psycholinguistique où les diverses conceptions chomskyennes se trouveraient plus étroitement intriquées[6].

Ainsi, Mc Neill (1970b), observant que les premiers énoncés de l'enfant sont très proches des structures profondes (telles que les construit le grammairien pour rendre compte des structures superficielles de l'adulte), postule que ces structures profondes sont innées et que l'apprentissage du langage se réduit à l'apprentissage des transformations. Le bagage génétique de l'enfant en matière linguistique, le « language acquisition device » (LAD), contiendrait également des procédures d'analyse et des informations quant aux caractéristiques des transformations (elles peuvent affecter des unités en les permutant, en les supprimant, en les ajoutant, etc.). Le point le plus concret de l'hypothèse de Mc Neill ne résiste pas longtemps à l'analyse : le grammairien ne propose en effet pas les mêmes structures profondes suivant qu'il décrit, par exemple, une langue à ordre dominant sujet-verbe-objet, ou une langue qui, telle le turc, adopte régulièrement l'ordre sujet-objet-verbe. Comme les structures profondes sont loin d'être universelles, on voit mal comment on pourrait les définir comme innées[7]. Les autres hypothèses de Mc Neill ne présentent pas un caractère suffisamment substantiel pour être soit confirmées soit infirmées. Notons seulement que l'acquisition par l'enfant de phrases comme les interrogatives, les impératives ou les négatives ne se réduit pas à un apprentissage de mécanismes formels (à l'apprentissage des règles transformationnelles qui, pour le grammairien, assurent la dérivation de ces phrases à partir de structures profondes) : il y a lieu de prendre en compte aussi la valeur sémantique et fonctionnelle des énoncés. Il est clair que toute l'activité sensori-motrice de l'enfant et toute son activité sociale multiplient les occasions de donner et de recevoir des ordres, d'opiner et de nier ou refuser, de demander, par le truchement de comportements de communication non verbale. Brown rapproche pertinemment les premières négations linguistiques des négations exprimées par les mouvements de tête (décrites par Spitz) qui les précèdent d'ailleurs chronologiquement. Ce n'est pas leur statut dans la grammaire qui régit le moment où ces formes syntaxiques apparaissent, mais bien leur valeur fonctionnelle immédiate pour affiner, amplifier, assister des comportements largement développés au niveau prélinguistique. Certes ces formes sont universelles, et fondamentales, mais parce que les conduites auxquelles elles correspondent sont elles-mêmes universelles et fondamentales dans l'organisation du comportement humain.

D'un autre côté, certains chercheurs se sont étonnés de rencontrer dans les corpus enfantins des structures qui correspondent à des étapes intermédiaires dans la dérivation. Ainsi, Brown (1968) relève dans le langage d'Adam des questions du type *What John will read? What that is? What John will do?*, dont la structure rejoint celle de l'étape (3) dans l'exemple présenté plus haut. De la même manière, en français, on observe fréquemment chez les enfants (notamment) des phrases de la même structure que (2), *Tu as fait quoi?*, ou que (3), *Comment tu as fait?*. On a tiré parfois implicitement de telles convergences deux sortes de conclusions : d'une part, le développement du langage chez l'enfant s'alignerait sur la dérivation proposée par le grammairien pour rendre compte du langage de l'adulte; d'autre part la coïncidence entre une structure du langage enfantin et une structure intermédiaire hypothétique de la grammaire adulte apporterait à cette dernière une sorte de confirmation. Ce genre d'hypothèse devrait s'appuyer sur un grand nombre de faits, qui résisteraient à d'autres explications. Malheureusement, ces coïncidences sont fragmentaires et occasionnelles : nombre de structures invoquées par les descriptions transformationnelles ne se retrouvent jamais réalisées explicitement, ni chez l'enfant, ni chez l'adulte. En revanche, il n'est pas malaisé d'éclairer la production de structures intermédiaires à la lumière d'une autre interprétation.

Ainsi, *Tu as fait quoi?* et *Comment tu as fait?* coexistent, dans le langage familier des adultes, avec *Qu'as-tu fait?* et *Comment as-tu fait?*. Peut-être même sont-ils plus fréquents dans leur conversation avec des enfants que les énoncés avec inversion et antéposition.

L'inversion, par ailleurs, ne se rencontre pas dans les questions indirectes : *Je sais comment tu as fait*. En outre, l'inversion comme l'antéposition ont pour effet de rompre l'ordre sujet-verbe-objet. Ainsi donc, la prise en considération des seules structures superficielles, des seules structures observables par l'enfant dans la langue de son entourage, permet de rendre compte adéquatement des phénomènes observés; les analogies proprement accidentelles ne présentent plus aucun caractère surprenant dès lors qu'on envisage l'ensemble des données [8].

On a aussi fait l'hypothèse que le langage de l'enfant se caractériserait par une complexité transformationnelle croissante : d'une part, l'enfant intégrerait dans son langage un nombre de plus en plus élevé de transformations; d'autre part, le rythme d'acquisition des structures linguistiques serait fonction du nombre de transformations qu'elles impliquent [9]. Pour illustrer ce point, Brown et Hanlon (1970) examinent dans une étude longitudinale du corpus de Sarah, Eve et Adam, la fréquence et l'ordre d'émergence des phrases simples (sans transformation), et des phrases comportant les transformations de « Négation » [10], de « Question » et de « Troncation » [11]. Ils font l'hypothèse que les phrases sans transformation apparaîtront plus rapidement que celles où intervient seulement une transformation, qui à leur tour, seront produites avant celles où s'appliquent deux transformations, etc. Leurs prédictions se confirment effectivement pour les trois enfants.

Ils observent cependant aussi que la fréquence des différents types de phrases dans le langage parental permet à elle seule de faire de semblables prédictions. De son côté, Bever (1970) fait valoir que les données obtenues par Brown et Hanlon peuvent être interprétées aussi bien quand on tient compte de la plus ou moins grande distorsion qu'impriment les transformations aux structures superficielles par rapport à l'ordre canonique des énoncés. Il est donc apparu très rapidement que d'autres variables que le nombre des transformations devaient être prises en considération. C'est un point que les recherches ultérieures allaient constamment mettre en évidence : pour rendre compte de l'acquisition du langage dans son ensemble, on ne peut se fonder sur un modèle qui ne considère que les seules données formelles du langage, qui fait abstraction du sens des unités et des phrases, de la fonction des énoncés, du développement cognitif de l'enfant, de ses interactions avec son entourage, des caractéristiques du langage utilisé par les adultes s'adressant à lui, etc. De surcroît, des études portant sur d'autres structures linguistiques que celles observées par Brown et Hanlon ont abouti à des résultats opposés à ceux que prédisait l'hypothèse de la complexité transformationnelle (voir notamment Maratsos, 1977; Maratsos et Kuczaj, 1978).

Il découle de ce qui précède que le modèle transformationnel en psycholinguistique génétique ne présente rien de fort convaincant; qu'il ne peut prétendre éclairer les mécanismes par lesquels l'enfant acquiert son langage; qu'il a même, à certains égards, contribué à obscurcir les débats. Il n'y a dès lors pas lieu de s'étonner si, alors que la psycholinguistique des années 60 était massivement transformationaliste, fort peu de psycholinguistes, en 1980, revendiquent cette étiquette [12]. Le plus grand mérite que l'histoire de la discipline reconnaîtra à ce modèle, c'est sans doute qu'il a favorisé un essor sans précédent des recherches dans le domaine, par l'enthousiasme, mais aussi par l'irritation qu'il a suscités.

2. Les stratégies

Dans un article de 1970, Bever dénonçait certaines des insuffisances du modèle transformationnel et proposait qu'on décrive la manière dont l'enfant s'approprie la langue en définissant les stratégies qu'il adopte pour mettre en relation le sens des énoncés et leur forme superficielle.

Cette notion de stratégie [13] a recueilli un large succès, comme en témoigne la diversité des secteurs où on la voit utilisée : stratégies employées par l'enfant pour découvrir quel signifié recouvre tel signifiant lexical ou inversement (Macnamara, 1972), stratégies comportementales appliquées pour répondre à une incitation verbale non entièrement comprise (E. Clark, 1973b), stratégies utilisées dans les interactions avec l'adulte (Horgan, 1978; Shatz, 1978), stratégies de décodage syntaxique des phrases (c'est sur ce point et le suivant que nous porterons notre attention dans cette section), stratégies morphosyntaxiques universelles de Slobin (1973, 1977, 1981a, 1981b).

Une telle diversité rend évidemment malaisée toute tentative de définition globale. Le point commun de ces différentes recherches est sans doute qu'elles partent d'une évidence féconde, mais à laquelle l'adulto-centrisme des chercheurs fait souvent écran : l'enfant qui apprend sa langue adopte, face aux messages verbaux de son entourage, une attitude différente de celle qu'aurait un adulte en pleine maîtrise du langage [14]. On présume que ces attitudes reposent sur certaines régularités, que la recherche des stratégies vise précisément à mettre en évidence.

Dans le domaine syntaxique, qui est ici au centre de nos préoccupations, on tente de discerner les indices et les méthodes sur lesquels l'enfant s'appuie pour décoder les phrases, et de déterminer, du même coup, ce qui peut faire obstacle à sa compréhension. Si la psycholinguistique transformationaliste privilégiait les aspects formels des messages produits par l'enfant et décrivait sa grammaire dans les mêmes termes que celle de l'adulte, on se montre actuellement très attentif à la possibilité de voir fonctionner chez l'enfant des procédures de traitement originales par rapport à celles qu'il utilisera adulte. On a ainsi fait apparaître d'une part l'importance des variables sémantiques et pragmatiques; pour les caractéristiques formelles, on a mis d'autre part en évidence des modes de décodage qui ne cadrent pas avec la grammaire de l'adulte.

A. *Les stratégies locales*

Pour illustrer cette nouvelle approche, nous retiendrons les points les plus saillants qui se dégagent des travaux portant sur la syntaxe française.

• *Les phrases actives et les phrases passives* — Les séquences SN V SN *(Le coiffeur salue le boucher)* sont interprétées par l'adulte comme des phrases sujet-verbe-objet (SVO) ou, en termes sémantiques, agent-action-patient[15]. Ce décodage[16] se fonde, en français, sur la place respective qu'occupent les deux SN par rapport au verbe[17]. Les phrases passives *(Le boucher est salué par le coiffeur)* impliquent une distribution inverse des rôles : on a une suite patient-action-agent. L'interprétation s'appuie ici sur la position des deux SN, mais aussi sur la présence de l'auxiliaire, du participe passé et de la préposition.

Les travaux de Sinclair et Ferreiro (1970), Sinclair et Bronckart (1972), Sinclair et al. (1976), Segui et Léveillé (1977), Jakubowicz et Segui (1980) indiquent que les enfants interprètent ces phrases sur la base d'indices différents de ceux qu'on vient de mentionner. Ainsi, les plus jeunes sont sensibles au caractère renversable[18] ou non renversable de la séquence; dans les phrases non renversables, certains ont tendance à attribuer la fonction d'agent au SN animé et celle de patient au SN non animé, ceci se marquant très nettement et plus tardivement dans le cas des phrases passives. Par exemple, pour reprendre seulement les données de Segui et Léveillé (1977), à 3;7 ans, tous les enfants comprennent la phrase non renversable *Le cheval blanc renverse la barrière jaune*[19], mais on observe 5 % encore d'échecs à la phrase renversable *La voiture rouge pousse la voiture verte*, les deux types de phrases n'étant réussis à 100 % que chez les enfants de 4;8 ans. Pour les phrases passives, on observe 90 % de bonnes réponses pour les non renversables *(La barrière jaune est renversée par le cheval blanc)*, 15 % seulement pour les renversables *(La voiture verte est poussée par la voiture rouge)*; il faut attendre 9;6 ans pour que les passives renversables et non renversables soient comprises par tous les sujets[20].

Le sort particulier qui est réservé au traitement des phrases passives indique cependant aussi que l'ordre des syntagmes intervient comme critère pertinent de façon précoce (sans quoi on ne pourrait expliquer la plus grande résistance de ces phrases) et qu'il constitue d'abord un facteur plus décisif que les marques verbales (*être* + participe passé) et la présence de *par*.

L'évolution de la compréhension ne peut cependant pas être décrite en des termes strictement linguistiques, même lorsqu'on tient compte des variables sémantiques comme l'opposition animé/non animé[21]. Ainsi, Sinclair et Ferreiro (1970) remarquent que la compréhension des énoncés diffère suivant le verbe employé: les phrases passives avec *laver* et *renverser*, par exemple, sont mieux comprises que celles avec *suivre*. De même, pour les phrases *Le camion est renversé par le garçon* et *Le garçon est renversé par le camion*, bien que *garçon* se range bien plus nettement du côté des animés que *camion* et bien que les enfants[22] aient disposé de deux camions, l'un plus petit que la poupée-garçon et l'autre plus gros, leur réponse privilégie l'interprétation « Le camion renverse le garçon » dans les deux cas (Moreau, 1977). Diverses études ont aussi noté, dans le même sens, une certaine propension, pour les énoncés où il est question d'un garçon et d'une fille et de l'action de pousser (ou de frapper, ou de bousculer, etc.) à attribuer le rôle de victime à la fille plutôt qu'au garçon. La représentation que les sujets se font de l'univers, le caractère plus ou moins prégnant des évocations orientent donc parfois plus l'interprétation que les indices linguistiques.

On peut, à partir des diverses données recueillies sur la question, dégager trois stratégies appliquées successivement lors du développement linguistique de l'enfant (ces stratégies pouvant parfois être antagonistes): 1. l'enfant donne au message verbal un sens compatible avec sa connaissance de l'univers (et c'est sous cette stratégie qu'il faut ranger sa tendance à considérer le SN animé comme l'agent dans les phrases non renversables)[23]; 2. dans un second temps, il attribue le rôle d'agent au premier SN mentionné quelles que soient les marques figurant dans l'énoncé (ceci rend compte de l'acquisition tardive des passives renversables); 3. enfin, il prend en compte les marques du passif et attribue le rôle de patient au sujet grammatical des phrases passives.

• *Les relatives* — Si les relatives en *qui* n'altèrent pas l'ordre canonique agent-action-patient, celle en *que* modifient cette succession[24]: on a une séquence patient-agent-action *(Le boucher que le coiffeur salue)* ou patient-action-agent *(Le boucher que salue le coiffeur)*. L'interprétation de l'adulte[16] se fonde sur la présence de *que* et sur la place qu'occupent les deux SN[25].

Chez les enfants, les relatives en *qui* ne paraissent pas poser plus de problèmes que les phrases actives. Segui et Léveillé (1977)[26] recueillent 100 % de bonnes réponses pour les non renversables et 90 % pour les renversables chez les sujets de 3;7 ans; toutes les réponses se conforment à l'interprétation de l'adulte dès 4;8 ans dans les deux cas.

Pour les relatives en *que* sans inversion, l'influence du facteur sémantique persiste plus longtemps: si les non renversables *(La barrière jaune que le cheval blanc renverse)* sont bien interprétées dès 3;7 ans, les renversables *(La voiture blanche que la voiture rouge pousse)* ne le sont pas dans un cas sur cinq environ jusqu'à 9;6 ans. Le pourcentage de bonnes réponses indique cependant aussi que le traitement de ces phrases s'appuie très rapidement sur des indices positionnels.

On trouve, dans les interprétations fournies pour les relatives en *que* avec inversion, une confirmation de ce que des stratégies positionnelles s'installent de façon précoce. Jusqu'à 7 ans environ, les enfants ne fournissent que deux bonnes réponses sur trois dans les phrases non renversables; on peut interpréter ces données comme le fruit d'un conflit entre deux modes de traitement: l'un s'appuyant sur le sens, l'autre sur l'ordre canonique agent-action-patient. Dans les renversables, privés d'informations sémantiques sur la distribution des rôles, les enfants semblent appliquer préférentiellement la stratégie d'ordre, et ils fournissent donc fort peu de bonnes interprétations: entre 0 et 15 % jusqu'à 7;7 ans, 50 % à 9;6 ans et 80 % à 10;6 ans.

La difficulté particulière que soulève la compréhension de ces phrases est attribuée par les auteurs à la présence du seul relatif *que* pour signaler l'inversion des rôles. On ajoutera que la faible fréquence avec laquelle ces structures sont employées dans le registre oral explique aussi qu'elles soient comprises si tardivement.

• *Les phrases avec complément de lieu* — Vion (1978a, 1978b, 1980) étudie la compréhension des phrases de schéma SN V PREP (de lieu) + SN, en jouant sur la variable sémantico-pragmatique[27] et sur la position des SN. Elle propose à ses sujets des phrases plus ou moins cohérentes du point de vue sémantique *(La poupée va dans la tente/La tente va dans la poupée)*, des phrases qui respectent (1) ou qui bouleversent l'ordre canonique par les effets du détachement et du clivage (2-6) :

(1) La bouteille, elle va sur la tasse.
(2) C'est sur la tasse qu'elle va, la bouteille.
(3) Elle va, la bouteille sur la tasse.
(4) Elle va sur la tasse, la bouteille.
(5) La bouteille, c'est sur la tasse qu'elle va.
(6) C'est sur la tasse que la bouteille elle va.

Elle observe un effet du facteur pragmatique, les phrases cohérentes avec la réalité étant toujours mieux réussies. Très précocement cependant, vers trois ans et demi, la compréhension repose aussi sur un traitement syntaxique des phrases. Ici, toutefois, il semble que l'enfant n'accorde pas d'importance à l'ordre dans lequel les SN se présentent, mais qu'il analyse la séquence PREP + SN comme étant un complément, l'autre SN étant alors considéré comme le sujet.

• *La référence des pronoms* — Dans des énoncés tels que *Le boucher regarde le coiffeur quand il prend son déjeuner*, le pronom de la deuxième phrase peut référer soit au sujet de la première phrase, soit à son objet (référence anaphorique), soit à une personne non mentionnée dans l'énoncé (référence exophorique). Déceler cette ambiguïté relève des aptitudes métalinguistiques et ce n'est qu'à partir de 14 ans que les enfants commencent à fournir spontanément des réponses en ce sens[28]. La maîtrise de la référence exophorique n'est par ailleurs assurée que vers 11 ans (Kail et Léveillé, 1977). Lorsque les deux SN de la première phrase sont de genre ou de nombre différent, la forme du pronom ou du verbe peut orienter l'interprétation[29]. On peut se demander à partir de quel moment l'enfant prend en compte ces indices et, en l'absence de ces derniers, s'il privilégie la référence à l'un plutôt qu'à l'autre des deux SN.

Les travaux de Kail (1976, sous presse) et de Kail et Léveillé (1977) font apparaître trois stratégies successives. 1. Jusque vers trois ans et demi, les enfants font référer le pronom au SN le plus proche (les auteurs parlent de stratégie de distance minimale), sans tenir compte des éventuelles différences de genre. Pour *Le garçon bleu pousse la fille rouge et PRO renverse la vache rouge*, ils comprennent le pronom comme renvoyant à *la fille rouge*, que ce pronom soit *il* ou *elle*. 2. On voit ensuite apparaître une stratégie de non-changement de rôle : elle consiste à interpréter le pronom sujet, quel que soit son genre encore, comme un substitut du SN sujet. Ce mode de compréhension subsiste jusqu'à 6 ans environ. 3. A partir de cet âge, une stratégie lexicale s'installe : les enfants tiennent compte des indices de genre [30].

Une vue synthétique des travaux dans les quatre domaines examinés fait ressortir les tendances principales qui guident successivement la compréhension par l'enfant des messages verbaux :
1. La compréhension favorise tout d'abord l'interprétation conforme à la représentation que l'enfant se fait de l'univers [23].
2. Des décodages fondés sur l'ordre relatif des unités s'installent assez rapidement, mais les régularités observées ne correspondent pas nécessairement à celles de l'adulte.
3. La prise en considération des marques s'effectue dans un troisième temps et doit amener à un réajustement des stratégies d'ordre.

Il nous paraît utile, avant de quitter le terrain des stratégies locales, d'émettre quelques considérations. La première a trait à la façon dont on interprète les données en vue d'établir les stratégies utilisées par les enfants. Dans la plupart des travaux, l'existence d'une stratégie est déduite à partir des résultats globaux observés chez des groupes de sujets confrontés à diverses phrases. Cela n'implique pas encore qu'il existe une cohérence interne des réponses chez les individus qui composent ces groupes. Vion (1980) propose en ce sens de distinguer les choix dominants (ceux qu'on peut établir sur base des performances d'ensemble) et les stratégies, telles qu'on peut les observer en examinant les « patrons de réponses individuels », s'il apparaît que chaque sujet envisagé isolément manifeste « une tendance à utiliser principalement ou systématiquement un mode d'interprétation particulier » (p. 144 et 91) [31].

En second lieu, si on se réjouit de voir la compréhension ramenée à un meilleur statut qu'auparavant dans les préoccupations des chercheurs, on aimerait aussi que soient jetés des ponts entre les données de la compréhension et celles de la production. Ceci débouche sur deux questions : tout d'abord, observe-t-on un parallélisme entre la façon dont l'enfant interprète les énoncés qu'on lui soumet et la manière dont il construit les siens ? On pourrait ainsi s'intéresser aux types de perturbation que les enfants infligent, dans leurs productions, à l'ordre canonique des unités. Y a-t-il, d'un autre côté, une relation entre les stratégies de l'enfant et la fréquence des mécanismes dans la langue de son entourage ?

Enfin, mises à part les grandes tendances qu'on a dégagées des divers travaux, on ne voit pas, ou on ne voit pas encore comment ce qui est mis en lumière dans tel secteur de la grammaire peut être généralisé à l'ensemble de l'acquisition du langage (et c'est bien là la raison qui nous a conduits à parler des régularités observées ici en termes de stratégies *locales*). Il ne s'agit pas, dans notre esprit, de mettre en cause de quelque façon que ce soit l'apport scientifique de ces études. N'auraient-elles permis de découvrir que ces grandes tendances, qu'on devrait encore les tenir pour très estimables. Notre réserve est d'ailleurs peut-être provisoire; elle tend avant toute chose à inviter les chercheurs à diversifier davantage leur champ d'exploration. Ce n'est qu'à ce prix qu'on pourra, dans ce cadre, établir la liaison entre les diverses stratégies locales et faire émerger d'autres tendances générales. Ainsi, la comparaison des travaux sur les passives ou sur les relatives et sur les phrases examinées par Vion soulève des questions qui demeurent sans réponse, faute d'informations sur d'autres mécanismes : pourquoi les SN à l'intérieur des SPREP sauvegardent-ils mieux leur statut de non-agent au travers de leurs déplacements, que les SN objets ? Pourquoi les enfants se montrent-ils plus sensibles à la présence de la préposition dans les phrases examinées par Vion qu'à celle de *par* dans les passives ? Sans doute est-il possible dès à présent d'émettre des hypothèses sur ce que pourraient être les réponses à ces questions[32]. La confirmation de ces hypothèses devra cependant passer par la mise à l'épreuve sur d'autres données.

Il n'est pas exclu par ailleurs que l'approche de l'acquisition du langage par la recherche des stratégies locales se heurte assez rapidement à des obstacles qu'elle ne pourra franchir qu'en se redéfinissant et en intégrant des faits en provenance de langues diverses. Nous songeons notamment aux difficultés liées à l'intrication du développement linguistique et du développement cognitif (voir chapitre VIII). Ainsi, pour reprendre la dernière question que nous nous posions ci-dessus, on peut imaginer que l'enfant ne réserve pas le même traitement aux divers SPREP, parce que ceux-ci présentent des différences de sens : les prépositions de lieu possèdent en effet une consistance sémantique qu'on ne retrouve pas dans le *par* des passives[33]. Si on ne voyait pas d'autre interprétation, la mise en correspondance des diverses stratégies rencontrerait ici son point terminal et l'on serait renvoyé, pour le reste du problème, aux rapports qu'entretiennent langage et cognition.

En revanche, si on entreprend par exemple de comparer les rythmes d'acquisition des expressions locatives dans diverses langues, on contrôlera davantage la variable sémantique et on évacuera ainsi les problèmes d'interprétation liés à d'éventuelles différences dans les capacités cognitives. C'est à ce type d'approche que nous allons à présent consacrer notre attention.

B. *Les stratégies universelles*

Lorsqu'il se hasarde, comme nous venons de le faire, à vouloir généraliser à un plus vaste domaine les tendances observées pour un secteur restreint de la langue, le chercheur se heurte très rapidement, ainsi qu'on l'a vu, à cet obstacle que représente en psycholinguistique l'indissociabilité du signifié et du signifiant; si tel mécanisme formel est traité par un enfant, ou peut gager qu'il a accès à son contenu (d'une manière qui reste par ailleurs à définir); en revanche, si on n'observe pas encore de production ou d'interprétation d'un autre mécanisme formel, les raisons de cette absence peuvent être attribuées à un plus grand degré de complexité en ce qui concerne le contenu du mécanisme, ou en ce qui concerne la manière dont ce contenu est véhiculé, ou encore en ce qui concerne à la fois le contenu et la façon dont il est transmis, sans qu'il soit, dans bien des cas, possible d'identifier la variable effectivement en cause: à l'intérieur d'une langue donnée, des signifiants différents correspondent généralement à des signifiés différents aussi, et inversement.

Toutefois, si on considère deux ou plusieurs langues, on peut y épingler certains contenus constants: ainsi, on observe un même rapport sémantique de singulier à pluriel entre les mots français *cheval/chevaux* et anglais *horse/horses*; de même, le contenu exprimé par *ma maison* est identique à celui de la séquence turque *evim* (où *ev* correspond à *maison* et *-im* au possessif de la première personne). S'il apparaît que des enfants exposés à une langue donnée produisent ou interprètent adéquatement les marques du pluriel ou du possessif, par exemple, de façon plus précoce que les enfants d'un autre milieu linguistique, on ne pourra pas imputer le décalage dans ces acquisitions à une variation de contenu, puisque celui-ci est identique dans l'une et dans l'autre langue; on ne mettra donc pas en cause une différence dans le développement cognitif (voir le chapitre VIII); il sera possible en revanche d'attribuer à des raisons d'ordre linguistique, relevant des formes dans lesquelles se coule le contenu, la différence de traitement réservé par les enfants aux diverses formulations.

Pour Slobin (1973, 1977, 1981a, 1981b, 1982)[34], l'enfant cherche à transmettre et à capter des significations, mais celles-ci sont *codées*, et le codage varie suivant les langues. La liaison entre un contenu donné et la forme qui en assure la transmission peut être plus ou moins complexe. Comment mesurer cette complexité? En examinant précisément la plus ou moins grande facilité avec laquelle les enfants arrivent à établir le lien entre une information et la manière particulière dont sa langue l'encode. Un codage sera jugé d'autant moins complexe que l'enfant y a plus vite accès. En voyant le problème sous un autre angle, on pourra déterminer comment l'enfant procède pour s'approprier son langage, quels codages lui sont le plus directement accessibles, ou, en des termes métaphoriques, quelles stratégies il applique pour mettre en relation la forme et le sens des énoncés.

En examinant les données relatives à l'acquisition d'une quarantaine de langues, appartenant à 14 groupes différents, Slobin dégage un certain nombre de régularités, qu'il propose, à titre d'hypothèse, comme étant des universaux[35].

Considérons le premier ensemble de faits relevés.

- Chez les enfants bilingues serbo-croate/hongrois, les expressions relatives à l'espace apparaissent plus tôt en hongrois qu'en serbo-croate. Or, dans cette dernière langue, les relations spatiales sont encodées à l'aide d'une préposition et d'une désinence casuelle[36]; en hongrois, elles se traduisent à l'aide d'une postposition (une marque attachée à la fin du mot).

- Chez les enfants monolingues serbo-croates, les premières expressions spatiales sont réalisées au moyen des désinences casuelles, les prépositions apparaissant ultérieurement. Il en va de même pour le russe et le latvien.

- Lorsque les enfants abrègent les mots, ils en privilégient les syllabes finales : ainsi, en français, on observe /kilɛ/ pour *Où est-ce qu'il est?*. Cette prédilection pour la finale est attestée aussi en anglais, en hébreu, en arabe et en tchèque, ce dernier cas étant très révélateur: en effet, en tchèque, l'accent affecte systématiquement la première syllabe des mots.

- En anglais et en allemand, certains morphèmes sont utilisés soit comme particules post-verbales, soit comme prépositions: *on, off, down; ab, an, auf, mit,* etc. Dans ces deux langues, l'enfant utilise ces morphèmes d'abord comme particules post-verbales, l'emploi prépositionnel n'intervenant qu'ultérieurement. Le polonais connaît le même phénomène de double emploi d'un morphème, mais la particule verbale précède le verbe; or, dans le langage des enfants polonais, particules pré-verbales et prépositions émergent à la même période.

- Dans les langues à déclinaison, l'accusatif et le datif sont très précoces, lorsqu'ils se réalisent sous la forme de désinences (russe, polonais, serbo-croate, latvien, finnois, hongrois); ils sont plus tardifs lorsqu'ils affectent la forme d'un article placé devant le nom (allemand).

- L'acquisition de l'article s'opère plus tard en anglais et en allemand qu'en bulgare, où il est suffixé au nom [37].

Pour Slobin, l'interprétation de ces diverses données indique que l'enfant manifeste une plus grande attention pour la fin des mots plutôt que pour leur début, pour ce qui suit le mot plutôt que pour ce qui le précède. Dans sa quête des correspondances entre signifiés et signifiants, l'enfant appliquerait une sorte de principe heuristique général, qu'on peut formuler, pour faire bref, sous la forme d'une instruction que l'enfant se donnerait à lui-même: FAIRE ATTENTION A LA FIN DES MOTS.

De même, un autre ensemble de données semble présenter assez de lignes convergentes pour permettre d'établir les trois universaux suivants: 1. L'ordre standard des morphèmes grammaticaux est préservé dans le langage enfantin. 2. L'ordre des mots dans le langage de l'enfant reflète l'ordre canonique des mots dans le langage de l'adulte. 3. Les phrases non conformes à l'ordre canonique sont dans un premier temps interprétées en fonction de l'ordre canonique. (Pour des illustrations de ces points, on peut se reporter à la section sur les stratégies locales.) En synthétisant ces trois universaux, Slobin émet l'hypothèse que l'enfant, lorsqu'il tente de découvrir comment sa langue encode les significations, prend en compte dès le départ le caractère séquentiel des unités signifiantes. Ceci est présenté comme une autre stratégie générale: FAIRE ATTENTION A L'ORDRE DES MOTS ET DES MORPHEMES.

D'autres faits encore suggèrent l'existence d'une tendance chez l'enfant à ASSOCIER DE MANIERE SYSTEMATIQUE ET UNIVOQUE MARQUES GRAMMATICALES ET VALEURS SEMANTIQUES[38]. Cette stratégie rendrait compte notamment des deux universaux suivants :

- Les distinctions grammaticales sont acquises plus rapidement si elles reposent sur des critères sémantiques plutôt que sur des critères formels (tels que le nombre de syllabes, la forme phonologique ou le genre arbitraire de la racine). Parmi les données fournies par Slobin pour étayer ce point, on retiendra que l'enfant anglophone arrive à maîtriser la distribution des deux formes du présent (simple : *He works in London*/continu : *He is working in the garden*) sans sur-généralisation : on n'observe pas chez l'enfant de séquences agrammaticales du type *He is liking*. Or la répartition des deux formes se fonde sur un critère sémantique : les verbes qui expriment un état ne connaissent pas la forme continue.

- Les morphèmes grammaticaux à fonctions multiples offrent une plus grande résistance à l'apprentissage que les morphèmes non ambigus. Ainsi, en russe, l'instrumental[35] connaît deux formes : *-om* pour les substantifs masculins ou neutres, *-oy* pour les féminins. La première est aussi l'inflexion locative de l'adjectif au masculin et au neutre, cependant que la seconde compte au total cinq emplois différents : outre sa fonction d'instrumental nominal pour le féminin, *-oy* est aussi la marque de l'adjectif au nominatif masculin singulier et le morphème nominal du féminin pour le génitif, le datif et les cas liés à des prépositions. La forme *-om* présente donc beaucoup moins d'ambiguïté que la forme *-oy* ; elle est aussi celle que l'enfant adopte en premier lieu.

La prise en considération d'autres séries de faits amène Slobin à proposer en outre les stratégies suivantes : EVITER LES INTERRUPTIONS ET LES BOULEVERSEMENTS D'UNITES, EVITER LES EXCEPTIONS, LA FORME PHONOLOGIQUE DES MOTS EST SUSCEPTIBLE DE MODIFICATIONS SYSTEMATIQUES. On comprendra que, la place faisant défaut, nous ne pouvons reproduire ici dans leurs détails les diverses données qui permettent à l'auteur d'étayer ces hypothèses. On ne peut qu'inviter le lecteur à se reporter directement aux textes mentionnés. On signalera seulement que Slobin et son équipe ont entrepris diverses explorations systématiques et étudient les données recueillies (sur base d'un même dispositif expérimental) auprès d'enfants parlant des langues contrastées. En comparant les rythmes d'acquisition des moyens linguistiques exprimant usuellement un contenu donné, et en analysant les particularités des mécanismes linguistiques en cause, ils font apparaître l'intérêt de variables qui avaient jusque-là fort peu retenu l'attention: transparence sémantique des morphèmes grammaticaux, fonction relative de l'ordre des mots et des indices locaux (flexions casuelles, formes spécifiques, particules), etc. Il s'agit assurément d'une voie fort prometteuse.

Ce qui nous semble particulièrement intéressant, dans le cadre proposé par Slobin, c'est que ses hypothèses tissent un canevas qui devrait permettre de rendre compte de façon organisée de bon nombre de faits dans l'acquisition du langage. Sans doute, tous les fils de ce canevas n'offrent-ils peut-être pas une égale résistance aux contre-exemples; il est clair par ailleurs que toutes les régularités ne peuvent être captées par ce filet, tel qu'il est défini au départ. Ceci n'invalide cependant pas la pertinence du cadre général, qui ne se présente d'ailleurs pas comme un système fermé: si les données amenaient à falsifier les hypothèses, ou à les reformuler, ou à en introduire de nouvelles, ce cadre n'en serait pas atteint pour autant. L'important, dans la perspective adoptée par Slobin, réside dans son point de départ théorique (la mise en relation du signifié et du signifiant ne s'établit pas de manière égale dans tous les codages) et dans sa méthode (la prise en considération des éventuels décalages dans l'apprentissage des moyens linguistiques qui véhiculent une même notion dans des langues contrastées).

Pour la solidité des généralisations qu'on établira, le recours à cette méthode devra s'entourer d'un certain nombre de précautions. Les plus importantes nous semblent être les suivantes:

1. Il faudra s'assurer tout d'abord de l'identité, du point de vue de leur fréquence et de leur emploi, des phénomènes qu'on relèvera dans les langues mises en contraste. Par exemple, le rapport qui unit *œuf* et *œufs*, ou *egg* et *eggs* est-il sans doute bien le même que celui qu'entretiennent les mots turcs *yumurta* et *yumurtalar*. Mais en turc, la forme au pluriel n'est pas employée lorsqu'on utilise un numéral (*deux œufs = iki yumurta*), ni lorsqu'on réfère à une quantité non déterminée (*Il aime les œufs = yumurta sever*). D'un autre côté, si pour chaque substantif turc, il existe une forme au singulier et une forme au pluriel, cette alternance se manifeste très rarement en français oral: le pluriel des substantifs n'apparaît que dans quelques liaisons (sous la forme /z/: *des liens étroits*), dans certains mots en *-al* et dans quelques exceptions du type *œufs, bœufs* ou *yeux*.

2. Les différences entre les mécanismes qu'on souhaiterait comparer sont souvent multiples. Ainsi, on a vu que *ma maison* correspond au turc *evim*. Mais l'expression de la possession est souvent redondante en turc : dans bien des cas où le français spécifie seulement *ma maison*, le turc précise *benim evim*, en ajoutant le génitif du pronom 1re personne. Si même l'on considère seulement *ma maison* et *evim*, la différence entre ces deux expressions du possessif ne réside pas seulement dans la place qu'occupent *ma* ou *-im* par rapport au substantif; il faut noter tout d'abord que la position occupée par le possessif turc n'est pas toujours finale : les désinences casuelles suivent le morphème possessif (*evimin* = « de ma maison »; *evimde* = « dans ma maison »). Le possessif français, en outre, prend des formes différentes suivant le nombre, le genre et le phonème initial (voyelle ou consonne) du substantif : /mõ/ - /mõn/ - /ma/ - /me/ - /mez/; le possessif turc, de son côté, a la forme /m/ quand le mot se termine par une voyelle, les formes /im/, /œm/, /ym/ et /um/, quand il finit par une consonne, la distribution de ces quatre variantes étant fonction de la dernière voyelle. Par ailleurs, si aucun rapport formel ne peut être établi entre *mon* et *notre*, *ton* et *votre*, les équivalents turcs *-im* et *-imiz*, *-in* et *-iniz* permettent d'associer la première personne singulier à la première personne pluriel et de même pour les deuxièmes personnes. Autre différence encore : alors que *mon* ne s'apparente pas à *je*, marque en français de la personne verbale, la forme de l'adjectif possessif turc coïncide souvent avec la désinence personnelle attachée au verbe (dans *geliyorum*, « je viens », *-um* est le morphème référant à la première personne). Les linguistes le savent, des phénomènes de ce type sont monnaie courante : la comparaison du possessif en turc et en français ne constitue en aucune manière un exemple privilégié.

Si un décalage se manifeste dans la rapidité avec laquelle l'enfant francophone et l'enfant turcophone apprennent à exprimer la relation possessive, sur quelle balance va-t-on peser l'importance des différences qui séparent *ma maison* et *evim* ? La perspective proposée par Slobin, qui consiste à isoler les problèmes formels des questions sémantiques, qui vise à étudier les mécanismes formels toutes autres choses — sémantiques et cognitives — étant égales par ailleurs, parviendra-t-elle à analyser une variable formelle toutes autres choses — formelles aussi — étant égales ?

La multiplicité des variables — même si l'on s'en tient seulement au domaine formel — implique à tout le moins que la comparaison ne porte pas sur deux langues mais sur un nombre aussi élevé que possible : c'est sans doute la seule méthode dont on dispose pour neutraliser les variables parasites[39].

3. La méthode comparatiste suppose que l'on traite essentiellement des mécanismes dont le rythme d'acquisition diffère. Dans le cas des enfants bilingues, les décalages peuvent être attestés assez aisément, encore que la connaissance de deux ou plusieurs langues va généralement de pair avec la dominance d'une des langues sur l'autre (ou sur les autres). Si on compare à présent les performances d'enfants non bilingues, quel repère va-t-on utiliser comme indice de la plus ou moins grande rapidité avec laquelle l'enfant a accès à une formulation ? Le cas du pluriel anglais, acquis vers 2 ou 3 ans, opposé au pluriel arabe, non encore maîtrisé passé 10 ans, est un exemple très clair d'une fourchette chronologique significative. Mais comme on sait que les variations individuelles dans l'acquisition du langage sont considérables, quelle marge chronologique minimale pourra-t-on retenir dans des cas moins tranchés, comme indiquant une différence effective dans la façon dont les enfants traitent des mécanismes linguistiques mis en contraste ? Cette question, qui se pose d'ailleurs de manière générale en psychologie développementale, doit encore trouver sa réponse.

4. Si la mise en évidence d'un décalage dans le rythme d'acquisition de deux mécanismes linguistiques s'appuie sur un traitement statistique des données, et si celles-ci peuvent être interprétées comme signifiant que l'enfant applique une stratégie déterminée, on tiendra à l'esprit, ici comme ailleurs, qu'il existe souvent plusieurs itinéraires, parfois d'égale longueur, pour aller d'un point à un autre : l'interprétation court le risque de mettre l'accent sur une régularité qu'elle aurait elle-même créée, et de masquer ou d'ignorer la possibilité que les enfants adoptent des tactiques différentes dans leur mise en correspondance de la forme et du sens. Ceci ne constitue pas seulement une mise en garde théorique : Bloom et al. (1975), Fillmore et al. (1979), Greenfield et Smith (1976), Horgan (1978), Lieven (1978a, 1978b, 1980, sous presse), Nelson (1973), et Ramer (1976), signalent en effet que les enfants se caractérisent très rapidement par des styles différents dans la façon dont ils approchent le langage.

3. Vers une psycholinguistique dégagée de l'adulto-centrisme

Il n'entre pas dans le projet de ce livre de dresser un bilan complet des divers acquis récents de la psycholinguistique génétique[40]. Tout au plus pourra-t-on retenir quelques-unes des grandes lignes qui se dessinent au travers des multiples travaux consacrés à la genèse du langage. Beaucoup, rejoignant en cela la recherche des stratégies, illustrent l'écart qui sépare le langage tel qu'on peut le décrire chez l'adulte et le langage tel qu'il est produit ou interprété par l'enfant, en considérant le traitement des énoncés par l'enfant non en tant que conforme ou non conforme par rapport au traitement qu'en ferait l'adulte, mais en tant que susceptible d'une analyse autonome. Cette mise en perspective nous semble assez fondamentale pour que nous organisions la présentation de certaines des études[41] autour de quelques axes, qui devraient constituer autant de garde-fous contre l'adulto-centrisme auquel cède trop facilement l'interprétation des phénomènes observés chez l'enfant.

A. *La compréhension d'une phrase par l'enfant n'implique pas qu'il a acquis la structure sur laquelle est construite cette phrase.* C'est un point qu'a bien mis en évidence la recherche des stratégies locales (voir la section 2A). Ainsi, pour ne prendre qu'un exemple, si on soumet à un enfant une phrase telle que *Le chasseur est attaqué par le lion* et si le comportement manifeste de l'enfant (action, choix de dessin, manipulation, etc.) se trouve coïncider avec celui qu'aurait un adulte placé dans les mêmes conditions, cela n'autorise pas à déduire que l'enfant a acquis le passif: d'une part, des indices situationnels ont peut-être orienté son comportement; d'autre part, sa représentation de l'univers peut lui dicter que les lions sont plus agressifs envers les chasseurs que les chasseurs envers les lions; d'autre part encore, il n'est pas exclu que le décodage effectué par l'enfant s'appuie sur une analyse d'indices formels autres que ceux pris en considération par l'adulte.

Des données de cet ordre doivent amener à définir la compréhension chez l'enfant non seulement en tant que différente de la production, mais aussi en tant que procédant parfois sur base d'autres critères que ceux de l'adulte, ce qui est très clair dans le cas des variables situationnelles ou pragmatiques.

B. *L'apparition d'un mécanisme linguistique chez l'enfant n'implique pas qu'il attribue à ce mécanisme les mêmes fonctions que l'adulte.* Cette mise en garde se retrouve dans plusieurs travaux, portant sur des secteurs de la grammaire pourtant fort différents[42].

• *Les formes verbales* — Dans son étude de l'acquisition des moyens qui permettent au sujet de décrire une action en la situant dans le temps et en précisant les modalités, Bronckart (1976) met à la fois en évidence le caractère autonome du langage enfantin et le jeu complexe des variables qui conditionnent le comportement linguistique.

L'auteur réalise, au moyen de poupées, diverses actions que le sujet doit ensuite décrire. Pour les caractéristiques de l'action, il contrôle les paramètres suivants : durée, présence ou absence d'un résultat[43], caractère répétitif ou continu, espace parcouru, etc. ; il fait varier d'un autre côté le délai entre la fin de l'action et le début de la description. L'analyse des productions linguistiques tient compte de l'item lexical choisi comme verbe, du temps auquel ce verbe est employé, des compléments adverbiaux ou prépositionnels.

Avant trois ans et demi, les descriptions, très laconiques, ne recourent guère aux marques étudiées. On n'observe pas de tendance systématique qui permettrait de mettre en relation l'emploi de tel temps, par exemple, avec telle caractéristique de l'action ou des conditions de production. Il apparaît que jusqu'à cet âge, le verbe joue essentiellement un rôle de dénomination de l'action, sans plus.

De 3;6 ans à 6 ans, on constate un emploi massif du passé composé, lorsqu'on impose à l'enfant de commencer sa description 25 secondes après la fin de l'action. Il faut respecter un délai aussi long pour voir les marques morphologiques assurer une valeur temporelle. Avec des délais plus courts (de 0, de 2 ou de 7 secondes), les marques morphologiques se distribuent différemment suivant que l'enfant se concentre sur le déroulement de l'action ou sur son éventuel résultat (une même situation peut ainsi être décrite comme « Le chat pousse la bouteille » ou comme « Le chat renverse la bouteille »). La présence ou l'absence d'un résultat constitue donc une variable importante dans les actions représentées devant l'enfant, qui se montre beaucoup moins sensible aux autres variables[44]. La plus ou moins grande saillance du résultat influe sur le choix de l'item lexical (*pousser/renverser*, par exemple) et aussi sur le choix du temps : le présent et l'imparfait (rare chez les sujets) sont employés pour décrire le déroulement de l'action, le passé composé pour exprimer son résultat. On assiste donc, chez ce deuxième groupe d'enfants, à une répartition des marques morphologiques, non pas en fonction de leur valeur temporelle, mais en fonction de leur valeur aspectuelle[45] : le présent et l'imparfait pour l'inaccompli, le passé composé pour l'accompli. Il semble aussi qu'il y ait, chez ces sujets, une tendance à associer un lexème verbal donné à une marque déterminée de conjugaison.

Après 6 ans, les marques morphologiques véhiculent une information relative au temps: si le délai est nul ou de 2 secondes, le présent est majoritaire; s'il est de 7 secondes, les enfants produisent massivement des verbes au passé composé; le délai de 25 secondes amène à la production de formes au passé composé et à l'imparfait. Les caractéristiques de l'action ont une incidence moindre, mais néanmoins persistante, sur les flexions verbales; la traduction de certaines de ces caractéristiques est, beaucoup plus fréquemment qu'avant 6 ans, prise en charge par des lexèmes et des compléments: ainsi, pour la durée, si la rapidité de l'action est en relation avec le choix préférentiel du passé composé, on voit aussi apparaître des items tels que *galoper* ou *vite*; «... les enfants de moins de 6 ans semblent concentrer le maximum de signification dans le verbe et ses flexions, alors que les plus âgés distribuent plus volontiers les différentes marques au niveau de l'ensemble de la phrase» (p. 89). D'un autre côté, lexème et marque morphologique n'apparaissent plus comme étant dans une liaison quasi obligée.

Les données recueillies auprès de sujets âgés de 11 à 13 ans confirment cette évolution, mais la situation qu'on peut observer chez les adolescents ne s'aligne pas encore complètement sur celle que présente la production des adultes.

● *Les expressions spatiales* — On voit apparaître des expressions spatiales très rapidement dans le langage spontané de l'enfant; peu après 2 ans déjà, on observe des adverbes (*dedans, dessus*) et des prépositions (*dans, sur, derrière*, etc.). Bon nombre de comportements de l'enfant témoignent par ailleurs d'une compréhension précoce de phrases comportant ces expressions. L'interprétations de ces données ne doit cependant pas conclure à une maîtrise de ces formes par l'enfant; en effet, la production peut ne constituer qu'une reproduction sans analyse[46]; la compréhension, d'un autre côté, repose peut-être sur la prise en considération d'indices extérieurs à l'énoncé linguistique; enfin, tant en ce qui concerne la production que la compréhension, on gardera à l'esprit que les valeurs attribuées par les enfants à des segments linguistiques peuvent être différentes de celles observables chez l'adulte, sans que ces différences représentent toujours un obstacle à la communication.

Les travaux de Piérart (1975, 1976, 1977, 1978) sur l'acquisition des prépositions de lieu[47] illustrent clairement cette différence de fonctionnement chez l'enfant et chez l'adulte. A titre d'exemple, nous retiendrons ici l'étude relative à la production[48] de *devant* et de *derrière*.

Les notions convoyées par ces termes, de même que *dans*, impliquent la prise en considération de la position qu'occupent dans l'espace deux objets l'un par rapport à l'autre (*Le tabouret est dans la cuisine, devant le piano, derrière le frigo*); mais, à la différence de *dans*, ces termes mettent parfois en cause également la position du locuteur par rapport aux deux objets (le tabouret sera dit *devant le mur*, s'il se trouve entre le locuteur et le mur, et *derrière le mur* si le mur est situé entre le locuteur et le tabouret[49]). Dans le premier cas, le référent (l'objet par rapport auquel l'autre est situé: le piano ou le frigo, p. ex.) est pourvu d'un axe antéro-postérieur propre et l'emploi de *devant* ou de *derrière* est fonction de cet axe; dans le deuxième cas, le référent (le mur) ne possède pas cette orientation, et l'utilisation des prépositions repose alors sur un axe visuel construit par le sujet.

L'épreuve de production réalisée par Piérart invite les enfants à décrire une situation où figurent deux objets. Le choix des référents est effectué en sorte que soient contrôlées les variables opaque/transparent d'une part, axe propre/axe construit par le sujet d'autre part. Le premier critère permet d'opposer une armoire à une table basse ou un sapin à une bouteille, le deuxième une armoire à un sapin, par exemple. L'intérêt de la première variable s'explique si on fait l'hypothèse que les réponses de l'enfant reposent sur une interprétation de *devant* et de *derrière* comme signifiant «apparent» et «caché» respectivement.

Dans un premier temps, jusqu'à 8 ans environ, les enfants fournissent des réponses qui donnent effectivement du poids à cette hypothèse, du moins en ce qui concerne la liaison entre *derrière* et «caché»; mais comme ni *devant* ni *derrière* ne sont fréquemment produits dans des situations où le référent est transparent ou sans axe propre (les enfants utilisant en ce cas davantage *près de, à côté de*), on peut interpréter les faits comme indiquant que *derrière* est associé par l'enfant avec la notion «dos du référent». La valeur qu'il attribue aux deux prépositions se fonde donc seulement sur l'axe antéro-postérieur éventuel des objets référents.

Vers 8 ans, l'utilisation de *devant* et *derrière* rejoint à 75 % l'usage qu'en font les adultes, en ce sens que l'enfant ne prend plus seulement en considération les caractéristiques du référent, mais situe les deux objets par rapport à lui, s'appuyant ainsi sur un axe projectif.

On assiste à des ajustements progressifs, mais à 10 ans, des décalages subsistent encore par rapport à l'emploi adulte, dans les situations conflictuelles, où l'axe propre du référent ne correspond pas à celui du sujet.

• *Les déterminants du nom* — Dans des études très riches en implications psycholinguistiques, Karmiloff-Smith (1976, 1977a, 1977b, 1978, 1979) étudie la manière dont l'enfant acquiert ces «petits mots» qui accompagnent le substantif en français. Ici aussi est mise en lumière la diversité des variables qui peuvent affecter la compréhension ou la production de ces mots par l'enfant: on obtient des données différentes suivant que le déterminant se trouve dans une phrase isolée ou dans un contexte linguistique plus large, suivant la façon dont l'expérimentateur pose sa question, suivant le verbe utilisé, suivant le temps de ce verbe, suivant la façon dont l'enfant se représente la taille de la classe où figure l'élément nommé, suivant les connaissances qu'il attribue à son interlocuteur, suivant aussi la façon dont il maîtrise les autres déterminants, l'intégration de nouveaux déterminants ou l'évolution de leur statut dans le langage de l'enfant amenant généralement une redistribution des fonctions.

Cette diversité des variables rend très délicate toute présentation succincte des résultats recueillis par l'auteur et de l'interprétation qu'elle en fournit. On en retiendra seulement les conclusions les plus importantes, qui dépassent le cadre du secteur pris en considération.

Chez l'adulte, beaucoup de déterminants[50] véhiculent simultanément plusieurs informations; ainsi, l'article renseigne sur le genre (*un, le/une, la*), le nombre (*un, une l', le, la/des, les*), le caractère défini ou indéfini du référent (*l', le, la, les/un, une, des*), etc.[51]. Karmiloff-Smith montre que la plurifonctionalité ne s'installe que peu à peu dans le langage enfantin. Ainsi, au départ, les articles indiquent le nombre, mais la distribution des diverses formes repose sur un critère très élémentaire: *un, une, des*, servent essentiellement à introduire des dénominations (*C'est une limace*), cependant que *l', le, la, les*, sont utilisés dans les autres cas; l'enfant pourra ainsi dire que «*la* limace bouge», même s'il y a plusieurs limaces devant lui et si l'animal auquel il réfère n'a fait l'objet d'aucune mention antérieure. L'emploi anaphorique de *l', le, la, les* se manifeste seulement vers 5 ans.

En ce qui concerne le nombre, si *un* et *une* s'adjoignent assez tôt une valeur numérale («un seul»), la distinction entre *des* et *les* ne s'opère pas d'emblée: *les* signifie tantôt «plusieurs», tantôt «l'ensemble des». La répartition, entre *l', le, la, les* comme déterminants définis et *un, une, des* comme indéfinis, n'est en fait atteinte qu'aux alentours de 9 ans.

La lente mise en place de la plurifonctionalité et les interactions entre les diverses acquisitions sont illustrées aussi dans la recherche conduite sur *même* et *autre*. Un syntagme nominal comme *la même veste* renvoie, pour l'adulte, soit à une autre veste de la même catégorie (*Tu as acheté la même veste que moi*), soit à une seule et même veste (*Il porte la même veste que hier*).

Si on place devant des enfants de 3 à 4 ans des canards identiques en tous points, une poupée-garçon et une poupée-fille, et qu'on leur demande de représenter l'énoncé *Le garçon pousse le canard et la fille pousse le même canard*, 95 % des sujets agissent sur deux canards (faisant pousser l'un par le garçon et l'autre par la fille). Placés dans des situations où ils ont à leur disposition des canards ayant des caractéristiques différentes ou un seul canard, la plupart refusent d'effectuer la manipulation, « parce qu'il n'y a pas un autre canard comme celui-là », « parce que celui-là n'est pas le même », « parce qu'il n'y a pas le même, il y a seulement un bleu », etc. S'ils acceptent néanmoins de représenter l'énoncé, ils agissent plus volontiers sur un autre canard que le premier.

Plus âgés, entre 4 et 5 ans, les enfants manifestent moins de refus, mais beaucoup continuent d'opter pour la manipulation de deux objets, même lorsque ceux-ci ne partagent pas un ensemble identique de caractéristiques. Ce n'est que dans des situations conflictuelles (objets très différents ou un seul objet disponible) que plus de 50 % d'entre eux commencent à représenter l'énoncé en manipulant un seul canard pour les deux actions [52].

La situation commence à rejoindre celle de l'adulte chez les enfants de 5 à 6 ans, encore qu'on observe beaucoup d'hésitations, lorsque les sujets ont devant eux des canards identiques ou très semblables.

Ayant ainsi relevé la monovalence initiale des mots fonctionnels, Karmiloff-Smith note aussi, au moment où l'ambiguïté commence à s'installer, une tendance chez les enfants à sur-marquer les valeurs (« Le garçon pousse le canard et alors la fille *re*-pousse *aussi* le *même* canard *encore* »), parfois au détriment de la grammaticalité (« J'ai une de même de vache »).

Il reste à expliquer pourquoi les enfants choisissent préférentiellement l'interprétation « de la même sorte » au détriment de l'interprétation « le seul et même ». Pour l'auteur, la position de *même*, entre l'article et le substantif, à la place qu'occupe un certain nombre d'adjectifs, joue un rôle décisif: *même* serait interprété comme un adjectif, comme informant sur les attributs du référent. Cette interprétation apparaîtrait ensuite comme incompatible avec certaines données situationnelles. Par ailleurs, la maîtrise de *autre*, qui s'installe plus rapidement que celle de *même*, pourrait aussi amener à un réajustement des interprétations : à un moment donné, en effet, dans le système de l'enfant, un objet peut être à la fois appelé *même* et *autre*, suivant un critère identique; cependant, du même coup, ce développement de *autre* libérerait *même* pour une nouvelle valeur. Or, à ce stade, l'enfant a accès à la fonction anaphorique : il peut comprendre que certains mots peuvent référer au contexte linguistique.

Karmiloff-Smith met ainsi en évidence le rôle joué par le développement cognitif de l'enfant sans doute, mais aussi par les données linguistiques elles-mêmes, qui orientent les choix de l'enfant, et dont la maîtrise progressive repose sur des rééquilibrages constants par le jeu des interactions mutuelles des divers acquis.

C. *L'apparition d'un mécanisme chez l'enfant n'implique pas qu'il est à même de traiter ce mécanisme d'une façon aussi générale que le prévoient les grammaires de la langue adulte.* En d'autres termes, l'étiquette grammaticale qu'on attribue à certaines productions enfantines ne recouvre pas nécessairement le même ensemble de phénomènes que lorsqu'il est question de la langue adulte. Prenons le cas des relatives[53]. Celles-ci sont décrites par les linguistes comme des compléments propositionnels du nom, dont la forme varie, en français, suivant la fonction, à l'intérieur de la subordonnée, du SN qui réfère au nom complété (on a une relative en *qui* si le SN est sujet de la proposition, en *que* s'il s'agit d'un objet, etc.). Ces différences de forme ont attiré l'attention des psycholinguistes, qui ont noté le décalage temporel entre la production ou la compréhension des relatives en *qui* et le traitement des relatives en *que* ou en *dont*, ces dernières apparaissant très tardivement chez l'enfant.

La grammaire de l'adulte ne réserve pas un statut différent aux relatives suivant qu'elles sont attachées à un nom sujet ou objet (*Le chien qui aboie m'ennuie/Je maudis le chien qui aboie*) : cette distinction apparaît comme oiseuse, puisqu'elle n'est pas associée à une différence de forme.

Supposons cependant qu'un enfant produise un énoncé tel que *Je veux le chien qui aboie*. Etiqueter la séquence *qui aboie* comme une relative, ou même comme une relative en *qui*, c'est négliger de nouveau la possibilité que le langage de l'enfant ne se décrive pas dans les mêmes termes que celui de l'adulte: Slobin et Welsh (1973), notamment, montrent que l'enfant développe plus facilement des relatives à la fin qu'à l'intérieur de la phrase; les relatives associées à l'objet sont dès lors produites plus précocement que celles attachées au sujet (voir aussi Kail, sous presse).

De ce point-ci et du précédent, on peut conclure que les distinctions pratiquées par l'enfant et par l'adulte ne coïncident pas: certaines, en vigueur chez l'adulte, ne se retrouvent pas chez l'enfant; d'autres existent dans le langage enfantin, mais non dans la langue adulte; d'autres encore présentent des similitudes, mais doivent néanmoins être décrites en des termes différents.

D. *Les modèles psycholinguistiques doivent éviter de s'aligner trop étroitement sur les modèles linguistiques conçus pour rendre compte de la langue adulte.* La tentation de convertir une théorie linguistique en une théorie de la genèse du langage se révèle particulièrement aiguë, lorsque la première traite du langage en y distinguant des niveaux, en prévoyant des étapes successives (dans la dérivation des phrases, par exemple), ou lorsqu'elle analyse des phénomènes complexes en termes d'addition d'éléments minimaux. On peut en effet être séduit par l'hypothèse que la démarche de l'enfant rejoindrait celle de la grammaire: les stades de l'acquisition seraient ceux que prévoit le linguiste dans la description de la langue adulte.

La théorie de Jakobson sur l'acquisition du système phonologique (voir le chapitre IV), celle des transformationalistes (voir la section 1 de ce chapitre) se sont montrées sensibles à cette séduction, mais leur contribution à la psycholinguistique génétique ne peut être envisagée comme très positive au total. Battues en brèche par des arguments d'ordre interne ou externe (soit que des données contredisent l'hypothèse, soit que les faits dont l'hypothèse rend compte s'interprètent aussi bien en dehors de cette hypothèse), ces théories sont considérées par la plupart des psycholinguistes actuels comme appartenant au passé de la discipline.

Plus récemment, E. Clark (1971, 1972, 1973a, 1973b) a cru pouvoir proposer une théorie (dite des traits sémantiques — « Feature semantic hypothesis »: FSH) qui devait éclairer la façon dont l'enfant accède à la signification des mots, et dont le principe se fondait sur l'analyse linguistique en traits sémantiques ou sèmes. Si nous parlons de la FSH au passé, c'est que, on l'aura compris, même si elle est plus récente que les travaux de Jakobson ou les études transformationalistes, la théorie de Clark n'est actuellement déjà plus crédible. Nous n'en donnerons dès lors qu'un aperçu succinct [54].

Quelques précisions d'abord, pour concrétiser certaines notions. L'analyse linguistique de la signification des mots dégage des éléments sémantiques minimaux appelés traits ou sèmes. Ainsi, *grand, petit, haut, bas*, ont en commun de référer à la dimension des objets; si les deux premiers s'emploient indifféremment pour toute dimension, les deux autres renvoient à un axe vertical; le premier mot de chacune des paires est positif (ou non marqué [55]), le deuxième négatif (ou marqué). La signification de ces unités peut être ainsi représentée:

«grand»	= [+ dimension]	[− marqué]		
«petit»	= [+ dimension]	[+ marqué]		
«haut»	= [+ dimension]	[+ vertical]	[− marqué]	
«bas»	= [+ dimension]	[+ vertical]	[+ marqué]	

La théorie de Clark pour l'acquisition du langage s'articule selon les points suivants:
1. L'enfant construit la signification des mots progressivement, en additionnant les sèmes les uns aux autres.
2. Il existe une ordonnance hiérarchique des traits, liée à leur saillance perceptive.
3. L'enfant acquiert d'abord les traits les plus généraux et intègre pour finir les plus spécifiques.

Dans le cadre de ces hypothèses, Clark formule un certain nombre de prédictions concrètes:

- si la valeur qu'assigne l'enfant aux mots diffère de celle qu'on retrouve chez l'adulte, c'est que l'un ou l'autre trait ne figure pas encore dans son répertoire lexical; Clark rend ainsi compte notamment des phénomènes de surextension sémantique observables dans les premiers temps de l'acquisition; si un enfant utilise le mot /kɔla/ à la fois pour désigner du chocolat, des biscuits, du sucre, des fruits, etc., c'est qu'il a isolé certains sèmes seulement de ces signifiés, mais n'a pas encore accès aux autres;

- le rythme d'acquisition des termes relationnels tels que *grand/petit* ou *haut/bas* sera fonction du nombre de traits qu'ils comportent: la première paire devrait être maîtrisée avant la seconde puisque ne possédant pas le sème [vertical];

- le trait [marqué] étant situé au bas de la hiérarchie, il devrait être acquis après les autres traits; lorsqu'un enfant aurait accès à un axe dimensionnel, il devrait commencer par employer indifféremment les deux mots relatifs aux pôles positif et négatif de l'axe, ou employer le terme marqué dans le même sens que le terme non marqué, autrement dit, privilégier le mot positif et sa valeur.

Certaines des données recueillies par Clark et par des chercheurs dans son sillage étayent effectivement ces hypothèses. On peut cependant mettre parfois en cause la façon dont elles ont été recueillies, la procédure expérimentale introduisant peut-être un biais dans les résultats : ainsi, quand un enfant dispose d'un tunnel et d'un objet et qu'on l'invite à « mettre cet objet [X] le tunnel » (X étant une préposition), il n'est pas très étonnant, avec de jeunes enfants, de retrouver l'objet à l'intérieur du tunnel, quelle que soit la préposition utilisée.

De même, la situation, plus que les connaissances linguistiques, est peut-être à la source de certains comportements de l'enfant. Quand Palermo (1973, 1974) propose un verre d'eau et une cruche à des enfants de 3 ans et qu'il leur demande de faire en sorte qu'il y ait *moins* à boire dans le verre, les enfants saisissent la cruche et versent un peu plus d'eau dans le verre; ils adoptent cependant aussi ce même comportement quand Carey (1977b) substitue dans sa consigne le logatome *tiv* aux mots *moins* ou *plus*. Les données linguistiques ne semblent donc pas seules en cause.

L'interprétation des données comporte par ailleurs certaines failles. Par exemple, lorsque Klatsky et al. (1973) font mémoriser par des enfants des logatomes correspondant aux paires d'antonymes *long/short, big/small, high/low, thick/thin*, et qu'ils constatent de meilleures performances pour les termes positifs, cela ne signifie pas encore que l'enfant, dans l'apprentissage de sa langue maternelle, acquiert d'abord les termes non marqués.

Mais d'autres critiques, plus profondes, amènent encore à reviser fondamentalement la théorie des traits sémantiques. Ainsi, pour les surextensions, la FSH ne retient que les similitudes perceptives des objets désignés par un même signifiant, mais non leur valeur affective ou fonctionnelle.

Les hypothèses relatives à l'ordre d'émergence des termes relationnels évacuent par ailleurs la possibilité que cet ordre soit dicté par la fréquence relative avec laquelle ces mots sont employés par l'adulte. Faire du nombre de traits que comporte un mot une fonction de la précocité de son apparition, c'est en outre traiter le problème en des termes linguistiques, qui dissimulent une différence de complexité psychologique. Ainsi, quand on observe une maîtrise plus rapide de *grand/petit* par rapport à *haut/bas*, et qu'on interprète les données en faisant valoir que la deuxième paire comporte un trait supplémentaire, on néglige le fait que pour accéder à la notion de hauteur, l'enfant doit isoler une dimension d'un ensemble, abstraire, de l'impression globale qu'il a d'un objet, une seule de ses caractéristiques, fût-elle en hiatus avec l'impression globale.

La prédiction concernant la plus grande précocité des termes non marqués a, de son côté, été infirmée par un nombre suffisant de travaux pour qu'on puisse la considérer comme n'ayant plus aucune pertinence: non seulement on ne retrouve pas l'ordre prévu par Clark dans l'acquisition des termes (Barrett, 1978; Bartlett, 1976; Eilers et al., 1974; Kuczaj et Maratsos, 1975, etc.), mais alors que l'hypothèse prévoit une confusion des termes positif et négatif sur un même axe, les données montrent de plus fréquentes confusions entre termes de même pôle sur des axes différents: *court* est assimilé moins souvent à *long* qu'à *petit, étroit* ou *mince* (Carey, 1977a; Brewer et Stone, 1975).

Il apparaît donc très clairement que la manière dont l'enfant construit son vocabulaire ne s'aligne pas sur la seule description linguistique des mots: outre la complexité sémantique-cognitive des termes, il importe aussi de prendre en considération les stratégies non linguistiques de l'enfant, ainsi que la sélection opérée par l'adulte dans l'ensemble de son répertoire lorsqu'il s'adresse à l'enfant. C'est d'ailleurs bien en tenant compte de ces autres variables que Clark elle-même (1973b, 1979) a ultérieurement infléchi ses travaux [56].

Il n'entrait pas dans notre objectif de présenter l'éventail complet des diverses orientations de la recherche en psycholinguistique développementale, mais seulement d'en illustrer les axes principaux. Bien que ce chapitre se soit limité aux travaux portant sur le français et aux hypothèses générales sur la façon dont l'enfant acquiert sa langue, il ne prétend nullement passer pour un bilan des connaissances actuelles. Nous avons dû laisser dans l'ombre — non sans quelque arbitraire parfois — beaucoup d'études qui contribuent pourtant à l'avancement de la discipline. Par ailleurs, certains thèmes de la recherche n'ont pas été abordés; un projet plus ambitieux que le nôtre devrait en ce sens examiner en outre des questions telles que les suivantes: comment l'enfant traite-t-il les présuppositions, ces informations contenues implicitement dans les messages (cfr par exemple Bacharaz et Luszez, 1979; Dore, 1976, 1977b, 1979a; Garvey, 1975, 1977, 1979; Kail, 1978, 1980; Oléron, 1981; Oléron et Legros, 1977;

Wing et Kofsky-Scholnick, 1981)? comment s'effectue son apprentissage des déictiques, c'est-à-dire de ces mots qui comme *je, tu, ceci, ici, maintenant*, ne se chargent de sens que par rapport à une situation précise d'énonciation (pour le français, voir Léveillé et Suppes, 1976; Sabeau-Jouannet, 1973; Streri, 1980)? comment devient-il peu à peu capable d'exercer une activité métalinguistique, de considérer le langage comme un objet de jeu ou de réflexion (on verra notamment Berthoud-Papandropoulou, 1976; Brédart et Rondal, 1982; Hakes, 1980; A. Sinclair, 1980; A. Sinclair et al., 1978), etc.?

Entreprendre par ailleurs une synthèse des divers travaux relèverait de la gageure. On aimerait cependant, en guise de conclusion, attirer l'attention sur une certaine constante qui se dégage de ces multiples études: c'est la relative lenteur du processus qui amène l'enfant à la *maîtrise* du système linguistique.

Il n'y a guère, on avait tendance à considérer que l'essentiel du langage était en place vers 5 ou 6 ans, et l'on concevait le reste de l'apprentissage comme consacré seulement à l'élimination de quelques scories, à l'ajustement de l'un ou de l'autre point de détail et surtout à l'accroissement du vocabulaire. Les transformationalistes ont même fait du rythme, ainsi défini, de l'acquisition du langage, un argument en faveur de l'existence d'une composante innée sous-tendant le développement linguistique (voir le chapitre I); cette extraordinaire rapidité aurait en effet exclu, selon eux, une acquisition par apprentissage.

Sans doute peut-on s'émerveiller devant la rapidité avec laquelle l'enfant établit une communication de type linguistique avec son entourage; sans doute ses progrès, dûment appréciés par ses proches, sont-ils de nature à susciter au moins l'étonnement; sans doute montre-t-il dans l'acquisition de sa langue des aptitudes qu'envient par exemple des adultes confrontés à l'apprentissage d'une langue seconde: tout ceci demeure sans conteste. Il importe de ne pas négliger pour autant ce que soulignent bon nombre des travaux que nous avons passés en revue: l'enfant s'appuie bien souvent sur les indices situationnels, sur ce que lui suggère sa connaissance de l'univers, sur ses attentes quant à ce que ses partenaires veulent exprimer, etc. Lorsque les situations expérimentales le privent des informations de ce type, sa compétence linguistique se révèle beaucoup moins assurée qu'il ne peut paraître dans l'exercice effectif de la communication. Ainsi, rappelons-le, l'utilisation des articles suivant le critère défini/indéfini apparaît seulement vers 9 ans (Karmiloff-Smith, 1979);

si on examine la compréhension des phrases renversables, on constate que les passives ne sont pas comprises avant 9;6 ans; qu'à cet âge, un enfant sur cinq n'interprète pas adéquatement les relatives en *que* sans inversion; qu'à 10;6 ans, les relatives en *que* avec inversion continuent de poser des problèmes (Segui et Léveillé, 1977), et l'on pourrait multiplier les exemples de ce type.

Ceci comporte des implications de deux ordres. En premier lieu, d'un point de vue général, les données qui attestent le caractère tardif de bien des acquisitions amènent à réviser la conception d'un apprentissage linguistique pratiquement achevé vers 5 ou 6 ans pour la syntaxe et la morphologie. Si les connaissances de l'enfant assurent dès cet âge un fonctionnement efficace de la communication linguistique, on ne peut en déduire que ces connaissances sont nécessairement de nature linguistique au sens strict; il est possible qu'elles concernent davantage la situation d'énonciation, par exemple. Or, puisque, comme on l'a vu dans le chapitre I, on définit la compétence linguistique d'un sujet notamment par ce qui lui permet d'encoder ou de décoder des messages en dehors de leur contexte d'énonciation, on est conduit à postposer sensiblement, pour de nombreux mécanismes, la mise en place de cette compétence linguistique.

L'autre implication est d'ordre pédagogique. Les fonctions de l'école dans l'élaboration des conduites verbales sont multiples et nous n'entreprendrons pas ici de retracer les diverses liaisons qu'entretiennent scolarité et langage[57]; nous en relèverons seulement quelques-unes, en rapport avec les lignes qui précèdent. L'école primaire accueille des enfants capables de participer à une communication de nature linguistique: ils sont à même de s'exprimer et d'interpréter les messages qu'on leur adresse; ce n'est pas l'école qui leur enseigne leur langage[58]; mais c'est bien à l'école qu'ils apprennent à lire et à écrire ce qu'ils savent comprendre et dire. D'un autre côté, les pratiques scolaires, parce qu'elles isolent volontiers des messages en dehors de leur contexte, consolident peut-être l'installation de la compétence linguistique, si, encore une fois, on définit celle-ci comme ce qui sous-tend le traitement des énoncés en dehors de toute situation de communication. L'école sollicite en outre de l'élève qu'il applique des démarches d'ordre métalinguistique: une bonne partie du cours de langue maternelle consiste à analyser des énoncés, à étiqueter des unités, à faire apparaître les règles de la langue. C'est sur cette dernière fonction de l'école en matière de langage que nous souhaiterions arrêter un moment l'attention. Il nous semble que l'activité métalinguistique ne peut être efficace que si elle porte sur des mécanismes dont la maîtrise linguistique est assurée; par exemple, tant qu'un enfant interprète *le cheval que regarde la vache* comme équivalant à *le cheval qui regarde la vache*, il nous paraît vain, sinon pernicieux, de l'interroger sur le sujet du verbe *regarder*. Dans ce cadre particulier des activités métalinguistiques, mais aussi de façon tout à fait générale, il nous semble impératif que l'établissement des programmes scolaires et l'élaboration des manuels, par exemple, tiennent un compte précis du niveau linguistique dont l'enfant peut effectivement être crédité, et ne tablent pas seulement sur les capacités qu'il manifeste dans la communication.

CHAPITRE V - NOTES

[1] La littérature anglo-saxonne parle à ce sujet de MLU (mean length of utterances). Brown (1973, p. 74 et 71 sq.) précise les critères qu'il a adoptés pour calculer cet indice; il décrit aussi diverses études qui l'ont utilisé et en ont délimité la portée. Voir aussi Bloom et Lahey (1968, p. 40 sq.), Corrigan (1978), Shriner (1969).

[2] Nous l'avons déjà dit, le modèle transformationaliste, en matière de psycholinguistique, appartient largement au passé. Nous n'en retiendrons dès lors que les grands axes, et nous renverrons à Bronckart (1977a), Campbell et Wales (1970), E. Ingram (1971), Lyons (1970), et Richelle (1971) pour une présentation et une critique plus approfondies.

Bien entendu, il reste possible que ce cadre se précise à nouveau ou se redéfinisse de façon à permettre d'autres développements. Certains textes récents donnent peut-être matière à d'autres hypothèses psycholinguistiques que celles qui ont été explorées jusqu'ici (Chomsky, 1981a, 1981b; Chomsky et Walker, 1978; Tavakolian, 1981; Wexler et Culivocer, 1980).

[3] Ces structures profondes sont aussi appelées structures de base.

[4] On utilisera dans ce chapitre les abréviations suivantes:
N: nom
P: phrase
PRO: pronom
PREP: préposition
QU: marqueur interrogatif
SN: syntagme nominal
SPREP: syntagme prépositionnel
SV: syntagme verbal
V: verbe

⁵ Ainsi fait-il valoir que certains principes qui gouvernent l'application des transformations sont trop complexes pour que les sujets puissent les déceler et les apprendre, ce qui le conduit à penser que de tels principes sont innés. Ou bien il postule que l'apprentissage du langage par l'enfant n'est possible que si celui-ci dispose d'un stock d'informations préétablies sur ce que peut être la grammaire des langues humaines (1975, 1979). A un niveau plus général, Chomsky estime que c'est la théorie linguistique qui assurera la mise en évidence des informations dont dispose l'enfant dès sa naissance. Voir le chapitre I et la note 2 supra.

⁶ Nous n'envisagerons ici que ce qui a trait à la psycholinguistique de l'enfant.

⁷ Ceci n'a évidemment pas pour corollaire que tout ce qui est universel doit être envisagé comme inné (voir chapitre I).

⁸ On peut faire, s'agissant des exemples anglais, des observations analogues. Voir de Villiers et de Villiers (1978).

⁹ Ainsi, *La charrette est-elle tirée par le cheval?* est définie comme plus complexe que *La charrette est tirée par le cheval* parce qu'elle fait intervenir une transformation supplémentaire: «Question».

¹⁰ Il y aurait un certain nombre de commentaires à formuler à propos de l'information linguistique qu'utilisent les psycholinguistes. Ainsi, le modèle que Chomsky présente en 1957 prévoit effectivement que la négation est introduite par transformation; mais dès 1965, Chomsky intègre la négation dans la structure profonde, ce qui n'empêche pas les psycholinguistes de parler en 1970 et plus tard encore, de la transformation de négation. Il en va de même pour les phrases subordonnées, introduites par transformation dans le modèle de 1957, présentes dès la base dans le modèle de 1965. On pourrait multiplier les exemples, mais ceci est un autre débat.

¹¹ Cette transformation est celle qui forme les phrases anglaises tronquées du type (*Yes,*) *she did* ou *Did she?*

¹² On observe cependant quelques résurgences sporadiques, plus ou moins proches des modèles initiaux. Ainsi, Erreich et al. (1980) proposent une théorie de l'acquisition de la syntaxe suivant laquelle l'enfant construit une grammaire transformationnelle, élabore certaines hypothèses (sous forme de règles de transformation) sur les régularités qu'il observe dans le langage, et confronte ces hypothèses aux données. L'examen des énoncés déviants par rapport à la langue adulte devrait indiquer sur la base de quelles hypothèses l'enfant opère et permettrait de définir la part de l'acquis et de l'inné.

¹³ Pour une critique portant sur le choix du terme *stratégie*, voir Oléron (1979, p. 161 sq.).

¹⁴ Piaget, peu suspect pourtant d'adulto-centrisme, pourrait avoir interprété certaines réponses *linguistiques* de l'enfant en se fondant sur leur valeur dans la langue adulte; c'est ce qu'indique Karmiloff-Smith (1977a) à propos des mots *même* et *autre*, associés au concept d'identité, central dans la théorie de Piaget. Il sera question de cette étude de *même* et *autre* dans la section 3.

¹⁵ Si on excepte le cas des phrases où le deuxième SN est complément circonstanciel: *Le coiffeur lit la nuit.*

¹⁶ Nous envisageons ici le découpage tel qu'il est effectué par l'adulte «à tête reposée». Des contraintes particulières, comme celles que tentent de reproduire les situations expérimentales, peuvent bien sûr affecter ce traitement. Voir, par exemple, Costermans (1980).

¹⁷ Dans certains cas, d'autres indices formels interviennent: par ex., le verbe peut comporter une marque qui doit contribuer à renforcer l'interprétation fondée sur la

position: *Ce professeur aimera les étudiants*; si le SN est un pronom, sa forme peut aussi être porteuse d'information: *Tu ne regardes que lui* vs *Il ne regarde que toi*.

[18] Une phrase telle que *Le coiffeur envie le boucher* est dite renversable (ou réversible) parce que la permutation des deux SN ne provoque pas d'absurdité sémantique: *Le boucher envie le coiffeur*. En revanche, *Le coiffeur prend la bouteille* sera considérée comme non renversable, la phrase *La bouteille prend le coiffeur* étant sémantiquement ou pragmatiquement incohérente. Vion (1978b) propose une catégorisation plus fine de ce type de phènomène: elle distingue les phrases communes (*Le lion mange le canard*), improbables (*L'éléphant va sur la télévision*), paradoxales (*Le canard mange le lion*) et extraordinaire (*La boîte ouvre le garçon*).

[19] Nous reprenons le matériel linguistique tel qu'il est proposé par les auteurs. On peut s'interroger cependant sur le caractère non renversable de l'exemple.

[20] Le matériel linguistique proposé par Segui et Léveillé ne comporte pas de phrases anti-pragmatiques telles que *La boîte ouvre le garçon* ou *Le garçon est ouvert par la boîte*. Sinclair et Bronckart (1972), de leur côté, ont soumis aux enfants des triplets de mots, deux substantifs et un verbe, dans des ordres variables (NNV, NVN, VNN), en contrôlant le caractère animé ou non animé des substantifs. Dans les séquences non symétriques telle que *Boîte ouvrir garçon*, ou *Garçon ouvrir boîte*, les enfants les plus jeunes miment l'action en attribuant le rôle d'agent au garçon dans les deux cas.

[21] Cette caractérisation des actants en termes d'animés ou de non animés ne s'inscrit-elle pas dans une perspective adulto-centrique? L'absence d'étonnement chez les enfants devant les dessins animés où les fleurs parlent ou dansent est significative à cet égard.

[22] Il s'agit d'enfants ayant entre 4;11 et 5;8 ans.

[23] Voir aussi Oléron (1981), Oléron et Legros (1976).

[24] Des phénomènes semblables peuvent être observés dans les phrases clivées: *C'est le coiffeur qui envie le boucher*, *C'est le boucher que le coiffeur envie*, *C'est le boucher qu'envie le coiffeur*. Voir Jakubowicz (1971).

[25] Dans ce cas aussi, des indices supplémentaires peuvent orienter l'interprétation: marques de nombre (*Les bouchers que saluera le coiffeur*), forme du pronom sujet de la relative (*Le boucher que tu salues*).

[26] Le matériel linguistique de ces auteurs comporte des phrases telles que:
- Montre-moi la voiture verte qui pousse la voiture rouge.
- Montre-moi le cheval blanc qui renverse la barrière jaune.
- Montre-moi la voiture blanche que la voiture rouge pousse.
- Montre-moi la barrière jaune que le cheval blanc renverse.
- Montre-moi la voiture verte que pousse la voiture blanche.
- Montre-moi la barrière jaune que renverse le cheval blanc.
Pour les relatives en français, on consultera également Amy et Vion (1976) et Kail (1975a, 1975b). Notons aussi que le problème se pose en des termes différents suivant que la relative est associée au sujet ou à l'objet de la principale; pour une synthèse, voir Kail (sous presse).

[27] « Si la distinction du sémantique et du pragmatique est claire à formuler sur le plan des idées, elle est empiriquement difficile à établir dans les réponses du sujet » (Noizet, 1977, p. 6).

[28] Ils relèvent en revanche plus rapidement que le pronom peut également référer au premier ou au second SN. Voir Brédart et Rondal (1982).

[29] Ainsi, l'ambiguïté du pronom est levée dans les phrases suivantes:
- Le boucher regarde la coiffeuse quand il (elle) prend son déjeuner.

- Le boucher regarde les enfants quand il (ils) prend (prennent) son (leur) déjeûner.
Le choix du verbe dans la première phrase détermine aussi fortement la façon dont l'énoncé est compris (Voir Garvey et al., 1974; Caramazza et al., 1977; Kail, 1979; Oléron, 1981; Parot et Kail, 1980). Comparez:
- Marie gronde Jeanne parce qu'elle conduit trop vite.
- Marie effraie Jeanne parce qu'elle conduit trop vite.

[30] On n'observe pas de résultats aussi tranchés dans les épreuves où le pronom est l'objet de la deuxième phrase: *Le chien pousse la souris grise et le garçon rouge la tape* (Kail, 1976).

[31] C'est une distinction que fait aussi Bridges (1980).

[32] Ainsi, on peut supposer que l'enfant accorderait précisément un statut autre que celui d'agent à tout SN précédé d'une préposition. Ceci rendrait compte des données recueillies pour les compléments de lieu, mais aussi de la résistance qu'opposent les passives à la compréhension. Pour confirmer cette hypothèse, pour se rapprocher d'une autre stratégie générale, il faudrait envisager la façon dont les enfants interprètent les divers SPREP.

[33] A preuve de cette inconsistance de *par*, la possibilité de le remplacer parfois par *de*: *Elle est entourée de ses proches, aimée de ses enfants...*

[34] Le texte de 1973 jette les bases du cadre que propose Slobin; des études plus systématiques sont présentées dans les textes ultérieurs. Ammon et Slobin (1979) examinent les expressions causatives telles que *Le cheval fait courir le chameau*; Johnston et Slobin (1979) les expressions locatives; Slobin (1981b) se consacre aux relations agent-action, action-patient. Slobin et Aksu (1982) proposent, au départ de données turques essentiellement, d'autres perspectives encore.

[35] Ces stratégies d'apprentissage auraient leur pendant dans les lois qui régissent l'évolution diachronique des langues et la formation des langues créoles (Slobin, 1977).

[36] Dans les langues à déclinaison, comme le latin ou le russe, les mots ont une forme particulière suivant leur fonction dans la phrase; ils s'adjoignent souvent un morphème (ou désinence) dit casuel: on parle de nominatif pour le cas sujet, de génitif pour le complément du nom, d'accusatif pour le complément direct, de datif pour le complément d'attribution, de locatif pour le complément de lieu, d'instrumental pour le complément indiquant l'instrument à l'aide duquel s'accomplit l'action, etc.

[37] Slobin relève aussi qu'en français, la négation *ne... pas* est d'abord réalisée sous la seule forme *pas*. Il s'appuie sur les données fournies par Grégoire (1937). Il est vrai qu'au début du siècle, la région liégeoise connaissait très peu la suppression du *ne*. Les faits actuels devraient cependant trouver une autre description: *Tu peux pas* coexiste en effet, dans la langue de l'adulte, avec *Tu ne peux pas*, l'apparition d'une forme plutôt que de l'autre étant fonction du niveau de langue qu'utilise le locuteur.

[38] Nous prenons ici quelque liberté avec le texte de Slobin, qui distingue deux stratégies: « Les relations sémantiques sous-jacentes devraient être marquées de façon apparente et claire» et « L'utilisation de marques grammaticales doit avoir un sens sémantique» (1973) (C'est nous qui traduisons).

[39] Il semble bien d'ailleurs que ce soit la voie qu'empruntent Slobin et ses collaborateurs: les travaux récents comparent des données en anglais, en italien, en serbocroate et en turc. Voir Ammon et Slobin (1979), Johnston et Slobin (1979).

[40] Pour des informations complémentaires sur le développement linguistique chez l'enfant francophone, on se reférera à Clark (1982), François et al. (1977), Méresse-Polaert (1969), Oléron (1976, 1979) et Rondal (1978a).

⁴¹ Nous restreindrons notre exposé en retenant essentiellement les travaux portant sur l'acquisition du français.

⁴² On trouve aussi cette mise en garde, par exemple, dans les études sur les énoncés hypothétiques, que nous ne pouvons aborder, faute de place. Voir Berthoud et Sinclair (1978), Champaud et Jakubowicz (1978-1979), Jakubowicz (1978, sous presse).

⁴³ Lorsqu'un chat renverse une bouteille ou lorsqu'on oiseau vole pour aboutir sur le toit d'une maison, on parlera d'action résultative par opposition à des actions où on présenterait une toupie tournant sur place ou un canard nageant en rond sur un lac.

⁴⁴ La durée et l'espace parcouru ne sont ainsi pris en considération que lorsqu'ils constituent un obstacle à l'aboutissement de l'action.

⁴⁵ Le système verbal français s'appuie sur des distinctions temporelles (passé antérieur - passé - passé proche - présent - futur immédiat - futur; futur antérieur - futur) mais aussi aspectuelles : ainsi l'imparfait traduit souvent, parmi différentes valeurs, le passé inaccompli, alors que le passé composé est utilisé pour décrire un événement antérieur achevé. Comparez *Il criait quand je suis entré* (on ne sait pas si le cri a pris fin) et *Il a crié quand je suis entré* (le cri est terminé à présent).

⁴⁶ Ainsi quand un enfant produit la séquence /dãltru/ « dans le trou », rien n'indique parfois qu'il met les phonèmes /dã/ en relation avec la notion d'intériorité et /ltru/ en relation avec le concept de trou. /dãltru/ pourrait n'être qu'un signifiant global correspondant à un signifié global également.

⁴⁷ L'acquisition des prépositions et adverbes de lieu a été étudiée également pour le français, par Lurçat (1976), Le Rouzo (1977), Sabeau-Jouannet (1977).

⁴⁸ L'étude de Piérart (1977) dont nous présentons ici les grandes lignes analyse les données de la production et celle de la compréhension.

⁴⁹ Les emplois peuvent différer aussi suivant que l'auditeur occupe ou non la même position que le locuteur par rapport au référent.

⁵⁰ Bresson et al. (1970), Bresson (1974), Richelle et al. (in Richelle, 1971) traitent également de l'article en français. Pour l'anglais, on peut aussi consulter Maratsos (1976) et Warden (1976).

⁵¹ Il faut mentionner aussi la distinction entre générique et non générique (*Le livre, instrument de culture... vs Le livre est déchiré/Ce livre est déchiré*), le caractère parfois anaphorique de *l'*, *le*, *la*, *les*, c'est-à-dire son utilisation devant un terme précédemment mentionné dans le contexte (*J'ai vu un oiseau et un chat : le chat guettait l'oiseau*).

⁵² Cette interprétation de l'enfant se trouverait renforcée par la présence, dans le langage adulte, d'autres moyens linguistiques pour désigner « le seul et même » : *aussi* ou la pronominalisation, par exemple : *Le garçon pousse le canard et la fille aussi. Le garçon caresse la vache et la fille la chasse.*

⁵³ On trouvera des références d'études consacrées aux relatives dans la section 2A.

⁵⁴ Le lecteur qui souhaiterait plus de détails, sur la théorie elle-même et sur les données qui l'invalident, pourra se référer à Oléron (1979, p. 118 sq.). La position actuelle de Clark est beaucoup plus nuancée (1979).

⁵⁵ De deux unités d'une opposition, l'une est dite non marquée si elle a une extension plus grande que l'autre. Ainsi, on parlera de la *longueur* d'un objet, sans impliquer qu'il est long ou court; on dira aussi que tel objet est *long* de 2 cm (et non *court de 2 cm*); des phénomènes semblables se produisent dans les comparatifs.

⁵⁶ Clark (1973b) envisage l'existence de stratégies non linguistiques dans le traitement des phrases :

1. Si l'énoncé met en relation deux objets dont l'un peut contenir l'autre, mettre le non-récipient dans le récipient.
2. Si l'énoncé met en relation deux objets dont l'un peut être posé sur l'autre, mettre le premier sur le second.

Clark (1979) propose une troisième stratégie :
3. Si l'énoncé situe deux objets dans une relation spatiale, ces deux objets se touchent.

[57] Pour une synthèse documentée, voir Rondal (1978a). Nous envisageons encore la fonction de l'école dans le chapitre VII, consacré au rôle de l'entourage.

[58] On ne prend pas ici en considération le cas des régions qui recourent à des langues locales et où l'école a pour fonction d'enseigner la langue nationale.

Chapitre VI
Apprentissage de la communication

Le langage n'est pas seulement un moyen d'encoder les significations; il est aussi un des instruments qui permettent la communication entre les individus; par son intermédiaire, on agit sur autrui, et on est soumis à l'action d'autrui. On parle à l'autre pour l'informer, pour obtenir de lui des informations, pour influencer son comportement et ses opinions, pour le convaincre, pour le blâmer ou le féliciter, etc. Le langage ne relie pas seulement un contenu et une forme, il installe aussi une relation entre deux ou plusieurs individus, qui, tour à tour, se font locuteurs et auditeurs, au sein de cet échange très structuré qu'est le dialogue.

La question des fonctions du langage n'est assurément pas neuve. Sans vouloir en retracer ici le développement, on signalera qu'elle a intéressé tant les linguistes que les psychologues. En linguistique, la classification la plus généralement retenue est celle de Jakobson (1956), qui proposa de distinguer les six fonctions suivantes :
- la fonction expressive : le locuteur est centré sur ses besoins et ses émotions;
- la fonction référentielle : le locuteur décrit son environnement;
- la fonction conative : on tente d'agir sur autrui par le langage;
- la fonction phatique : le langage sert à assurer que la communication reste maintenue;
- la fonction poétique : la destination du langage est ludique ou artistique;
- la fonction métalinguistique : le langage devient objet d'analyse.

Du côté des psychologues, on se souviendra par ailleurs que Skinner (1957) différencie, parmi les actes verbaux, les *mands,* greffés sur un besoin du locuteur et renforcés par un changement de conduite chez l'auditeur (on retrouvera ici les ordres, les invitations, les interdictions, etc.) et les *tacts,* englobant les actes de langage dotés essentiellement d'une fonction descriptive (cette catégorie correspondant en gros à la fonction référentielle de Jakobson).

C'est dans ce cadre ainsi dessiné que se sont inscrits les premiers travaux en psycholinguistique développementale. Mais, à dire vrai, ces investigations se sont souvent limitées à des incursions dans l'un ou l'autre secteur, ou se sont bornées à retenir cà et là quelques faits, en dépassant rarement le stade de l'anecdotique.

Plus récemment, le problème de l'utilisation du langage a connu un regain d'intérêt chez des chercheurs dont la formation initiale est philosophique ou logique: Austin (1962), Grice (1968, 1975) et Searle (1969) notamment. Leurs travaux ont quelque peu souffert, durant les années 60, de l'éclat dont jouissait auprès des psycholinguistes la théorie transformationnelle, centrée sur le langage en tant que code. Retour du balancier, effet de mode, ou intérêt réel pour des phénomènes réellement importants, la psycholinguistique, depuis 1975 environ, s'investit massivement dans les recherches *pragmatiques.* Trop longtemps négligé par les chercheurs, pour ne pas dire absent de leurs préoccupations, ce domaine d'investigation en est à la collecte des données. Les études surgissent à présent en abondance, de toutes parts, de manière un peu hétéroclite et dispersée, usant de catégorisations différentes, animées d'intérêts divers, mais unies, pour la plupart, par un souci commun de caractériser avant toutes choses la filiation qui relie la communication prélinguistique à la communication linguistique.

La synthèse de ces travaux — que la générosité de leur propos rend souvent très touffus — se révèle délicate; la répartition, en des paragraphes différents, des données qu'ils apportent est parfois malaisée et doit sans doute être tenue pour provisoire[2].

1. La mise en place du dialogue

Evidence presque totalement occultée par la linguistique (préoccupée surtout de la façon dont se réalise l'encodage des significations, indépendamment des usagers), mais que soulignait bien Skinner (1957) avec la notion d'épisode verbal global, le langage s'utilise essentiellement dans un cadre conversationnel. Un dialogue suppose deux partenaires au moins, qui interviennent tour à tour dans l'échange, en usant de modalités discursives diverses — énonciations, questions, réponses, ordres, etc. — dont la succession est régie de façon relativement stricte : ainsi, une question appelle une information, non une autre question ou un ordre [3]. L'échange conversationnel poursuit parfois certaines finalités plus ou moins bien définies dans l'esprit des interlocuteurs, mais parfois aussi, il trouve cette finalité en lui-même, en tant que partage d'une activité commune.

Pour un certain nombre de chercheurs, parmi lesquels Bruner et son équipe [4] ont apporté des contributions décisives, ce sont précisément les activités partagées conjointement par l'enfant et les personnes de son entourage (la mère, principalement), avant l'émergence du langage, qui non seulement préfigurent le dialogue et en assurent graduellement la mise en place, mais fournissent en outre une assise pour l'élaboration des conduites verbales et même des structures linguistiques. Dans ces travaux, la communication pré-linguistique est définie non pas comme débouchant en elle-même sur la communication linguistique, mais comme devant à tout le moins atteindre un certain développement avant que le langage ne puisse intervenir effectivement.

On a, dans cette optique, envisagé plusieurs questions : comment l'enfant apprend-il à signaler l'objet de son intérêt (Bruner, 1978), à étiqueter (Ninio et Bruner, 1978), à tenir son rôle dans les situations d'échange (Bruner et Sherwood, 1976), à structurer les situations en action, agent, patient, récipiendaire (Bruner, 1975a; Ratner et Bruner, 1978), etc. Nous n'aborderons ici que l'étude des deux premiers thèmes mentionnés, afin de pouvoir mieux en retenir certains détails dont la mise en évidence nous semble caractéristique de la démarche adoptée par Bruner et ses collaborateurs.

Apprentissage de la désignation

- Déjà lors des quatre à cinq premiers mois de la vie de l'enfant, des échanges se produisent entre lui et sa mère [5] : les contacts oculaires sont fréquemment associés à des sourires et à des vocalisations de part et d'autre [6].

- Le champ d'intérêt de l'enfant s'élargit peu à peu. Signe de cet intérêt pour l'environnement : la position face à face de la mère et du bébé, qui occupait initialement 80 % du temps de contact, chute à 15 % vers 5 mois.

La conjonction de l'attention sur un objet extérieur à leur relation est d'abord le fait de la mère, dont la ligne du regard suit quasi en permanence celle de l'enfant (Collis et Schaffer, 1975); elle est rapidement assurée par l'enfant aussi, qui, dès 4 mois, est capable d'orienter son regard dans la même direction que la mère (Scaife et Bruner, 1975).

C'est à cette période aussi que l'enfant essaie d'atteindre des objets. Son attitude corporelle est caractéristique : il déporte vers l'avant le poids de son corps, il tend fortement les bras et les mains, ses poings se ferment et se rouvrent à vive cadence, sa bouche s'agite. Au départ, quand il cherche à atteindre un objet, l'enfant fixe son regard sur cet objet, il ne se tourne pas vers la mère : ou bien il regarde l'objet convoité, ou bien il regarde sa mère.

Ni l'attitude corporelle du bébé, ni ses regards, lorsqu'il souhaite disposer d'un objet, ne sont en eux-mêmes adressés à la mère, ils ne sont pas nécessairement de nature communicationnelle. C'est pourtant ainsi que la mère les interprète : elle donne l'objet à l'enfant, à grands renforts de dénominations et d'explications sur les désirs et les intentions qu'elle lui suppose.

- Entre 8 et 10 mois, quand l'enfant cherche à atteindre un objet, d'une part, son attitude corporelle commence à se ritualiser : l'effort musculaire général se réduit; ainsi, le bras n'est plus qu'à demi-tendu. D'autre part, son regard effectue à présent un va-et-vient entre l'objet et la mère. La communication par signes semi-conventionalisés s'installe; elle a à ce moment pour fonction chez le bébé d'entrer en possession de quelque chose [7].

- Dans les quelques mois qui suivent, le comportement gestuel de l'enfant ne connaît guère de modifications, mais les fonctions communicationnelles évoluent : l'enfant ne désire pas nécessairement obtenir l'objet (si on le lui donne, il peut ne pas le prendre), il semble qu'il témoigne ainsi seulement de son intérêt pour cet objet. Le comportement de la mère se plie à cette nouvelle orientation : tantôt elle fournit l'objet, tantôt elle traite les manifestations de l'enfant comme signalant seulement l'objet à son attention.

- L'attitude coporelle de l'enfant se réduit bientôt à un simple geste : il ne tend plus désormais son corps vers l'avant, il montre seulement de l'index [8]. Cette nouvelle forme de communication remplit d'abord les mêmes fonctions que les précédentes, mais elle s'associe rapidement à d'autres fonctions, notamment celle d'aider l'enfant à structurer les relations entre les êtres ou les objets. Ainsi, vers

16 mois, l'enfant étudié par Bruner, devant une image représentant une bouteille de vin, montre du doigt la table pourtant alors desservie. La mère, de nouveau, s'adapte à ces modifications, elle incorpore dans ses propos les étiquettes des objets désignés par le bébé et elle formule les relations sémantiques qu'elle lui attribue.

Ce qui est remarquable dans cette évolution, outre le caractère de plus en plus conventionnel des signes utilisés par l'enfant (qui doit sûrement contribuer à l'adoption de signes linguistiques arbitraires), c'est, d'une part, chez le bébé, l'apparition très rapide de sa prise en compte de l'autre, et l'affirmation très précoce d'intentions communicationnelles[9]; d'autre part, chez la mère, l'interprétation constante des comportements de l'enfant comme étant des indices de communication, et les ajustements successifs de ses réactions aux progrès réalisés par l'enfant.

Apprentissage de l'étiquetage

Il reste à l'enfant à dénommer verbalement les objets. Cet apprentissage a été analysé minutieusement par Ninio et Bruner (1978)[10] au cours de cette activité conjointe qu'est la «lecture» d'un livre d'images, chez une dyade composée d'une mère et de son enfant (entre 8 et 18 mois). Ici aussi se révèle le caractère très interprétatif des réactions maternelles: tout ce que fait l'enfant — geste, sourire, regard, vocalisation, étiquetage verbal — est reçu par la mère comme intentionnel et visant à la communication; il apparaît aussi que c'est sans doute sur cette attitude de la mère que s'appuie au moins partiellement l'apprentissage du dialogue, dans lequel s'insérera l'acquisition des dénominations.

Lors des séances d'observation, les énoncés de la mère peuvent être catégorisés en quatre types: vocatifs (prénom de l'enfant; *regarde*), question (*qu'est-ce que c'est, ça?*), étiquette (*c'est un ...*) et feed-back (*oui, c'est un ...*). L'ordre de ces quatre types semble strictement régi: dans presque tous les cas, le vocatif précède la question, ces deux sortes d'énoncés sont produits avant l'étiquette; le feed-back n'intervient jamais qu'après un vocatif ou une question.

On pourrait faire l'hypothèse qu'au début, le registre verbal de l'enfant de 8 mois ne lui permet pas de participer à l'activité, et que la mère joue tous les rôles, fait les questions et les réponses, ne laissant qu'un rôle passif à l'enfant. Il est vrai que la participation active de l'enfant augmente de façon nette avec l'âge et que cette participation est de plus en plus de nature vocale. Mais dès le départ, la mère traite tous les comportements du bébé comme s'insérant dans le schéma « appel de l'attention-question-étiquette », se réservant seulement le soin d'apporter le renforcement. Ainsi, lorsque l'enfant sourit ou émet une vocalisation ou effectue un geste lors de l'apparition d'une nouvelle image, la mère ne produit pas de vocatif ni de question, elle fournit l'étiquette immédiatement; en revanche, si c'est au milieu d'un cycle que l'enfant manifeste ces comportements, elle les interprète comme une ébauche d'étiquette et elle dénomme moins souvent pour passer directement au commentaire renforçant.

Ainsi donc, dans une première phase de la lecture d'images, la mère structure les réponses vocales et non vocales de l'enfant en sorte qu'elles s'intègrent dans un schéma conversationnel fondé sur les principes d'échange et de réciprocité que Bruner met en évidence dans d'autres activités conjointes : la mère donne un objet à l'enfant, qui le prend, pour le rendre et le recevoir de nouveau; un partenaire cache (de ses mains, d'une serviette) un objet, l'autre vocalise, le premier fait réapparaître l'objet, ce qui amène des rires et des vocalisations de part et d'autre, etc. (Bruner, 1975a; Bruner et Sherwood, 1976).

Dans une deuxième phase, qui débute au moment où les vocalisations de l'enfant commencent à ressembler à des mots, vers 12 mois, la mère modifie son attitude : tous les comportements de l'enfant ne sont plus traités comme des ébauches d'étiquettes; seules les vocalisations de « bonne qualité »[11] sont suivies de feed-back; lorsque la mère estime que l'approximation vocale est trop éloignée du mot attendu, elle fournit rarement l'étiquette, mais elle pose plus volontiers une question du type *qu'est-ce que c'est,* amenant ainsi l'enfant à améliorer sa performance. Il apparaît ainsi que l'enfant produit adéquatement les dénominations bien moins par un processus d'imitation que parce qu'il est engagé dans la structure du dialogue : « Une étiquette, pour l'enfant, c'est quelque chose qui s'ajuste à une certaine place à l'intérieur d'un dialogue » (Bruner, 1978, p. 209)[12].

Le caractère sur-interprétatif des attitudes maternelles est également relevé par Snow (1977a, 1977b, 1978) et contribue, pour elle aussi, à la mise en place du dialogue. La mère recourt très rarement au monologue, elle lie très étroitement son discours à l'activité de l'enfant[13], traitant les divers comportements de celui-ci, au niveau de ses propos, comme intentionnels, comme s'intégrant dans un échange conversationnel (avec un degré d'exigence qui est fonction du développement linguistique de l'enfant). On épinglera quelques faits très suggestifs parmi ceux qu'observe Snow : la mère parle au bébé le plus souvent face à face ou lors d'activités conjointes; elle lui parle peu lorsqu'elle lui donne le biberon (le bébé est dans l'impossibilité à ce moment de prendre part au dialogue), ou lorsque, nourri à la cuiller, il a la bouche pleine; elle fait un usage massif de questions (30 à 60 % de ses énoncés sont des interrogatives), moyens privilégiés pour passer la parole à l'interlocuteur, moyens privilégiés aussi d'établir des routines (qu'on pense à *Où ils sont, les yeux? Et le nez?* ...), qui déboucheront ultérieurement sur des conversations à fonction plus nettement didactique, où l'interprétation des réponses, qu'elles soient fournies par la mère ou par l'enfant, s'appuiera largement sur le cadre sémantique des questions qui les ont suscitées.

Deux lignes de force se dessinent très nettement au travers des diverses études consacrées à la mise en place de la communication. D'une part, il apparaît clairement que l'attitude de la mère, quelque conscience qu'elle en ait, façonne les conduites communicationnelles de l'enfant : parmi les divers comportements de celui-ci, elle sélectionne en effet, en y réagissant lorsqu'elle les interprète, en les renforçant verbalement ou non verbalement, celles qui s'adaptent le plus adéquatement à la situation de communication qu'elle met en place. Elle filtre les diverses réactions enfantines pour en retenir seulement celles qui se rapprochent le plus des conduites dialogiques adultes, en tenant compte des possibilités de l'enfant : ainsi, quand il a 3 mois, même les renvois sont interprétés comme porteurs de communication, et ils sont suivis d'une réponse, ce qui ne sera plus vrai à 7 mois (Snow, 1977a); à 8 mois, toute vocalisation est prise en compte, mais à 12, seules celles qui se rapprochent de mots adultes seront retenues et associées à un feed-back (Ninio et Bruner, 1978). Il s'agit là d'un *apprentissage par approximations successives,* où la mère fournit· un renforcement si la production est estimée satisfaisante pour ce stade, et où elle cesse de le fournir si les conduites de l'enfant ne tendent pas progressivement vers l'objectif à atteindre.

Lorsqu'on constate par ailleurs que la mère attribue un sens et une fonction aux conduites de l'enfant et qu'elle répond à ces conduites en se fondant sur cette interprétation, on sera attentif aussi au fait que, du même coup, elle donne à l'enfant le sens et la fonction du comportement qu'il a manifesté. Elle permet ainsi à l'enfant de déterminer, parmi ses diverses conduites, celles qui rejoignent le plus les comportements de communication auxquels il doit aboutir : les réactions de la mère peuvent dès lors être considérées comme s'inscrivant parmi les processus éducatifs implicites dont il sera de nouveau question dans le chapitre suivant.

La deuxième ligne de force qui unit ces divers travaux, c'est qu'ils témoignent de l'existence d'un mouvement dialectique dans la façon dont les divers apprentissages s'imbriquent les uns dans les autres : l'enfant entre en relation avec autrui, ce qui contribue au développement de son répertoire communicationnel, lequel influe sur la nature de la relation, dont les modifications sont elles-mêmes à la base d'autres apprentissages linguistiques, etc. L'«inter-action» façonne un «interlocuteur» susceptible d'adopter dans ses relations de nouveaux rôles, qui déboucheront à leur tour sur de nouveaux acquis.

Le tableau qui se dessine à partir des observations qu'on vient de rapporter ne doit cependant pas conduire à une vue idyllique de la manière dont se déroulent toutes les interactions entre toutes les mères et leur enfant. Le mouvement dialectique qui unit les comportements de la mère et ceux de l'enfant peut s'exercer dans un sens positif, bénéfique à l'acquisition, mais sans doute aussi dans un sens négatif, lorsque les interventions de l'un ou de l'autre partenaire sont de moins bonne qualité. Ainsi, le rythme des acquisitions verbales chez l'enfant, sa progression dans le décodage des messages qui lui sont adressés, l'intelligibilité de son discours, influencent vraisemblablement les réactions, linguistiques et non linguistiques, de son entourage. Il y a ainsi sûrement moins d'incitations pour l'adulte à entretenir un échange de type conversationnel avec un enfant qui bredouille et qui ne décode qu'une maigre part des propos qu'on lui tient (Snow, 1979; Lieven, 1978a, 1978b, 1980, sous presse). A l'inverse, l'adulte peut intervenir de façon plus ou moins heureuse dans le dialogue et façonner plus ou moins harmonieusement ce que Bruner (1978) appelle les prérequis du langage, de même que les acquisitions ultérieures. Cet aspect de la question sera abordé dans le chapitre suivant.

2. La filiation des premiers actes de langage

Locution, illocution, perlocution

Pour Austin (1962) et à sa suite Searle (1969) et Ducrot (1972), notamment, tout énoncé produit par un individu à l'adresse d'un interlocuteur se caractérise par trois composantes :
1. un transfert d'information dit acte *locutoire,* défini par la signification référentielle qu'a cet énoncé indépendamment de son contexte de production; ainsi, la charge locutoire de *La séance est ouverte* s'établira par la prise en considération de la significa-

tion des diverses unités, *la, séance, est, ouverte* et de leur combinaison;
2. un acte *illocutoire*, qui équivaut à l'acte social posé intentionnellement par le locuteur lors de l'énonciation du message: le locuteur informe, demande, ordonne, promet, etc.; par exemple, la charge illocutoire de *La séance est ouverte,* lorsque cet énoncé est produit par un président de séance en fonction, équivaut à l'ouverture de la séance; par la vertu de son propos, le président ouvre effectivement la séance; pour prendre des cas moins privilégiés, lorsqu'au cours d'un repas, un locuteur dit *Passez-moi le sel, Voudriez-vous me passer le sel,* ou *Cette soupe manque de sel,* quelle que soit la forme de son message (impérative, interrogative ou déclarative), celui-ci constitue une requête adressée à l'interlocuteur, la force illocutoire (de requête) étant considérée comme de moins en moins forte du premier au troisième énoncé;
3. un acte *perlocutoire,* qui revient à l'effet, intentionnel ou non, produit par le locuteur sur le destinataire du message; par exemple, on qualifiera de perlocutoire la satisfaction suscitée par le propos du président chez une personne impatiente de voir cette séance s'ouvrir[14].

On voit bien sûr le parti que peut tirer la psycholinguistique développementale de cette distinction: lorsqu'il est possible de définir l'intention communicationnelle de l'enfant (l'acte illocutoire) et lorsque l'effet perlocutoire lui est manifeste, on pourra considérer la réaction de son entourage comme le renforcement de son comportement verbal, renforcement qui déterminera l'extension, le maintien ou l'abandon de la formulation adoptée (l'acte locutoire).

Bates (1976), Bates et al. (1975, 1977), dans une recherche longitudinale portant sur les manifestations primitives des impératives et des déclaratives, distinguent trois phases dans l'évolution de leurs sujets: dans un premier temps, appelé *phase perlocutoire,* les comportements de l'enfant (cris, vocalisations, gestes, etc.) sont interprétés comme significatifs par l'entourage, qui y réagit, mais rien n'indique que l'enfant leur assigne cette valeur. Sans doute observe-t-on dans cette période un développement chez l'enfant du point de vue tant de sa socialisation que de son intérêt pour les objets, mais les deux domaines semblent cloisonnés; ainsi, les auteurs (comme Bruner (1978) dans la recherche rapportée précédemment) notent que lorsque l'enfant essaie d'atteindre un objet hors de portée, il paraît ignorer l'assistance que pourrait lui prêter l'adulte: son regard ne se tourne pas vers celui-ci.

La *phase illocutoire* apparaît au moment où l'enfant se situe au stade 5 de son développement sensori-moteur (en ce qui concerne notamment le développement de la causalité) tel que le définit Piaget, et au stade 5 de son développement social (Bowlby, 1969; Spitz, 1965), vers 10-12 mois : l'enfant recourt alors d'une part, à des proto-impératifs (il requiert par son regard l'aide de l'adulte), usant ainsi des adultes pour atteindre des objets, d'autre part à des proto-déclaratifs[15] (il désigne des objets à l'adulte), où il utilise des objets pour attirer l'attention de l'adulte.

Le passage à la *phase locutoire* s'effectue graduellement. Inscrites d'abord dans des processus perlocutoires et illocutoires, les vocalisations et les ébauches de mots ne s'en dégagent que peu à peu. Ainsi, à 14 mois, une des enfants observées produit *da* (équivalent italien de *donne*), lorsqu'elle est impliquée dans un jeu où elle reçoit un objet de l'adulte, puis le lui rend, puis le reçoit en retour, etc. *Da* n'est cependant pas produit quand, en dehors de cette situation, l'enfant souhaite obtenir un objet ou voit s'accomplir un échange auquel elle ne participe pas. S'alignant en cela sur les positions piagétiennes, les auteurs concluent que *da*, « à ce stade, ne REPRESENTE pas encore l'activité de donner, mais FAIT PARTIE de l'activité de donner; il s'agit d'un acte vocal rituel accompli lors des situations d'échange »[16]. Pour que les proto-mots aient pleine valeur locutoire, il semble que l'enfant doive atteindre le stade 6 de son développement sensori-moteur (les auteurs relèvent diverses conduites, liées au jeu symbolique et à la permanence de l'objet, caractéristiques de ce stade chez Piaget)[17].

Dans ces travaux, l'accent est mis surtout sur la liaison qui unit l'acquisition du langage et le développement cognitif et social de l'enfant; on soulignera cependant aussi, comme dans la première section de ce chapitre, le rôle joué par l'entourage dans le modelage des conduites de l'enfant : lorsque les adultes interprètent les conduites de l'enfant comme significatives, ils contribuent, par leur réaction même, à faire apparaître à l'enfant la fonction de cette conduite, déterminant de la sorte, au moins partiellement, le maintien du comportement ainsi sélectionné. On insistera par ailleurs, comme les auteurs, sur la continuité qui caractérise le développement de la communication : l'interaction s'enracine par paliers graduels dans la communication pré-verbale, qui prend elle-même appui sur des schèmes pré-communicationnels.

Les fonctions initiales du langage

L'élégance des analyses menées par Halliday (1975, 1976, 1978)[18] n'est sans doute pas étrangère à l'enthousiasme que la psycholinguistique contemporaine a manifesté pour l'approche pragmatique du développement linguistique. La séduction que ses travaux ont exercée a sûrement contribué à ramener le problème du développement des fonctions linguistiques et des actes de langage à un plan plus rapproché des intérêts des chercheurs.

Le point de départ de Halliday consiste à poser comme secondaire le problème de l'acquisition d'une langue donnée et comme prioritaire le développement des intentions significatives exprimées vocalement. Lors de l'observation de son fils Nigel, l'auteur retient comme linguistiques les séquences sonores qui témoignent d'une intention de communication, et qui présentent une relation stable entre contenu et expression. Ainsi, on accueillera comme faisant partie du répertoire linguistique de l'enfant la séquence/nananana/, si d'une part, elle peut toujours être interprétée comme signifiant «Je veux cela maintenant», et si d'autre part, lorsque l'enfant souhaite obtenir immédiatement quelque chose, il recourt toujours à cette séquence /nananana/.

La phase I de l'observation couvre la période où Nigel a entre 9 et 16 1/2 mois. Durant ce stade, le langage de l'enfant ne comporte que deux niveaux, le contenu et l'expression (il ne comprend pas de niveau lexico-grammatical). Les expressions ne sont pas calquées sur la langue de l'adulte (voir la section 2 du chapitre IV), elles ont aussi un caractère mouvant, qui rend délicate parfois leur transcription phonétique. Le contenu, de son côté, ne correspond pas toujours à des significations aussi précises que celles du langage adulte : l'interprétation doit parfois être décrite plutôt en termes de fonctions qu'en termes de significations déterminées. Chaque énoncé se compose d'une seule expression, et ne remplit par ailleurs jamais qu'une seule et même fonction. On observe, lors de cette première phase, les fonctions suivantes, dont l'ordre d'émergence coïncide pour l'essentiel avec l'ordre adopté dans la présentation. (Les phrases entre guillemets correspondent aux paraphrases fournies par Halliday pour certaines des expressions.)

1. *Fonction instrumentale* : «Je veux cet objet-là (présent dans le contexte)».
2. *Fonction régulatoire* : «Fais comme je te dis», «Fais encore», «Allons-nous promener», «Jouons à ce jeu».

3. *Fonction interactionnelle* : « Hello », « Heureux de vous voir », « Oui (en réponse à un appel) ».
4. *Fonction personnelle* : expressions de sentiments personnels, d'intérêt, de plaisir, etc.
5. *Fonction heuristique* : questions sur le nom des objets, puis questions appelant des réponses plus variées.
6. *Fonction imaginative* : « Faisons semblant ».

On notera qu'une septième fonction, la fonction informative (« J'ai quelque chose à te dire ») n'est pas présente lors de cette première phase : chez Nigel, c'est seulement vers 22 mois qu'elle s'installe.

Pour chaque fonction, on observe une tendance à accueillir, à côté d'expressions spécifiques, une expression dont la signification équivaut à la fonction globale. Ainsi, à l'intérieur de la fonction instrumentale, une séquence interprétable comme signifiant « Je veux l'oiseau » voisine avec une séquence correspondant à « Je veux ça ».

Le système linguistique de l'enfant, à ce stade, ne s'aligne pas sur celui de l'adulte, ni, comme on l'a vu, pour la forme et le contenu des expressions, ni pour leur organisation. Ainsi, Nigel utilise deux expressions différentes, qu'on peut paraphraser par « Je veux ça », suivant qu'on lui a demandé ou non au préalable s'il désirait l'objet en cause. De même, /yiyiyiyi/, prononcé sur un ton ascendant, sert de réponse affirmative à une offre d'un objet visible, cependant que /a/, émis sur un ton descendant, est utilisé pour signifier qu'il souhaite obtenir l'objet qu'on lui propose, lorsque celui-ci n'est pas visible dans le contexte (par exemple, Nigel se sert de /a/ en réponse à la question « Tu veux ton jus d'orange maintenant ? »).

Halliday souligne que cette différence de fonctionnement entre le système de Nigel et celui de l'adulte empêche qu'on rende compte des premières productions dans les termes d'une grammaire de l'adulte. Ainsi, les deux derniers exemples ne peuvent pas être traités comme étant simplement des réponses affirmatives à des questions : à ce stade, l'enfant ne peut intervenir dans le dialogue que si son intervention remplit une des fonctions qu'il possède. Il peut fournir une réponse à des énoncés tels que « Veux-tu X », ou « Tu veux que je... », ou à une salutation, parce que sa réponse ressortit à la fonction instrumentale, régulatoire ou interactionnelle, respectivement. Mais on n'obtiendra pas de réponse à une question telle que « As-tu vu la voiture verte ? » ou « Qu'as-tu vu ? » ou encore « Où est X ? ».

A la fin de cette première phase, Nigel possède environ 50 expressions, réparties à l'intérieur des 6 fonctions.

La phase II va de 16 1/2 mois à 22 1/2 mois. Elle se caractérise par un brusque accroissement du répertoire: entre 18 et 19 1/2 mois, 100 nouvelles expressions apparaissent. Beaucoup des productions enfantines ressemblent maintenant à des mots figurant dans le lexique adulte: /da/ n'est pas loin de *dog*, ni /ba/ de *bird*.

Caractéristique plus importante de cette phase, on voit apparaître des ébauches de combinaisons (voir la section 4 du chapitre IV) entre geste et expression, entre deux expressions, d'abord sur des contours intonatoires distincts, puis sur un seul schéma intonatoire.

Les capacités dialogiques de Nigel s'accroissent: il est maintenant à même de répondre à une question (avec cette réserve qu'il ne fournit de réponse au départ que si l'information est déjà connue de son interlocuteur; on pourra ainsi avoir l'échange suivant: Adulte: « Qu'est-ce que tu manges là?» - Nigel: «Banane»), de poursuivre un dialogue après un ordre: (Adulte: «Va porter le dentifrice à papa» - Nigel: «Papa... dentifrice»), après une énonciation (Adulte: « Tu es allé dans un train, hier.» - Nigel: «Train... byebye», à décoder comme signifiant plus ou moins «On est allé dans le train; puis le train est parti»), après une reprise de son propos par l'adulte (Nigel: «Gravier - Adulte: «Oui, tu as du gravier dans la main» - Nigel: «Ooh», expression qui, dans son répertoire, évoque la douleur); il commence aussi à engager lui-même le dialogue en posant des questions telles que «Qu'est-ce que c'est?».

A présent, pourvu d'une grammaire et plus largement enraciné dans une structure communicationnelle, le langage de l'enfant devient un moyen d'interaction sociale et pourra en cela servir à la transmission de la culture.

On observe aussi, durant cette deuxième phase, un changement notable dans l'organisation des fonctions: les expressions relevant des fonctions instrumentale, régulatoire et interactionnelle sont maintenant toutes produites sur un ton montant; elles semblent appeler une réponse sous forme d'action ou sous forme verbale: Halliday considère plus adéquat de décrire ces trois fonctions comme relevant à ce stade d'une fonction plus large, la fonction PRAGMATIQUE, celle à laquelle on recourt pour agir sur l'entourage.

Mais toutes les expressions n'apparaissent pas comme requérant une réponse de l'interlocuteur. L'acquisition de certains mots, tels *girouette* ou *chaud*, l'accroissement lexical très rapide qu'on observe durant cette période chez l'enfant, ne peuvent s'expliquer seulement par le désir qu'il aurait d'entrer en possession des objets qu'il nomme. Certaines des productions vocales de Nigel semblent plutôt utilisées aux fins de catégoriser et d'organiser son environnement. A l'appui de cette interpétation, Halliday note que les expressions qui auraient illustré, dans la phase I, les fonctions personnelle, heuristique et imaginative, sont maintenant toutes produites sur un ton descendant: on assiste, pour l'auteur, à un regroupement de ces fonctions à l'intérieur d'une autre, plus générale, la fonction MATHETIQUE: le langage est utilisé pour apprendre à connaître.

Dans un premier temps de cette phase II, chaque expression ou chaque combinaison est spécialisée dans une des deux fonctions pragmatique et mathétique: ainsi, *more meat*, qui relève de la fonction pragmatique, n'est d'abord utilisé que pour agir sur l'entourage, pour réclamer de la viande (l'enfant se place alors en position d'intervenant), mais non pour signaler qu'il y a plus de viande ici que là-bas, cependant que *two train* est utilisé pour constater qu'il y a deux trains, non pour en obtenir deux: l'enfant, utilisant le langage dans sa fonction mathétique, parle du monde autour de lui, se situe en position d'observateur. Dans un deuxième temps, une même séquence est employée pour les deux fonctions: *green car* signifie tantôt «Je veux la voiture verte», tantôt «Il y a une voiture verte». Ce n'est que dans un troisième temps que cette même expression pourra à la fois servir la fonction mathétique et la fonction pragmatique, signifier par un seul énoncé «Il y a une voiture verte ET je la veux».

On assiste donc, au cours de la phase II, à une réorganisation fondamentale des fonctions, qui se distribuent sur un plan plus abstrait, plus proche du modèle adulte[19], dès le moment où l'énoncé sert différentes fonctions en même temps[20].

Si nous avons rapporté avec quelque détail l'analyse de Halliday, c'est qu'elle illustre bien, quoiqu'elle soulève par certains de ses aspects divers problèmes sur lesquels on reviendra, le type de description auquel peut aboutir l'adoption d'un autre regard pour aborder l'acquisition du langage. A un moment où, échaudé par l'expérience transformationaliste, on ne croyait plus guère à la possibilité de décrire adéquatement les premières productions enfantines d'un point de vue seulement formel (sur l'échec des grammaires à pivots, par exemple, voir la section 5 du chapitre IV), et alors même que les difficultés liées aux analyses sémantiques commençaient à surgir, le travail de Halliday a fait l'effet d'un pavé dans la mare: on avait enfin affaire à une description originale, ample (commençant bien en deçà des holophrases, elle s'achève sur ce que l'auteur considère comme la mise en place du système adulte), dûment charpentée, qui donnait l'impression de faire apparaître de vastes avenues dans une ville dont quelques ruelles seulement avaient été explorées çà et là par les recherches antérieures.

Mais si elle séduit, cette analyse n'emporte pas totalement la conviction : les faits s'y ordonnent avec une régularité pour le moins inhabituelle, elle ne porte que sur un seul enfant, l'auteur est peu explicite sur les critères qu'il a adoptés, et la taxonomie adoptée ne délimite pas toujours de façon précise la frontière entre les différentes fonctions (Dore, 1977, 1979a, 1979b). Appliquée à d'autres enfants que Nigel, elle n'a pu être reproduite dans son intégralité (voir notamment Dale, 1980). Sans doute certains points, comme la façon dont émerge la combinatoire ont-ils pu être corroborés par d'autres observations (voir la section 4 du chapitre IV), mais on n'a pas retrouvé un développement général aussi harmonieusement ordonné chez d'autres sujets, notamment parce que, comme Dore le signale, une même expression sert fréquemment plusieurs fonctions, et parce que certaines productions (y compris, parfois, celles mêmes que propose Halliday à titre d'exemples) véhiculent une ambiguïté qui rend malaisée sinon impossible leur catégorisation dans la taxonomie telle qu'elle est définie par l'auteur. Ceci jette évidemment une ombre sérieuse sur les conclusions auxquelles son travail aboutit.

En fait, à l'heure actuelle, le problème le plus crucial pour ce type d'études est précisément celui de la taxonomie. Si les psycholinguistes sont bien convaincus de ce que la signification d'un message ne se réduit pas à sa description strictement sémantique, et si tout le monde est persuadé de l'intérêt qu'il y a à explorer la façon dont le langage est employé, dans son contexte d'utilisation, la question se pose de savoir où situer le niveau de la taxonomie qu'on adoptera.

Un exemple éclairera notre propos. Un énoncé tel que *J'ai mal à la tête*, du point de vue communicationnel, peut être analysé comme une assertion (comme convoyant de l'information et non comme en requérant), mais aussi comme ayant valeur soit de simple description, soit d'appel, soit de désapprobation, soit de justification, etc. ; il doit être traité aussi différemment suivant qu'il entame un thème conversationnel ou qu'il intervient à l'intérieur de celui-ci, en réponse à une question, par exemple ; dans ce dernier cas, on trouvera peut-être opportun de distinguer le cas où une partie de l'information figure déjà dans la question (*Où avez-vous mal ?*), de celui où elle n'y est pas incluse (*Pourquoi faut-il éteindre la télé ?*), etc.

C'est sans doute bien dans ce *et cetera* que réside l'essentiel du problème; d'une part, lorsqu'on l'envisage sous l'angle de l'interaction sociale, le nombre de fonctions remplies par le langage apparaît comme illimité : dans les moyens linguistiques utilisés pour agir sur l'interlocuteur, par exemple, figurent des catégories aussi diverses que l'invitation, l'ordre, la prière, sans doute [21], mais aussi la plainte, la louange, le blâme, la moquerie, l'insulte,... qu'on considérera comme des rubriques distinctes, ou que l'on regroupera dans des catégories plus larges; d'autre part, le cadre communicationnel englobe à la fois le contenu des messages, la position adoptée par le locuteur, l'effet produit sur le destinataire et la structure dialogique. En vue de capter certaines régularités dans la façon dont la communication se met en place, on peut trouver avantage à faire glisser en partie vers l'aspect sémantique des messages une taxonomie essentiellement axée sur la fonction des actes de langage, par exemple. N'est-ce pas déjà à un glissement de cet ordre qu'on a affaire, lorsque Dore (1975), notamment, prévoit une rubrique «Protestations» distincte de la catégorie «Requêtes d'une action»[22]? Le glissement est plus net, en tout état de cause, chez Dale (1980), qui distingue la requête d'information, de la requête d'un objet absent, qui regroupe en une même catégorie la requête d'une action, la requête d'un objet présent et la requête d'une permission, et qui propose trois catégories différentes pour les énoncés négatifs (inspiré en cela par Bloom, 1973): l'expression d'une absence ou d'une disparition, le rejet d'un objet ou d'une action, et la réponse négative à une proposition. Si Dale aboutit à la conclusion que l'examen du développement pragmatique fournit, pour les premières étapes de l'acquisition, un instrument de mesure plus fin que les indices formels (portant par exemple sur le nombre moyen de morphèmes par énoncé), sait-on encore, au terme de l'analyse, ce que l'on a mesuré[23]? Ce type d'incertitude est peut-être inévitable, en raison de l'impossibilité d'établir des catégories fonctionnelles parfaitement étanches les unes aux autres.

On peut, s'agissant des analyses centrées sur les fonctions du langage, émettre sensiblement les mêmes critiques ou les mêmes mises en garde que pour l'«interprétation riche» (voir la section 5 du chapitre IV): les catégorisations devraient davantage préciser leurs critères de répartition (Francis, 1979); le recours à des taxonomies différentes rend parfois malaisément appréciable la confrontation des diverses analyses; l'établissement des catégories, comme la distribution des énoncés à l'intérieur de ces catégories, sont vraisemblablement entachées d'adulto-centrisme. Sur ce dernier point, ici comme là, on peut aussi faire valoir que l'interprétation donnée par l'adulte aux énoncés enfantins, qu'il s'agisse de leur valeur pragmatique ou de leur valeur sémantique, façonne vraisemblablement la manière dont l'enfant interprète en retour son propre énoncé et la manière dont il l'utilisera ultérieurement. Plus qu'une description des états successifs de connaissance, ces analyses nous proposent peut-être davantage une description indirecte de mécanismes d'apprentissage. C'est sans doute en cela qu'elles se trouvent le plus objectivement justifiées.

3. Les actes indirects de langage [24]

On a eu l'occasion de le noter dans la section précédente, une même intention significative peut être véhiculée par des formes différentes : ainsi, toutes les demandes d'information ne s'effectuent pas par le canal des interrogatives, les requêtes d'action ne sont pas nécessairement convoyées par des impératives (qu'on pense aux diverses formulations qu'on peut utiliser, à table, pour demander du sel). L'acte illocutoire se dissimule souvent sous les écrans plus ou moins subtils qu'inspirent au locuteur sa politesse, son souci de ménager l'autre, l'image de lui qu'il veut présenter; la force illocutoire (le rapport plus ou moins direct d'une formulation à l'acte illocutoire qu'elle véhicule) sera donc notamment fonction de la relation interpersonnelle qui unit le locuteur et le destinataire : si, parlant à un enfant, un adulte peut dire *Dépêche-toi donc,* il usera sûrement d'un autre moyen linguistique pour signifier la même chose à un policier lors d'un contrôle d'identité, par exemple. Dans certains cas, la formulation n'encode même pas les éléments visés par l'acte illocutoire; ainsi, quand à l'heure du repas, un visiteur de passage s'exclame *Oh là! mon frigo est vide et les magasins sont déjà fermés,* son message transmet une requête, même si elle ne se coule pas dans une impérative ou une formule polie consacrée *(Vous ne voudriez pas...?),* même si elle ne comporte pas de termes tels que *inviter, manger, repas,* etc.

La socialisation de l'enfant impose à la fois qu'il comprenne la portée réelle des formulations indirectes, et qu'il sache à son tour voiler parfois ses actes illocutoires sous des habillages qui amènent ses interlocuteurs, sans les heurter, à se conformer à ses intentions.

Parmi les divers actes indirects de langage, les requêtes d'action ont retenu plus particulièrement l'attention des chercheurs (Bates,

1976; Berninger et Garvey, 1981; Carell, 1981; Dore, 1977b, 1979a, 1979b; Ervin-Tripp, 1977; Garvey, 1975; Mitchell-Kernan et Kernan, 1977; Shatz, 1978a, 1978b).

En ce qui concerne la PRODUCTION, les données rassemblées par Bates (1976) et Ervin-Tripp (1977) permettent de tracer la séquence développementale suivante dès le moment où le langage se met en place.

1. Avant deux ans, les requêtes télégraphiques se composent d'expressions énoncées sur un ton ascendant, de vocatifs, d'impératifs. Elles mentionnent le désir (*Je veux*), l'objet ou l'acte souhaité, ou le bénéficiaire (*Pour Alain*). Elles se bornent parfois à signaler un problème («J'ai faim»).

2. Vers 2 ans, les enfants observés par Bates recourent à des interrogatives, surtout lorsqu'une première requête directe n'a pas été satisfaite (*Donne-moi un bonbon. Tu me donnes un bonbon?*); vers 2;6 ans, ces enfants adjoignent à leur requête un vocatif ou une formule conventionnelle (*s'il te plaît*) et, fait significatif, ils manifestent aussi une tendance à minimiser la portée de leur demande (*Tu me donnes un petit bonbon?*). D'après les analyses menées par les collaborateurs d'Ervin-Tripp, l'enfant prend très rapidement en compte la nature de la demande et le statut de l'interlocuteur, et il ajuste en conséquence la forme de sa requête: ainsi, l'enfant étudiée à 2 ans par Lawson (1967)[25], adresse surtout des impératifs à des enfants de même âge qu'elle, mais elle utilise plus volontiers des questions quand elle sollicite des enfants plus âgés ou des adultes.

3. Le milieu de la troisième année voit croître la proportion d'interrogatives et la fréquence des formules de politesse, cependant que s'installe le recours plus systématique aux verbes modaux (*pouvoir, vouloir...*) et aux inflexions morphologiques qui atténuent la charge de la requête (comme le conditionnel en français). C'est aussi le moment où les demandes prennent parfois la forme de menaces (*Si tu n'es pas sage...*).

4. Vers 4 ans, si pas avant, l'enfant commence à procéder par allusions: il fait mention de son problème, mais ne demande pas expressément à l'adulte de le résoudre: *Je ne sais pas attacher mes souliers; Xavier a pris mon camion.*

5. Les stratagèmes obliques se font de plus en plus élaborés; s'ils font référence d'abord, au moins partiellement, à l'action recherchée (*Il y a longtemps qu'on n'a pas eu de bonbon*, dit un enfant de 3;6

ans), l'objectif de l'énoncé finit par ne plus apparaître du tout dans la formulation : ainsi, dans les données d'Ervin-Tripp, un enfant de 6 ans, en compagnie de sa mère dans un supermarché, demande sans autre précision une pièce de monnaie et, dix minutes plus tard, introduit celle-ci dans un distributeur automatique de chewing-gums.

Ce relevé laisse transparaître un certain embarras en ce qui concerne les requêtes allusives : observées dès avant 2 ans (comme en témoigne l'exemple «J'ai faim»), elles sont annoncées vers 4 ans, non sans réserves, pour être reprises encore comme caractéristiques de l'étape ultime du développement. Deux types de problèmes expliquent sans doute cet embarras. Le premier est d'ordre théorique : il est difficile de créditer l'enfant de l'utilisation de moyens très détournés pour obtenir ce qu'il souhaite, sans lui supposer du même coup un certain niveau de développement cognitif et de développement social. Le dernier exemple, celui de la pièce de monnaie, est très éclairant de ce point de vue [26] ; il implique en effet une connaissance déterminée de l'univers (il y a un distributeur de chewing-gums dans ce supermarché ; il est situé à tel endroit ; pour le faire fonctionner, il faut y introduire une pièce de monnaie, etc.), et une programmation adéquate par l'enfant de la séquence des diverses actions, programmation que sous-tend une certaine maîtrise des rapports spatio-temporels et des relations entre moyens et finalité. Cet exemple implique également que l'enfant prévoit un refus éventuel de son interlocuteur si la requête était formulée de façon directe. L'apparition aussi tardive des demandes allusives s'explique peut-être effectivement parce que l'enfant ne sait pas d'emblée qu'il est parfois plus payant de dissimuler ses véritables intentions, et parce qu'il ignore comment les dissimuler.

L'autre difficulté concerne davantage la méthodologie des relevés. Sans doute peut-on supposer que lorsqu'un enfant arrache la roue de son camion pour le tendre ensuite à l'adulte en disant *cassé camion*, il apprend vite que cet énoncé fonctionne comme une requête : l'adulte répare le jouet, même si l'enfant n'a pas utilisé d'impératif. De même, dès 3 ans, certains enfants savent que *mal au ventre* est de nature à déclencher ou à freiner chez l'adulte toute une gamme de comportements auxquels cet énoncé ne fait nullement référence. Mais une chose est de repérer les énoncés *cassé camion* ou *mal au ventre*, une autre est d'attribuer à l'enfant une intention déterminée lorsqu'il les produit. C'est peut-être donc une prudence excessive qui amène les chercheurs à différer l'attestation des demandes allusives. Pour clarifier la question, il s'imposerait dès lors, de façon prioritaire, de préciser les critères qui permettent d'identifier un énoncé comme ayant un statut de requête: il est clair que ces critères ne devront pas prendre en considération seulement ce que dit l'enfant, mais aussi la façon dont l'entourage réagit — verbalement et non verbalement — à ces propos, ainsi que le comportement ultérieur de l'enfant. Tout indique en effet que c'est dans les interactions de l'enfant avec autrui que doit être cherchée la filiation des actes indirects de requête.

Il convient également de s'interroger sur la façon dont l'enfant COMPREND les requêtes indirectes qui lui sont adressées. Comme on l'a signalé à diverses reprises (voir la section 6 du chapitre IV et le chapitre V), les études relatives à la compréhension doivent s'entourer d'un grand nombre de précautions: la réponse enfantine à un énoncé peut en effet s'appuyer sur des indices situationnels, notamment, plutôt que sur un décodage effectif des messages. Ceci se révèle peut-être plus crucial encore dans le cas des actes indirects de langage. Les enfants observés par Shatz (1978a, 1978b), entre 1;7 et 2;4 ans, répondent de manière égale aux requêtes, qu'elles soient moulées dans des impératives (*Mets l'avion là-haut*) ou dans des interrogatives (*Tu peux mettre l'avion là-haut?*). A priori, le traitement des formes indirectes de requête s'annonce donc comme fort précoce. Il importe cependant de ne pas surévaluer les capacités linguistiques de l'enfant (indépendamment même de l'aide fournie par les indices non linguistiques, dont l'auteur atteste la forte fréquence); Shatz suggère en effet que la réponse de l'enfant pourrait se fonder sur une stratégie très élémentaire: il repérerait dans les propos qu'on lui adresse la mention d'un élément, action ou objet, susceptible d'une activité de sa part et, sans autre analyse du message linguistique, se livrerait à cette activité, signalant ainsi à son interlocuteur qu'il a entendu, qu'il répond à son propos, qu'il participe à l'échange. Ce qui confirme cette analyse, ce sont les réponses de jeunes enfants, sous forme d'activité et non sous forme verbale, à des questions telles que *May you shut the door?* («Es-tu autorisé à fermer la porte?») ou *Can you jump?* («Tu sais sauter?»), qui requièrent non pas une action, mais une information (voir aussi Ackerman, 1981).

La mise en évidence de telles stratégies de réponses est évidemment très précieuse: outre qu'elle ramène l'évaluation de la compréhension linguistique à de plus justes proportions, elle fournit aussi un nouvel éclairage sur le type de questions qu'il convient de se poser. En l'occurrence, l'étude de Shatz indique que la question adéquate ne se formule pas nécessairement dans les termes «Comment l'enfant différencie-t-il les impératives et les interrogatives?», mais doit plutôt prendre la forme «Comment l'enfant différencie-t-il les énoncés qui appellent une réponse verbale des énoncés qui appellent une réponse non verbale?».

Il reste que, pour accéder à une meilleure maîtrise de son rôle, linguistique et social, l'enfant ne peut conserver cette stratégie primitive, mais est conduit à discriminer davantage les énoncés qu'on lui adresse. S'il lui suffit d'épingler les mots *fermer* et *porte* (ou même un seul de ces deux mots dans un contexte situationnel où une porte est ouverte) pour produire une réponse adéquate à des énoncés tels que *Tu ne veux pas fermer la porte?* ou *Pourquoi ne fermes-tu pas la porte?*, la généralisation de sa démarche le conduira à un échec, s'il est exposé à des requêtes autrement encodées: *Il vaut mieux que tu ne fermes pas la porte; Il faut vraiment que tu fermes la porte?*

Carrell (1981) distribue à des enfants de 4, 5, 6 et 7 ans un crayon bleu, un rouge, ainsi qu'une feuille où figurent des cercles incolores; les sujets sont invités à colorier les cercles conformément aux requêtes qu'on leur adresse: en bleu si l'énoncé le demande, en rouge s'il stipule que le cercle ne devrait pas être colorié en bleu. Les deux premières phrases sont des impératives, les 18 autres recourent à des tournures plus indirectes, comme celles-ci:

a) *Why not colour the circle blue?* («Pourquoi ne pas colorier le cercle en bleu?»).
b) *You should colour the circle blue* («Tu devrais colorier le cercle en bleu»).
c) *You shouldn't colour the circle blue* («Tu ne devrais pas colorier le cercle en bleu»).
d) *Does the circle really need to be painted blue?* («Faut-il vraiment colorier le cercle en bleu?»).

On retiendra surtout les résultats suivants: les enfants les plus jeunes répondent adéquatement (au moins 75 % de bonnes réponses) à 7 des 20 requêtes; les plus âgés à 19 de ces requêtes. Les sujets semblent être influencés par la forme superficielle (positive ou négative) de l'énoncé: ils auraient tendance à interpréter plus volontiers les phrases sans négation (*b* aussi bien que *d*) comme une invitation à accomplir l'action mentionnée, et les requêtes négatives du point de vue formel (*a* et *c*) comme une invitation à ne pas accomplir cette action. Si on regrette que Carrell ne se soit pas interrogée sur la fréquence relative des différentes formulations proposées aux sujets et n'ait pas mis cette variable en rapport avec les résultats obtenus, on versera à son crédit la comparaison qu'elle établit entre les données enfantines et celles qu'avaient obtenues Clark et Lucy (1975) chez des adultes placés dans des conditions expérimentales: la maîtrise graduelle par l'enfant de la portée des diverses formulations s'aligne de façon presque parallèle sur le degré de difficulté (estimé en temps de réaction) de ces mêmes formulations pour les adultes.

La compréhension par l'enfant des requêtes allusives (qui ne mentionnent pas ce que le locuteur attend de son partenaire) se révèle d'un accès plus délicat encore. Du côté méthodologique, un obstacle supplémentaire surgit: la valeur des insinuations se définit notamment par la plus grande latitude qu'elles laissent à l'interlocuteur de ne pas tenir compte de la demande qu'on lui adresse (il est plus facile, socialement, de faire la sourde oreille lorsqu'un visiteur, par une pluie battante, émet des doutes sur l'imperméabilité de son manteau, que lorsqu'il dit *Vous ne pourriez pas me prêter un parapluie?*); une absence de réponse de la part de l'enfant à qui on adresse une demande allusive n'implique donc pas nécessairement qu'il n'a pas compris la valeur du message: cette absence de réaction peut signifier tout autant qu'il n'est pas disposé à faire ce qu'on lui suggère ainsi de façon oblique (Ervin-Tripp, 1977; Garvey, 1975).

Comme la production de ces requêtes, leur compréhension suppose atteintes par l'enfant une certaine connaissance de l'univers et la possibilité de pratiquer des inférences, c'est-à-dire un certain développement cognitif; elle repose aussi sur la capacité de prendre en considération les souhaits d'autrui et une disposition à les satisfaire, ce qui conduit à envisager le développement social de l'enfant.

La compréhension des requêtes allusives est attestée dès 3 ans (Dore, 1977b, 1979a, 1979b; Ervin-Tripp, 1977; Garvey, 1975), particulièrement dans des situations fortement structurées, où l'enfant sait ce qui est obligatoire, ce qui est interdit, ce qui est habituel: à l'école maternelle, quand l'institutrice dit *Il est 4 heures,* son énoncé est bien interprété par les enfants comme une invitation à se lever et à se diriger vers le vestiaire. Il en va de même pour différentes activités routinières ayant pour cadre l'école ou la maison. Pour le reste, on ne dispose jusqu'ici que de connaissances extrêmement lacunaires et on ne comprend guère les mécanismes grâce auxquels se développe la compréhension des allusions. Ainsi, pour reprendre un exemple d'Ervin-Tripp, certains enfants comprennent dès 4 ans, lorsqu'ils décrochent le téléphone et qu'on leur demande *Est-ce que ton papa est là?*, que leur correspondant ne souhaite pas seulement s'assurer de la présence du père, mais lui parler; on ne voit cependant pas pourquoi d'autres enfants attendent 10 ans avant de faire cette même inférence.

On peut penser, avec Ervin-Tripp, que la juxtaposition systématique d'une requête allusive et de son explicitation (comme dans *Est-ce que ton papa est là? Je voudrais lui parler*) favorise l'interprétation de l'allusion, tout comme les gestes et les expressions faciales qui accompagnent souvent de façon redondante les demandes formulées indirectement. La vérification de cette hypothèse se révèle seulement bien malaisée.

Domaine d'accès délicat, souvent problématique, la maîtrise par l'enfant des actes indirects de langage mérite cependant une attention toute particulière de la part des psycholinguistes. Si l'on songe par exemple à l'inquiétude que suscitent chez bien des enfants des formules telles que *Je vais te mettre la tête entre les deux oreilles*, on peut supposer en effet que certains messages sont interprétés d'abord globalement, du point de vue de leur fonction pragmatique — comme étant des menaces, des prières, des invitations, etc. — bien avant d'être décodés du point de vue sémantique et syntaxique. Un modèle de l'acquisition du langage qui ne tiendrait pas compte de tels processus risquerait d'oblitérer singulièrement des régularités essentielles.

CHAPITRE VI - NOTES

[1] Paulus (1969) fournit une synthèse et une discussion des travaux classiques sur les fonctions du langage.
[2] Pour une synthèse plus détaillée, voir Rees (1978).
[3] Sur les règles qui gouvernent le dialogue, on verra notamment Grice (1975).
[4] Bruner (1975a, 1975b, 1977, 1978), Bruner et Sherwood (1976), Ninio et Bruner (1978), Ratner et Bruner (1978), Scaife et Bruner (1975), ainsi que les recueils d'études publiés par Lock (1978) et Schaffer (1977). Lepot (1979-1980) présente une synthèse, plus détaillée que la nôtre, des apports de ces recherches. Pour le développement ultérieur des aptitudes conversationnelles, on pourra se reporter à Berninger et Garvey (1981), Dore (1979a, 1979b), Ervin-Tripp et Mitchell-Kernan (1977), Garvey (1975, 1977, 1979), Martlew (1980), Martlew et al. (1978), Slama-Cazacu (1977a, 1977b). Pour une synthèse, voir Ervin-Tripp (1979).

⁵ En fait, les conclusions auxquelles aboutissent Bruner et ses collaborateurs, de même que la plupart des travaux axés sur cette problématique, reposent sur des observations de dyades mère-enfant. Il est possible que ce ne soit pas son statut de mère, mais d'adulte, qui confère ce rôle particulier à la mère. D'autres travaux, comme ceux de Wyatt (1969), désignent par le terme *mère* la personne qui s'occupe le plus de l'enfant. Il convient de tenir cette réserve à l'esprit au cours de tout le chapitre.

⁶ Bateson (1975) parle à juste titre de «proto-conversation». Voir sur ce sujet les études éditées par Bullowa (1979), Jones (1977), Lewis et Freedle (1973), Strain et Vietze (1975). Pour une synthèse de ces travaux, voir Rondal (1978a, p. 19-20, 23-25), à qui nous avons repris les dernières références.

⁷ Jusqu'ici au moins, on peut retrouver des évolutions comparables dans la communication entre espèces, comme celle qui s'établit entre les humains et les animaux domestiques: chiens et chats effectuent dans un premier temps les mouvements nécessaires à l'ouverture d'une porte, par exemple; dans un autre temps, l'effort se réduit nettement, jusqu'à n'être plus que signal ritualisé, cependant que le regard cherche celui de l'homme, aboiements ou miaulements n'étant utilisés parfois qu'à titre de renforts. Ceci souligne l'idée que l'évolution des conduites communicationnelles représente une condition initiale nécessaire mais non suffisante à l'installation du langage. Sur les capacités de communication symbolique chez l'animal, on se reportera aux intéressantes expériences de E.S. Savage-Rumbaugh et al. (1978) et de R. Epstein et al. (1980), les premières sur le chimpanzé, la seconde sur le pigeon.

⁸ Werner et Kaplan (1963), Bates (1976) rencontrent aussi une semblable évolution du comportement. Voir aussi la section 2 de ce chapitre.

⁹ Les travaux de Josse et al. (1973), Lezine (1977), Lezine et al. (1976), Widmer et Tissot (1981) confirment cette précocité des manifestations sociales.

¹⁰ Bruner (1978) traite aussi de cette observation.

¹¹ Nous reprenons l'expression à Snow (1977a), dont les constatations rejoignent celles de Ninio et Bruner.

¹² C'est nous qui traduisons.

¹³ Ceci est confirmé dans les études de Rodgon et al. (1977), Sylvester-Bradley et Trevarthen (1978).

¹⁴ Skinner (1957) envisage aussi cette problématique, mais là où il est question d'acte illocutoire, il prend moins en compte l'intentionnalité du comportement que ne le font Austin et Searle; là où ceux-ci parlent d'acte perlocutoire, Skinner verrait le renforcement du comportement verbal, à supposer que tous les effets perlocutoires soient manifestes pour le locuteur, condition que ne requièrent pas les auteurs de la présente distinction. Les divergences ne doivent cependant pas empêcher de relever, le cas échéant, les points de convergence.

¹⁵ Dore (1979b) estime que la terminologie de Bates est sujette à caution: les étiquettes *impératif* et *déclaratif* renvoient à des marques grammaticales explicites, or celles-ci font évidemment défaut au stade observé, et ce que Bates nomme *proto-impératif* ne débouche pas nécessairement sur des énoncés avec la marque de l'impératif, mais d'une manière plus générale, sur des requêtes.

¹⁶ La citation est extraite du texte de Bates et al. (1975), repris dans le volume de Ochs et Schieffelin (1979), p. 126.

¹⁷ Si dans les premiers travaux, Bates et son équipe envisagent le développement cognitif et le développement social comme des *prérequis* au développement linguistique, une autre conception apparaît dans Bates et al. (1977): «... la performance dans les tâches sensori-motrices et la performance dans les situations sociales sont toutes

deux conçues comme étant des manifestations représentatives d'un « stade » opératif commun, qui n'est *en lui-même* orienté ni vers l'interaction sociale ni vers l'interaction non sociale. Dès lors, le « prérequis » au développement social, au développement linguistique et au développement cognitif (dans le sens de la performance dans des tâches cognitives) est la construction de schèmes opératifs qui caractérisent les interactions avec les objets et les événements sociaux et physiques » (p. 287; c'est nous qui traduisons).

[18] L'ouvrage de 1975 regroupe, exception faite pour un chapitre et demi, différents articles parus entre 1973 et 1975, mais d'accès difficile, sauf en ce qui concerne le travail paru dans le recueil de Lenneberg et Lenneberg (1975). L'ouvrage de 1976 est une sélection de textes, parmi quelque 90 travaux de Halliday, publiés ou non, qui précisent son cadre théorique. Le livre de 1978 est lui aussi essentiellement un recueil d'articles, parus entre 1972 et 1976, et axés plus nettement sur la sociolinguistique. La place privilégiée que nous accordons à l'œuvre de Halliday ne doit pas laisser dans l'ombre que d'autres chercheurs, à peu près à la même époque que lui, orientaient aussi leurs recherches dans une voie analogue: ainsi Antinucci et Parisi (1975), Dore (1974, 1975), Kennan (1974), Sacks et al. (1974).

[19] Chez l'adulte, on pourra distinguer pour tout énoncé une *fonction idéationnelle* (la valeur référentielle de l'énoncé, y compris les connexions logiques), une *fonction interpersonnelle* (on s'assigne un rôle et on assigne un rôle au partenaire) et une *fonction textuelle* (on structure son expression, du point de vue lexical, syntaxique, intonatoire, etc., mais aussi d'après le contexte d'énonciation, différemment suivant qu'on est engagé dans une narration, un dialogue, etc.).

[20] Ce que Halliday résume d'une formule très séduisante, mais assurément trop lapidaire: « A la fin de la phase II, l'enfant a effectivement maîtrisé le système linguistique du langage adulte. Il passera le reste de sa vie à apprendre le langage lui-même » (1975, p. 32; c'est nous qui traduisons).

[21] Ces trois moyens linguistiques renvoient bien sûr directement à ce que Jakobson (1956) appelle la fonction conative. Il n'est pas sûr que les autres moyens linguistiques énumérés dans le texte seraient considérés comme relevant de cette même fonction.

[22] Les protestations ne peuvent-elles pas être interprétées, parfois, comme des requêtes d'une *autre* action, ou d'un arrêt de l'action?

[23] L'étude de Dale (1980) porte sur quatre enfants observés durant cinq séances espacées de trois mois en trois mois, à partir de 1 an. Les fonctions pragmatiques apparaissent dans l'ordre suivant:
- Etiquettes (de forme nominale) décrivant l'environnement.
- Salutations et formes ritualisées (*byebye, nightnight*).
- Commentaires décrivant les attributs perceptibles des objets et des événements: couleur, forme, lieu, mouvement, action; commentaires allant au-delà de l'information directement accessible (possessifs, lieu habituel...); appels de l'attention.
- Requêtes pour des objets présents, pour des actions ou pour des permissions.
- Affirmations (réponses affirmatives à une proposition).
- Dénégations (réponses négatives à une proposition).
- Références au passé ou au futur; requêtes pour des objets absents; requêtes d'information.
- Négations exprimant l'absence ou la disparition d'un objet (*all gone*); rejet d'un objet ou d'une action.

[24] Nous adoptons, conformément à l'usage de plusieurs auteurs, l'expression *actes indirects*. Ces termes ne sont pas, pourtant, incontestables. En effet, ils impliquent que l'on puisse distinguer sans ambiguïté des actes *directs* et des actes *indirects* de

langage, et ils laissent entendre que ces derniers viennent en second par rapport aux premiers, amenant des nuances et des écarts par rapport à un noyau plus fondamental. Or, c'est là une vue de grammairien, ou de logicien, qui, ayant procédé à une abstraction des formes directes, jugées primordiales, prête la même hiérarchisation aux sujets parlants. Mais dans la langue telle qu'elle se pratique, et telle que l'enfant y est exposé, il n'y a pas de distinction, moins encore de priorité, entre formes *directes* et *indirectes,* mais seulement une multiplicité de formes correspondant chacune à un ensemble distinct de conditions extralinguistiques d'énonciation.

[25] Il s'agit d'une étude non publiée dont les données sont rapportées par Ervin-Tripp (1977).

[26] Cet exemple est éclairant aussi sur la difficulté qu'il y a à cerner la notion de requête indirecte. En demandant — de manière directe — une pièce de monnaie à l'adulte, l'enfant lui demande-t-il vraiment — de manière indirecte — un chewing-gum ? Peut-on considérer que sa requête fait allusion à son souhait d'obtenir un chewing-gum ?

Chapitre VII
Le rôle de l'entourage

Il paraît évident que l'évolution du langage chez l'enfant n'est pas indépendante de l'environnement verbal auquel il est exposé. Pourtant, à quelques exceptions près, il a fallu attendre les années 70 pour que les caractères de l'interaction avec cet entourage soient explorés avec quelque minutie. Précédemment, on s'en tenait généralement à signaler l'influence que peuvent exercer sur le développement linguistique de l'enfant la langue parlée par ses parents et la classe sociale à laquelle ils appartiennent. Les premières études se sont souvent bornées à recueillir les énoncés enfantins, en négligeant, faute notamment de moyens techniques comme le magnétophone ou le magnétoscope, de transcrire avec une égale rigueur les énoncés des interlocuteurs comme de noter avec précision les contextes situationnels. La psycholinguistique actuelle est manifestement plus consciente de l'interdépendance étroite de tous les aspects du développement: elle ne prend pas seulement en compte les structures linguistiques produites par l'enfant, mais tend à élargir son champ d'investigation à l'ensemble des conduites relationnelles dans lesquelles s'inscrivent les interactions verbales et dont le développement verbal de l'enfant reçoit indubitablement la marque.

1. Le comportement linguistique de l'entourage [1]

Le chapitre précédent illustrait déjà l'importance du rôle de l'entourage dans le modelage des conduites pré-verbales et verbales de l'enfant. A partir du moment où l'on considère l'acquisition du langage comme s'inscrivant dans un cadre relationnel, il y a d'ailleurs quelque artifice à dissocier, dans la présentation, les apprentissages de l'enfant et les pratiques utilisées par ceux de qui il apprend, puisque aussi bien, comme on l'a souligné, ces deux aspects de la question sont étroitement interdépendants. La frontière entre les deux domaines est moins due à une différence d'objet qu'à une focalisation différente de l'attention sur un même objet.

A. *Le langage modulé*

On a depuis longtemps relevé que les adultes s'adressant aux enfants usaient d'une variété de langue que l'on a appelée le langage-bébé. On a beaucoup discuté sur sa portée éducative, et les auteurs les plus influents l'ont condamné en prétextant qu'il entraverait la progression de l'enfant [2]. Sur ce point, les attitudes varient cependant beaucoup de culture à culture : si la croyance que le langage-bébé inhibe le développement du langage est largement répandue dans les milieux occidentaux, cette notion est totalement étrangère aux Arabes, par exemple.

En fait, la caractérisation de ce langage et de son influence n'ont suscité d'études systématiques que depuis peu [3]. Ici aussi, la multiplication des travaux s'explique peut-être, au moins partiellement, par une volonté de réagir contre l'attitude qui prévalait dans la psycholinguistique des années 60 : soucieux de fonder l'hypothèse de moyens linguistiques innés, les transformationalistes mettaient l'accent sur la complexité de l'entreprise à laquelle l'enfant était confronté, complexité particulièrement accrue, selon eux, par la pauvreté et la mauvaise qualité des données linguistiques (l'input parental) à partir desquelles il avait à construire la grammaire de sa langue. Les travaux récents ont amené à nuancer fort sérieusement cette assertion.

On constate en effet que les locuteurs adoptent des modes linguistiques différents suivant qu'ils s'adressent à un adulte ou à un enfant, sans que leur façon de parler, dans ce dernier cas, se confonde nécessairement avec le langage-bébé. Pour mieux la distinguer du langage-bébé, nous désignerons la variété linguistique dont usent les adultes quand leur interlocuteur est un enfant par l'étiquette de *langage modulé*[4].

Ce qui remet gravement en cause l'argument des transformationalistes quant à la mauvaise qualité de l'input parental, c'est que le langage modulé présente bon nombre de caractéristiques phonétiques, syntaxiques, sémantiques et lexicales, de nature à faciliter l'apprentissage de la langue par l'enfant.

Du point de vue phonétique, on constate que les adultes parlent plus lentement lorsque leur interlocuteur est un enfant, qu'ils font plus de pauses et des pauses plus longues, qu'ils surveillent davantage leur articulation, qu'ils parlent sur un ton plus aigu, et qu'ils accentuent le contour prosodique des phrases.

D'une manière générale, la syntaxe est de meilleure qualité quand les propos s'adressent à un enfant plutôt qu'à un adulte (moins de ruptures de construction, de phrases inachevées, de reprises, d'incorrections). Les phrases du langage modulé sont par ailleurs plus courtes, elles comportent moins de subordonnées; on y observe moins de bouleversements d'unités (ainsi, la fréquence des phrases passives y est réduite; en français, on observe plus souvent *Où il est* que *Où est-il*, par exemple).

Dans le domaine sémantique et lexical, ce langage se caractérise par sa redondance (beaucoup de constituants font l'objet de répétitions partielles ou totales)[5]; les relations sémantiques entre les unités présentent une complexité nettement moindre que dans le langage entre adultes; le lexique comporte un nombre restreint de mots, dont la sélection repose sur un critère qu'il est difficile de définir autrement qu'en termes d'utilité: ainsi, l'étiquette *chien* est fournie avant la sur-ordonnée *bête* ou *animal* ou avant les sous-ordonnées, *berger, épagneul* ou *cocker* (Brown, 1958)[6]. Dans les communautés linguistiques qui font un usage productif des diminutifs (*-y/-ie* en anglais, *-ino/-etto* en italien, etc.), ceux-ci sont particulièrement fréquents.

Si l'on considère par ailleurs l'aspect discursif des propos adressés à l'enfant, on y relève un plus grand nombre d'interrogatives, d'impératives et de répétitions.

Chaque langue peut ajouter aux caractéristiques qu'on vient de mentionner l'une ou l'autre particularité: le *wou-wou* ou *wa-wa* pour *chien* n'a rien d'universel, pas plus que la tendance à substituer /p/ à /h/ dans le langage modulé japonais. Mais les travaux de Ferguson (1964, 1977b), qui prennent en compte une quinzaine de langues (indo-européennes, amérindiennes, sémitiques, etc.), parlées par des communautés culturelles très diversifiées, attestent la présence très généralisée de la plupart des traits qu'on a énumérés.

Les modifications que connaît le langage adressé à l'enfant par rapport au langage utilisé entre adultes semblent jusqu'ici, non sans l'une ou l'autre variation, assez largement indépendantes des classes sociales (Snow et al., 1976), du sexe de l'adulte (Rondal, 1980), de son statut de parent ou de non-parent (Snow, 1972). Il n'est d'ailleurs pas réservé aux seuls adultes : dès 4 ans, les enfants infléchissent leur langage dans le sens signalé, lorsqu'ils parlent à de plus jeunes qu'eux (Berko-Gleason, 1973; Sachs et Devin, 1976)[7].

Même si l'adoption du langage modulé n'est pas toujours due à un souci didactique délibéré chez les adultes, même si elle résulte souvent plus des contraintes sémantiques et situationnelles qui pèsent sur le discours qu'ils peuvent tenir à de jeunes enfants, on peut penser que le recours à ce langage participe d'un ensemble de processus éducatifs implicites : l'adulte amorcerait l'apprentissage d'un système complexe en en présentant d'abord un «modèle miniaturisé»[8], plus clair par ses traits phonétiques, plus simple par sa syntaxe, son lexique et sa sémantique. Il n'est dès lors pas déraisonnable de faire l'hypothèse que les diverses caractéristiques du langage modulé favorisent le développement linguistique de l'enfant. La vérification de cette hypothèse s'avère particulièrement malaisée cependant, et ce pour diverses raisons.

Tout d'abord, les différents traits du langage modulé se définissent en termes de plus et de moins, qui permettent toute une gradation des modifications; ainsi, on y relève un vocabulaire plus simple que dans le langage adressé aux adultes : mais un vocabulaire squelettique serait aussi «plus simple» que celui du discours entre adultes, et on peut penser qu'une réduction drastique serait néfaste au développement. Or, on se trouve encore loin du stade auquel on pourrait déterminer le degré optimal que doit atteindre la simplification.

En second lieu, les attitudes parentales se modifient en fonction de l'évolution de l'enfant[9], et pas toujours au moment que l'on soupçonnait. Ainsi, Snow (1977) relève que des transformations notables affectent le discours de la mère (proportion des temps utilisés, thèmes traités, nombre de verbes, d'impératives, d'interrogations), non pas au stade où l'enfant serait à même de comprendre les propos qui lui sont adressés et d'y répondre adéquatement, mais bien avant, lorsqu'il est âgé de 6 mois : certaines caractéristiques du langage modulé peuvent être imputées à l'intention de l'adulte d'introduire le bébé dans un dialogue (voir chapitre VI), plutôt que de le voir progresser dans l'acquisition de la langue. On a noté en revanche que, lorsque l'enfant commence à parler, la mère tient un compte fort exact de ses connaissances lexicales, et que la complexité syntaxique et sémantique du discours maternel croît de façon relativement continue, passé 18 mois, en parallélisme avec les acquisitions de l'enfant, la mère devançant toujours un peu celui-ci (voir notamment Rondal, 1978a, 1981, sous presse). Ces dernières données, on le notera, cadrent bien avec l'idée que le recours au langage modulé constituerait un processus éducatif implicite : on peut les interpréter comme signifiant que l'adulte comble graduellement l'écart entre le niveau auquel se trouve l'enfant et le niveau à atteindre par échelons très progressifs.

Malgré les obstacles qu'on vient de mentionner, quelques traits généraux concernant l'impact bénéfique ou non du recours au langage modulé commencent à se dégager. Ainsi, plusieurs auteurs signalent qu'une élévation de la hauteur tonale attire davantage l'attention du bébé[10]. Newport et al. (1977) trouvent un rapport entre la qualité de l'articulation chez la mère et l'acquisition des inflexions morphologiques. La relation entre simplification globale du langage maternel et développement linguistique général de l'enfant demeure un sujet de débat, dans l'état présent des recherches, peut-être à cause des deux sources de difficultés qu'on vient de mentionner, peut-être aussi parce que les travaux diffèrent quant aux indices utilisés, aux situations où les comportements sont observés, au nombre de dyades étudiées[11]. Si Nelson (1977), Newport et al. (1977) ne rencontrent pas de corrélations significatives entre ces variables, Furrow et al. (1979) constatent que certaines particularités (et précisément celles qui vont dans le sens d'une simplification) du langage utilisé par les mères parlant à des enfants de 1;6 an apparaissent comme des prédicteurs fort fiables du développement linguistique de ces enfants 9 mois plus tard — ce que ne retrouve pas Kaye (1980a) sur un nombre plus élevé de dyades. En revanche, dans l'un et dans l'autre travail, la complexité du langage maternel adressé à des enfants d'un peu plus de 2 ans est liée positivement aux capacités linguistiques de celui-ci, à ce stade précis[12].

On le voit, les données se présentent comme fort touffues et appellent d'autres investigations, qui devraient déterminer notamment la raison des divergences entre les études. Un bilan, dans l'état actuel des choses, ne pourrait être que conjectural. On se souviendra toutefois, avant de conclure, qu'en considérant la question sous l'angle de la pathologie linguistique, Wyatt (1969) attribuait, de manière plus intuitive, les troubles que présentaient certains enfants à l'usage par leur mère d'une langue trop complexe. Or, dans les diverses études dont on a fait état, toutes les mères observées simplifient leur discours dans des proportions relativement stables par rapport à celui qu'elles tiennent à des adultes [13].

D'un autre côté, si l'avenir permet de recueillir des corrélations significatives — positives ou négatives — de manière plus régulière et stable qu'actuellement, on gardera aussi présent à l'esprit que les corrélations, outre qu'elles n'indiquent jamais un rapport de causalité, peuvent très bien apparaître entre deux variables dont l'une serait seulement le témoin d'une troisième, non prise en considération. En l'occurrence, comme précisément on se trouve dans un domaine où règnent les processus dialectiques, comme il semble que l'entourage module son langage en fonction du développement de l'enfant, et que les progrès linguistiques de celui-ci soient au moins partiellement tributaires des données verbales auxquelles il est soumis, c'est d'une manière bien plus générale, la capacité d'adaptation des partenaires l'un à l'autre qui pourrait être en cause. En termes plus concrets, il ne suffit pas à l'entourage d'exposer l'enfant à un modèle verbal défini une fois pour toutes : il s'agit de lui fournir le langage qui LUI convient, au stade particulier où il se trouve ; il importe aussi que ces données verbales s'intègrent dans un cadre où chacun communique avec l'autre, ce qui implique, de la part de l'adulte, un intérêt pour l'enfant en tant que partenaire, une sensibilité à ses besoins, à ses intentions, à ses capacités, à ce qu'il comprend, à ce qu'il tente de communiquer.

B. *Réactions des adultes au langage de l'enfant*

On vient d'examiner la façon dont l'adulte modifie le langage qu'il adresse à l'enfant. Il reste à considérer comment les productions verbales sont accueillies par l'adulte : dans quelle mesure ce dernier comprend-il adéquatement ce que l'enfant veut signifier ? corrige-t-il les constructions incorrectes (du point de vue de la grammaire adulte) ? répète-t-il volontiers les propos de l'enfant ? etc. Ce versant des comportements adultes a été moins étudié que le précédent ; on ne peut pourtant exclure a priori que ces variables influent aussi sur le développement linguistique de l'enfant.

L'immaturité linguistique de l'enfant, qu'on envisage le développement phonologique, morphologique, syntaxique ou lexical, rend ses productions parfois difficilement compréhensibles, surtout dans les premiers stades. L'interprétation que donne l'adulte aux énoncés enfantins se fonde souvent sur la connaissance qu'il a du répertoire habituel de l'enfant, de la situation où les énoncés ont été produits[14], et, d'une manière bien plus générale, sur la connaissance qu'il a du vécu de l'enfant. Le sens d'une séquence comme /agagekɛo/ doit rester fort imperméable à un auditeur qui ignorerait que cet enfant désigne les trains par l'étiquette /kɛ/, qu'il a coutume d'aller les regarder passer par la fenêtre d'une pièce située à l'étage («en haut»), et qu'en prononçant cette phrase, il se prépare à monter l'escalier (ce qui permet de décider qu'il exprime ainsi une intention plutôt qu'une référence à une expérience passée ou présente). Il n'est dès lors pas surprenant que les décodeurs les plus habiles soient précisément les personnes qui partagent le plus étroitement la vie de l'enfant, la mère occupant de ce point de vue, dans notre société, une place privilégiée. Weist et Kruppe (1977), Rondal (1980) observent que la mère témoigne d'une meilleure compréhension des énoncés produits par son enfant que le père, par exemple. On constate également que la fréquentation assidue d'un enfant (le statut de mère, dans le travail de Weist et Kruppe) facilite la compréhension du langage pratiqué par d'autres enfants, au même stade de développement: ceci peut s'expliquer sans doute par une familiarisation avec les particularités générales du langage enfantin, telles que l'assimilation des consonnes ou le caractère instable du signifié (voir le chapitre IV).

Reprenons l'exemple proposé tout à l'heure et supposons qu'il ait été effectivement décodé comme signifiant en gros «Je vais regarder les trains en haut». L'adulte va-t-il réagir au caractère peu satisfaisant de la formulation en la désapprouvant, ou s'émerveiller au contraire des progrès linguistiques de l'enfant et témoigner son approbation par un «Comme il parle bien» ou par un «C'est bien», ou bien encore ne rien signaler verbalement qui touche à la formulation et répondre seulement au contenu véhiculé par le message? En fait, sur ce point aussi, les données dont on dispose sont difficiles à assembler. Pour Brown et al. (1967, 1970), les commentaires portant sur le langage de l'enfant apparaîtraient fort rarement; lorsque ces auteurs rencontrent des marques d'approbation ou de désapprobation chez les adultes, elles portent essentiellement sur l'adéquation à la réalité des énoncés produits; sauf cas marginaux, les adultes ne prennent en considération que la valeur de vérité des propositions formulées par l'enfant et non la correction formelle de ses propos. Brown et al. concluent, sans plus ample examen, que les commentaires centrés sur la forme des messages ne peuvent jouer qu'un rôle tout à fait mineur dans le développement du langage.

En revanche, Moerk (1975), Newport et al. (1977), Rondal (1978b, 1981, sous presse), relèvent chez les parents de nombreuses manifestations explicites de l'intérêt que ceux-ci portent à la formulation adoptée par l'enfant; ainsi, pour Rondal, 10 à 20 % des productions verbales de l'adulte constituent des approbations ou des désapprobations des énoncés construits par l'enfant[15]. Pour rendre ces données compatibles avec celles de Brown et de ses collaborateurs, on est réduit à supposer que les divergences tiennent à la façon dont les décomptes ont été effectués dans les diverses études, ou bien au type de dyades observées: on ne peut en effet exclure a priori que les réactions parentales diffèrent suivant l'âge de l'enfant, son niveau linguistique, suivant aussi l'attitude que les parents adoptent par rapport à la langue, attitude qui pourrait être à son tour fonction du milieu socioculturel (voir la section 3 de ce chapitre). De plus amples investigations aideraient à éclaircir le débat dont l'enjeu mérite l'attention: les auteurs mentionnés en deuxième lieu observent en effet une corrélation entre le nombre d'approbations ou de désapprobations parentales et certaines caractéristiques du discours enfantin.

D'autres réactions des parents aux propos de l'enfant peuvent être aussi, au moins à titre d'hypothèse de travail, considérées comme des processus éducatifs implicites. Cazden (1965)[16] avait suggéré en ce sens de distinguer des *expansions* (grammaticales) et des *extensions* (sémantiques). Dans le premier cas, l'entourage reprend l'énoncé de l'enfant en le reformulant d'une façon plus conforme aux règles en cours dans la langue; après l'énoncé enfantin /agagekɛ̃o/, l'adulte dirait, par exemple, *Oui, tu vas regarder les trains en haut*[17]. Dans les extensions sémantiques, l'adulte fournit un énoncé différent et apporte dans la conversation une idée nouvelle, associée à celle que vient d'exprimer l'enfant, et qui la prolonge, par exemple, *Oui, c'est bien quand ils roulent vite, hein!*

Cazden a soumis des enfants de 28 à 38 mois pendant 3 mois à des séances quotidiennes de conversation intensive en situation de jeu avec l'expérimentateur. Dans un groupe, l'expérimentateur intervenait systématiquement par des expansions. Dans un second, il intervenait par des extensions sémantiques, fournissant donc d'abondants modèles linguistiques corrects mais non étroitement greffés sur les énoncés immédiatement précédents de l'enfant. Un groupe de contrôle ne recevait aucun traitement particulier. L'analyse des résultats (ils portent sur 4 enfants par groupe), basée sur six mesures de développement verbal, ne met en évidence aucun effet positif des expansions. Par contre, les extensions sémantiques entraînent des progrès mesurables.

Cazden explique ces résultats en suggérant que la richesse des stimulations verbales serait plus importante que la minutieuse mise en correspondance des énoncés de l'adulte avec ceux de l'enfant. On notera cependant aussi que la situation expérimentale utilisée par cet auteur présente un caractère fort artificiel lorsqu'elle impose à l'adulte de se limiter uniquement à des expansions: si on se borne à reproduire sous une forme grammaticale ce que l'enfant vient de dire, on fausse les mécanismes de la conversation, qui impliquent à tout le moins un *échange* d'informations et un *partage* des tours de parole et des amorces de tours. Ceci apparaîtra plus concrètement dans un exemple; supposons le dialogue suivant:

Enfant: Regarder trains.
Adulte: Oui, tu vas regarder les trains.
Enfant: Roulent vite, trains.
Adulte: Oui, ils roulent vite, les trains.
Enfant: Rrroum.
Adulte: Oui, ils font beaucoup de bruit.

Il apparaît nettement que l'adulte, ici, se confine dans un rôle fort passif, qu'il ne relance pas la conversation, et que son attitude peut très bien être interprétée par l'enfant comme témoignant d'un manque d'attention ou d'intérêt: il ne manifeste pas qu'il prend part aux préoccupations de l'enfant; il se borne à acter ce que celui-ci vient de dire. L'inefficacité des expansions, dans l'expérience de Cazden, peut être attribuée tout autant à la pauvreté des échanges conversationnels qu'à la pauvreté des échantillons linguistiques fournis à l'enfant. Nelson (1977)[18], Newport et al. (1977) trouvent au contraire une relation positive entre le nombre d'expansions et certains aspects du développement verbal; il est possible de concilier peut-être leurs résultats et ceux de Cazden, si on tient compte des conditions où sont recueillies cette fois les expansions: dans le premier cas, elles sont mêlées à des extensions; dans le second, elles sont extraites de conversations spontanées où elles alternent bien sûr avec des répliques d'autres types.

Ceci implique que le problème des influences que peuvent exercer les réactions verbales de l'entourage aux propos enfantins doit être traité en des termes autrement plus complexes que ceux d'expansions et d'extensions, que le linguistique ne peut être totalement abstrait du dialogue dans lequel il intervient. Les travaux de Cross (1978), de Lieven (1978a, 1978b, 1980, sous presse), de Shugar

(1978), de Wells (1979a, 1979b), notamment, indiquent que c'est plutôt dans la manière dont la signification se construit à l'intérieur du dialogue, dans la «négociation réciproque du sens» (Wells, 1979a), qu'il convient davantage d'aller chercher des effets éventuels. Ainsi, Cross signale que le meilleur prédicteur du développement linguistique chez l'enfant est le nombre d'énoncés qui, chez la mère, sont sémantiquement en connexion avec ceux de l'enfant. Lieven, de son côté, étudiant trois dyades mère-enfant, met en évidence que les trois mères adoptent chacune un style différent dans leurs échanges linguistiques avec l'enfant: par exemple, si la mère de Kate entretient très souvent de véritables dialogues avec sa fille, celle de Jane lui pose moins de questions, se montre dans l'ensemble plus directive, moins attentive à ce que l'enfant veut signifier que soucieuse de l'entendre fournir une réponse déterminée; elle accueille aussi plus souvent les propos de l'enfant par des réponses minimales (*yes, no, mm, oh*) et greffe plus rarement ses interventions verbales sur celles de l'enfant. Lieven observe par ailleurs que le développement linguistique des trois enfants se signale par des différences marquantes, en termes, par exemple, de relations sémantiques exprimées ou de fonctions remplies par les messages linguistiques.

On est ainsi renvoyé, comme pour le langage modulé, à l'importance que revêt, pour le développement verbal de l'enfant, la manière dont l'adulte considère cet enfant en tant que partenaire et en tant qu'individu.

2. La relation mère-enfant: la part de l'affectivité

L'entourage verbal de l'enfant est constitué de toutes les personnes qui parlent autour de lui. Mais elles ne jouent certainement pas toutes un rôle égal dans l'acquisition. Certaines d'entre elles ne fournissent probablement qu'une sorte de toile de fond indifférenciée, négligeable dans la structuration du langage de l'enfant. Il y a tout lieu de penser que les membres de l'entourage les plus décisifs sont ceux qui non seulement parlent autour de l'enfant, mais lui parlent[19], et ceux qui non seulement lui parlent, mais tiennent une place capitale dans son univers, du point de vue, notamment, de son développement affectif.

La mère (ou son substitut) occupe sans doute à cet égard une place privilégiée. Il est donc éclairant d'observer les modalités de sa relation, verbale et non verbale, avec l'enfant et de les mettre en parallèle avec le développement du langage chez ce dernier.

Convaincue par l'expérience clinique de l'importance de ces facteurs à l'origine de nombreux troubles de l'acquisition du langage, Wyatt (1969), dans un ouvrage à bien des égards remarquable, a attentivement analysé et caractérisé la manière dont se déroulent les conversations quotidiennes banales entre mère et enfant. Conçue avant le déferlement des études strictement formelles, qui ont accompagné le courant transformationaliste, antérieure au succès des interprétations pragmatistes, son œuvre ne manifeste pas la même préoccupation pour les décomptes minutieux des divers comportements ou énoncés. Approche plus intuitive et globale, moins embarrassée de catégorisations et de corrélations que celles qu'on a passées en revue dans la section précédente, elle ne perd cependant rien de sa pertinence. Bien plus, d'une certaine manière, non sans quelque paradoxe, on éprouve parfois le sentiment que Wyatt, dès 1969, présentait, en filigrane, une synthèse partielle des connaissances auxquelles les travaux actuels nous amèneront peut-être à la fin des années 80.

Du point de vue méthodologique, Wyatt accorde la préférence aux situations naturelles, où les sujets ne soupçonnent pas le rôle de l'observateur; elle exige ainsi de ses psychologues stagiaires se spécialisant dans les troubles du langage qu'ils recueillent sur le terrain des dialogues mère-enfant, avec mention de tous les détails situationnels utiles à l'interprétation ultérieure des données verbales. Un compartiment de chemin de fer, l'autobus, la plage, la plaine de jeux sont des lieux d'élection pour cette forme d'éthologie humaine. Si l'on souhaite standardiser la situation, on invitera la mère à raconter un livre d'images à l'enfant, ou à entreprendre avec lui une tâche quelconque.

En ce qui concerne les interactions verbales, Wyatt classe les mères, en une première approximation, en trois grandes catégories: celles qui pèchent par défaut, celles qui pèchent par excès, celles qui se situent à un niveau optimum par rapport à celui de l'enfant pour favoriser sa progression. La transcription d'un extrait de dialogue illustrera mieux que des définitions abstraites ce niveau optimum. Nous empruntons cet exemple à Wyatt. Lisa est une fillette de 4 ans; la mère appartient à la classe moyenne.

(Lisa est assise dans une petite chaise à bascule et montre un livre à sa mère).
L. (tenant le livre). Voici mon chat.
M. (se penchant pour regarder) Où est le chat?
L . Sur un arbre. Il ne veut pas descendre pour son souper.
  Le papa chat n'était pas à la maison.
M. Il n'était pas à la maison?

L. Non. Il était monté sur un arbre — oh, mon doigt de pied ! (Elle saisit son pied).
M. Qu'est-ce qui est arrivé à ton doigt de pied ? Tu as fait rouler ta chaise dessus ?
L. Non. Je l'ai plié (Elle examine son orteil).
M. (frottant le pied de L.). Ça va mieux maintenant ?
L. (trouvant une autre image dans son livre). Oui. Regarde l'homme. Il écrit sur le chose.
M. C'est une machine à écrire. Il écrit sur une machine à écrire.
L. (se balançant). Regarde la barrière. I'ne peut pas passer par-dessus.
M. Non, la barrière est trop haute.
L. Un hangourou pourrait sauter par-dessus la barrière. Regarde comme je saute (Elle rit et saute deux fois).
M. (rit). Tu ferais un bon kangourou.
L. (retourne sur sa chaise, regarde le livre en silence pendant quelques secondes). Regarde les garçons. Ils jouent. J'ai chaud (Elle pose le livre par terre).
M. Mets le livre de côté si tu as fini de lire.
L. Ici ? (Elle traverse la pièce et montre la bibliothèque).
M. Oui (En indiquant) mets-le sur la planche du milieu.
L. Celle-ci ? (Elle touche la planche du milieu).
M. C'est cela. Tu es une bonne petite fille. Viens me donner un baiser.
L. (rit et court vers sa mère. Elle grimpe sur le divan et l'embrasse. La mère prend L. dans ses bras et l'embrasse).
M. Tu as chaud. Nous irons nager dans la piscine après le déjeuner.
L. (s'échappe vers le hall en chantant). On va nager, on va nager, on va nager.

Wyatt commente comme suit ce dialogue : « La mère offre un excellent modèle verbal à l'enfant. Elle articule clairement, use de phrases courtes et simples, appropriées à l'âge et au niveau de développement de l'enfant, elle emploie des mots et des phrases qui correspondent étroitement à ceux de l'enfant, elle lui enseigne des mots nouveaux, des différenciations entre objets et concepts voisins, elle lui fournit un feedback verbal spécifique et immédiat et elle enseigne sans qu'il y paraisse, dans un climat de gaieté et d'enchantement réciproque ».

Reprenons les différents points de cette analyse : la mère recourt à ce qu'on a appelé tout à l'heure le langage modulé, à un discours syntaxiquement et sémantiquement à la portée de son enfant, à ce stade de développement. Elle lui fournit sans cesse ce que Wyatt nomme des « feedbacks » linguistiques, moyens pour l'enfant de confronter ses productions verbales à un modèle qu'il n'a pu encore intérioriser. Ces feedbacks portent sur les aspects phonétiques, sémantiques ou syntaxiques de l'énoncé enfantin. Ainsi dans le dialogue avec Lisa, la mère répond, à une phrase comprenant le mot *hangourou*, par une autre comportant le mot correctement prononcé *kangourou (feedback correcteur phonétique)*. A un autre moment, elle substitue, au terme indifférencié *(le chose)* employé par l'enfant, le terme propre, immédiatement répété dans un nouvel énoncé :

« C'est une machine à écrire. Il écrit sur une machine à écrire ». *(feedback sémantique)*. A un énoncé *Livre lire,* produit par un enfant plus jeune, une autre mère réagit en disant « Tu veux que je lise un livre » aussitôt suivi chez l'enfant par la réplique *Lire livre,* qui atteste l'efficacité correctrice de l'expansion quant à l'ordre Verbe-Objet *(feedback syntaxique)*.

Pour être utiles, les feedbacks, selon Wyatt, doivent suivre immédiatement la production de l'enfant, être fréquents et limités à un aspect précis de l'énoncé, rester enfin assez proches de la langue pratiquée par l'enfant. L'adulte qui s'ingénie à user d'un langage très compliqué, dans le souci de fournir un modèle de haute qualité à l'enfant, provoque probablement une surcharge linguistique préjudiciable au développement verbal. C'est un des caractères des mères qui, dans leurs interactions verbales avec l'enfant, pèchent par excès.

En s'éloignant du terrain des observations strictement linguistiques, l'auteur note aussi que, dans cette conversation, les interventions de la mère se greffent directement sur les propos et les activités de l'enfant. En outre, ses interventions ne se présentent pas comme didactiques: même si elle favorise le développement verbal de son enfant, on n'a pas l'impression que cette mère lui donne des « leçons de langue ». L'intérêt manifesté par Wyatt pour les données situationnelles souligne enfin — mais ce n'est pas la caractéristique la moins importante de ses observations — à quel point la qualité de la relation verbale n'est qu'un aspect d'une relation globale: des échanges verbaux identiques ne revêtiraient nullement la même signification pour l'apprentissage du langage, s'ils n'étaient pas insérés dans le contexte de comportements affectivement gratifiants — la mère s'approche pour regarder avec l'enfant, elle intervient immédiatement pour apaiser une douleur, elle rit avec l'enfant, l'approuve, la récompense de baisers, etc.[20]. Ceci implique que lorsqu'on examine (comme on l'a fait dans la section précédente) les éventuels effets de la langue parlée à l'enfant par l'entourage ou les réactions parentales aux propos de l'enfant, on ne peut adopter une vue mécaniste des relations, suivant laquelle il suffirait aux adultes d'infléchir leurs attitudes langagières dans tel sens ou dans tel autre pour voir progresser l'apprentissage de la langue par l'enfant: ce que l'étude de Wyatt suggère, à tout le moins, c'est que les caractéristiques du discours parental ne sont qu'un témoin, un effet, d'une réaction à l'enfant bien plus globale et profonde, au cœur de laquelle risquent de ne jamais parvenir les décomptes du nombre de morphèmes ou des tours de parole. Ceci ne signifie évidemment pas qu'on jette un discrédit sur ce dernier type d'analyses : c'est en empruntant la voie qu'elles ont suivie qu'on fera se rapprocher le stade de l'objectivation. On signalera en ce sens le travail de Kaye (1980a, 1980b), qui constate que les mères adressent à leur enfant un discours différent suivant qu'elles adoptent à leur égard une attitude autoritaire, égalitaire, ou une attitude favorable à la construction du moi.

D'autres faits, tirés notamment de sa pratique thérapeutique, permettent à Wyatt d'asseoir et d'étendre son hypothèse d'une relation entre affectivité et développement du langage : ainsi, le cas, minutieusement et douloureusement rapporté, de sa propre fille, Nana, atteinte de bégaiement à une période où elle-même, en conflit avec l'enfant pour l'apprentissage de la propreté, accaparée par le travail et affaiblie par un état de santé déficient, ne disposait pas du temps et de l'énergie pour entretenir une relation satisfaisante ; des vacances communes permirent de restaurer les liens affectifs et la communication entre Nana et sa mère, les troubles ne tardèrent pas s'atténuer, puis à disparaître.

Le retard du point de vue linguistique, entre autres, dont souffrent les enfants placés dans des institutions (orphelinats, hôpitaux, etc.) est interprété également comme le fruit d'une carence relationnelle : pour Wyatt, il n'est pas donné à ces enfants de recevoir un feedback approprié, ni d'établir une relation affective intensive et continue avec un seul et même adulte.

L'analyse du cas de Debby fait surgir une autre dimension encore du problème ; abandonnée par sa mère pratiquement dès sa naissance, Debby passa plus de trois ans dans un hôpital autrichien, où elle acquit un certain bagage linguistique en allemand, non sans un retard notable. Adoptée vers trois ans et demi par une famille anglaise résidant en Angleterre, elle commença très péniblement à apprendre l'anglais, au contact de sa nurse, surtout, sa mère adoptive jugeant au départ plus propice à son adaptation de lui parler en allemand ; à quoi elle renonça bientôt pour s'adresser à Debby en anglais uniquement ; dès ce moment, l'anglais de la fillette se développa avec une remarquable rapidité, et elle compensa très vite son retard général. Comment interpréter ce brusque progrès linguistique ? Le recours à l'allemand par sa mère adoptive assurait sans doute une meilleure communication entre elle et Debby, plus habile en cette langue ; mais il conférait aussi à l'enfant un statut d'étrangère, d'« autre », par rapport tant à sa mère adoptive qu'au reste de l'entourage. Lui parler en anglais devait au contraire impliquer qu'elle était totalement adoptée, intégrée: « L'apprentissage de la parole n'est pas seulement pour l'enfant une expérience cognitive mais aussi une expérience profondément émotionnelle. Comme tout apprentissage émotionnel, il est accompli par un processus d'identification inconsciente » (p. 90)[21]. Ceci élargit évidemment de façon considérable le champ de la problématique liée à l'acquisition du langage.

3. Contexte sociologique et développement du langage

Une autre approche du rôle de l'entourage dans l'acquisition du langage consiste à déterminer en quoi les performances verbales de l'enfant sont influencées par le milieu économique, social et culturel dans lequel il est élevé[22]. Cette question ne relève pas d'un débat purement spéculatif: on observe en effet une relation indiscutée entre l'origine sociale des élèves et leur scolarité (nombre d'échecs, orientation vers l'enseignement professionnel ou général, accès à l'enseignement supérieur ...), et beaucoup de chercheurs songent à attribuer un rôle décisif, dans l'établissement de cette relation, aux usages linguistiques des divers milieux sociaux.

Schématiquement, la façon d'aborder le problème s'inscrit ou bien dans l'optique d'un *déficit* linguistique des classes socialement défavorisées, ou bien dans celle d'une *différence* linguistique, non susceptible de jugements de valeurs. Dans le premier cas, les difficultés scolaires des enfants défavorisés sont imputées, par des voies plus ou moins complexes, aux caractéristiques de leur langage, dans l'autre, de manière plus générale, au système socio-politique.

A. *La thèse du déficit*

La théorie la plus générale qui ait été avancée en ce sens est celle de Bernstein[23], qui marque indéniablement le champ de la recherche en cette matière, que les travaux se réclament de ses conceptions, s'en inspirent ou s'y opposent. Parfois perçue trop schématiquement, objet de malentendus et de controverses, cette théorie a été amenée à plusieurs reprises à se reformuler ou à se préciser davantage sur certains points. Nous retiendrons ici la version la plus récente (1971, 1972[24]).

Pour Bernstein, trois pôles au moins doivent être pris en considération: le milieu socioculturel, le langage et la manière dont les instances éducatives (la famille et l'école principalement) orientent le comportement de l'enfant, des interactions réciproques reliant chacun de ces pôles. Ainsi, le type de langage parlé par un enfant est fonction de son milieu, mais le langage, à son tour, détermine non seulement l'appartenance d'un individu à un groupe social, mais encore la possibilité d'analyser le fonctionnement de la société et par là-même la possibilité de changer de milieu.

Si l'identification des milieux soulève relativement peu de problèmes, la caractérisation de leur langage et des attitudes éducatives qui y sont adoptées demande quelques précisions.

En ce qui concerne le langage, Bernstein distingue, sous des étiquettes qui auraient pu être plus heureuses, le *code élaboré* et le *code restreint*. Aucune classe sociale n'utilise exclusivement l'un de ces deux codes (qui ne se définissent d'ailleurs pas comme des systèmes étanches), mais le recours au code élaboré est plus fréquent dans la bourgeoisie, cependant que les milieux ouvriers font plus souvent usage du code restreint. Ceci n'implique toutefois pas que la distinction proposée par Bernstein recouvre celle qu'on établit parfois entre langage normé [25] et langage populaire, ou entre divers niveaux de langue définis en fonction de critères formels: marques phonétiques, vocabulaire, syntaxe, idiomatismes. Si dans ses premiers travaux, Bernstein proposait un certain nombre d'indices formels pour caractériser les deux codes (longueur et complexité syntaxique des énoncés, richesse du vocabulaire, fréquence des différentes personnes de la conjugaison, etc.), il a abandonné peu à peu ces repères linguistiques précis au profit de la notion de «prédictabilité»: l'organisation syntaxique des énoncés et les choix lexicaux seraient largement plus prévisibles chez les utilisateurs du code restreint que chez les usagers du code élaboré [26].

Un deuxième critère, d'un autre ordre, oppose les deux codes: alors que le code élaboré véhicule des significations «universalistes», indépendantes du contexte où les énoncés sont produits, le code restreint transmet essentiellement des significations «particularistes», liées au contexte. Les usagers du code élaboré ne présupposent pas les informations connues de leurs interlocuteurs; ceci les amène à se faire très explicites et précis, mais leur permet en revanche de donner leurs propres interprétations, et d'individualiser ainsi leurs significations. Dans le code restreint, au contraire, les significations peuvent demeurer partiellement implicites, puisque adressées à des auditeurs qui partagent la même expérience contextuelle, mais elles sont limitées au terrain du consensus: les différences individuelles ne peuvent s'y manifester.

Enfin, les deux codes se caractérisent par leur degré de « spécificité », l'utilisateur du code élaboré module davantage son message en tenant compte des divers paramètres de la communication : récepteur, teneur du message, contexte, etc.

Pour Bernstein, le type de langage auquel l'enfant sera exposé jouera un rôle déterminant dans son orientation cognitive. De même, la manière dont l'entourage contrôlera son comportement. De ce point de vue, l'auteur distingue deux catégories principales de familles : celles qu'il appelle « positionnelles » et celles qui sont « centrées sur les personnes ».

Dans les premières, les relations entre les individus, et notamment les rapports d'autorité, se fondent sur un réseau préétabli de rôles, définis suivant les normes du milieu, en fonction de l'âge, du sexe et de la position de chacun à l'intérieur de la famille. Le contrôle du comportement de l'enfant s'y exercera principalement par des impératifs ou en faisant appel au statut des personnes ou à la tradition (« Fais ça parce que je te le dis » ou « Les filles ne se conduisent pas comme cela »), ce qui contribue à doter l'enfant d'une identité sociale plutôt qu'individuelle.

Dans l'autre type de familles, le statut des personnes est plus fonction de leurs différences individuelles ; il se fonde sur les caractéristiques, les intérêts et les intentions de chacun. La distribution des rôles y étant plus susceptible de constantes redéfinitions, l'entourage est amené à fournir un éventail plus large de justifications dans l'orientation des conduites de l'enfant, en invoquant les motifs et les conséquences de la régulation. L'enfant, dans ce type de famille, accède plus aisément à l'autonomie personnelle, parfois au détriment de son identité sociale.

Si Bernstein ne considère pas comme obligée la liaison entre milieu populaire, code restreint et famille positionnelle (ou entre milieu favorisé, code élaboré et famille centrée sur les personnes), du moins présente-t-il cette liaison comme fort probable ; son système prévoit en tout cas un déterminisme réciproque de chacune de ces variables sur les deux autres.

Nous éprouvons le sentiment, peu confortable, de n'avoir donné qu'un aperçu fort schématique de la thèse de Bernstein[27], qui, très touffue, soucieuse de prendre en compte autant de facettes que possible de la réalité, se prête malaisément à un résumé succinct. Il n'est pas exclu, cependant, que ce malaise trouve son origine dans celui qu'on éprouve parfois à lire l'auteur lui-même. Certains concepts manquent en effet de toute la clarté souhaitée : ainsi, on voit mal comment rendre opérationnels les critères qui opposent les codes restreint et élaboré, comment déterminer, par exemple, si un individu donné utilise l'un ou l'autre. A d'autres moments, il semble que de réajustement en réajustement, les notions se modifient, mais que l'auteur leur assigne néanmoins de temps à autre leur valeur initiale ; par exemple, l'étiquette de *code*, qui désigne dans les premiers travaux un moyen de véhiculer les significations, renvoie ultérieurement au type même de significations transmises, ce qui n'empêche pas l'auteur de prévoir que le code élaboré permet d'*exprimer* des significations universalistes. On pourrait relever d'autres ambiguïtés que celle-là, dues sans doute à la volonté de l'auteur de ne pas enfermer les faits dans un cadre trop rigide ou trop simpliste. A vouloir trop embrasser dans sa théorie, Bernstein ne parvient plus à être précis.

Diverses expérimentations ont tenté de mettre les thèses de Bernstein à l'épreuve. Nous envisagerons ici (les autres nous éloigneraient de notre propos) celles qui concernent la relation entre langage et classe sociale. Bernstein (1960) compare les résultats d'enfants de milieux contrastés aux tests d'intelligence suivant que les épreuves portent ou non sur le verbal : alors que les sujets de milieu favorisé présentent des résultats homogènes d'un type de test à l'autre, les enfants de milieu défavorisé se montrent moins performants dans les épreuves verbales que dans les non verbales. D'autres travaux se sont fixé comme objectif de préciser la nature et l'importance des différences qui opposeraient l'usage linguistique des enfants en fonction de leur appartenance sociale. On a pris ainsi en considération la fréquence et la durée des pauses (Goldman-Eisler (1968) ayant fait l'hypothèse que les pauses sont d'autant plus longues et fréquentes que le langage est abstrait), la nature des associations verbales, la longueur et la complexité syntaxique des énoncés et des constituants, la diversité du vocabulaire, la proportion relative des catégories de mots (avec souvent comme hypothèse sous-jacente d'une part qu'une forte proportion de substantifs renverrait à une plus grande abstraction, d'autre part, que le rapport entre nombre de noms et nombre de pronoms refléterait la différence entre langage explicite et langage implicite), le caractère commun ou non commun des mots, le nombre d'expressions sociocentriques (qui appellent l'agrément de l'interlocuteur : *n'est-ce pas,* pronom de la deuxième personne ou de la troisième personne du pluriel) par opposition aux expressions égocentriques (par lesquelles le locuteur se pose en tant qu'individu à part entière : *je pense,* pronoms de la personne personne), etc.

Le nombre de travaux consacrés à cette question empêche que nous en rendions compte ici[22]. Leur diversité également, qu'il s'agisse des méthodes employées, des tâches proposées, des consignes, de l'âge des sujets, du degré de familiarité avec l'expérimentateur, ou des variables linguistiques examinées. Les résultats, d'un autre côté, sont fort loin de converger. A dire vrai, les divergences, quand il ne s'agit pas de contradictions, sont telles que l'idée s'impose de plus en plus de la nécessité qu'il y a à prendre en compte davantage de paramètres qu'on n'imaginait au départ. Ainsi, les différences prédites par Bernstein quant à la diversité lexicale et la complexité syntaxique se manifestent essentiellement « dans des tâches restreintes de mise en œuvre du langage, proches de celles qui caractérisent la situation scolaire (...). Dès que l'on fait varier les conditions d'usage du langage (thèmes, type de tâche, type de rapports entre les interlocuteurs, familiarité du contexte), la réalité unique décrite sous le terme de code semble se morceler en un grand nombre de conduites linguistiques placées d'abord sous la dépendance de ces variations de situation » (Espéret, 1979, p. 93).

Les critiques majeures qui ont été adressées à Bernstein[28] portent sur sa conception de la variation linguistique en fonction des classes sociales et sur la liaison qu'il établit entre langue et cognition. Lorsqu'on aborde le problème des relations entre appartenance socioculturelle, cursus scolaire et langage sous l'angle d'un handicap des enfants de milieu défavorisé, on estime que ce handicap se situe au niveau du linguistique ou bien au niveau du cognitif via le linguistique.

1. Si on considère qu'il y a un lien direct entre déficit scolaire et langue populaire, on tentera de déterminer ce qui, dans cette dernière, peut être assimilé à un déficit. C'est vraisemblablement dans cette perspective que Bernstein a inscrit partiellement ses premiers travaux. Ce n'est pas un hasard en effet si les caractéristiques qu'il imputait initialement au code restreint (cette étiquette étant en elle-même fort révélatrice) se formulaient en termes de longueur *réduite* des phrases, de *pauvreté* lexicale ou de *faible* complexité syntaxique, par exemple. C'est peut-être encore cette influence qui persiste dans les travaux plus récents, lorsqu'il est question de significations implicites : l'implicite n'est en effet pas autre chose que du non dit, du non-langage.

A supposer qu'on rencontre dans la réalité les différences prédites — et les vérifications expérimentales, on l'a vu, sont loin d'être toutes probantes —, cette orientation, qui rejoint les conceptions de la linguistique normative en ce qu'elle distingue un bon et un mauvais langage, devrait encore faire la preuve que ces différences sont effectivement des indices d'infériorité. En ce qui concerne la morphosyntaxe, les choses se présentent de façon assez claire : si on observe les énoncés suivants *On revenait de l'école, et alors, on a vu un accident. On revenait de l'école quand on a vu un accident. Au retour de l'école, nous avons vu un accident*, sur la base de quel critère, autre que celui de la norme insufflée par l'école notamment, pourra-t-on dire que l'un des énoncés est meilleur que les autres ? En fait, sur ce point, on peut soutenir de manière égale la thèse de l'infériorité du langage populaire, en la fondant sur sa faible complexité et la thèse opposée, où, comme le fait valoir Labov (1972a, 1972b), la supériorité du langage populaire s'appuierait sur l'absence de verbosité, d'embarras inutiles, nuisibles à la communication.

Dans le domaine lexical, les faits sont peut-être plus complexes : si d'un point de vue fonctionnel, sous l'angle référentiel, *bagnole, auto* et *voiture* s'équivalent, il reste cependant à considérer l'absence, ou la faible fréquence, dans la langue populaire, d'une bonne partie du vocabulaire abstrait utilisé par exemple dans les analyses théoriques. Cette constatation s'assortit d'une question pour laquelle il n'existe pas de réponse nette : dans quelle mesure la maîtrise de ce vocabulaire permet-elle d'accéder à de telles analyses ou les facilite-t-elle ?

En tout état de cause, ce n'est pas lorsqu'il s'agit de contrôler le comportement d'un enfant que la nécessité de ce vocabulaire peut se faire sentir. On ne voit dès lors pas quelles caractéristiques du langage populaire empêcheraient l'entourage de faire apparaître à l'enfant les antécédents des actions et leurs conséquences, de fonder le contrôle plus sur la rationalité que sur l'autorité et la tradition. Il est vrai toutefois que Bernstein prévient cette critique en incluant le contenu des messages dans la définition même des codes, ce qui contribue peu à éclaircir le débat.

2. Dans une deuxième perspective, cognitiviste, qui ne se différencie pas toujours très nettement de la première, le déficit scolaire est imputé à un retard dans le développement cognitif, attribuable lui-même à la langue utilisée dans les milieux défavorisés. Bernstein n'exclut pas cette relation : la notion de complexité syntaxique renvoie facilement à celle de complexité cognitive ; de la pauvreté lexicale, on passe rapidement à la carence catégorielle, en ignorant parfois superbement que le problème des relations entre linguistique et cognitif se pose en des termes autrement complexes (voir chapitre VIII). Les tenants de l'hypothèse Sapir-Whorf, à laquelle s'apparen-

tent les travaux de Bernstein[29], croient aussi à une influence décisive du langage sur la manière d'appréhender l'univers, mais jusqu'ici, leur position demeure chichement étayée. Piaget ne concède de rôle au linguistique que pour la construction des opérations hypothético-déductives : pour lui, le développement cognitif, cela excepté, s'effectue sur la base des schèmes d'action en dehors de toute intervention du langage. D'autres chercheurs, tels Bruner, Schlesinger et Vigotsky[30], conçoivent une relation dialectique entre langue et cognition, mais personne, dans l'état actuel de la psycholinguistique, ne peut prétendre être à même de déterminer la part de l'un et de l'autre.

En deçà même de ces trois options théoriques, ce qui devrait s'imposer très clairement, c'est qu'il n'existe pas d'isomorphisme entre langue et cognition, que le langage ne reflète pas directement les opérations intellectuelles. Il s'agit d'un point que les chercheurs dans le sillage de Bernstein semblent avoir négligé : l'intérêt qu'ils témoignent pour le décompte des connecteurs logiques et des conjonctions suggère à tout le moins l'idée qu'une faible proportion de marques logiques explicites indiquerait une déficience au niveau cognitif. Or, là où un enfant produit les énoncés, *Il a été puni parce qu'il bavardait* ou *Si tu prends mon vélo, je te donne une claque*, un autre peut dire *Il a été puni, il bavardait* et *Tu prends mon vélo? Je te donne une claque;* l'absence dans le deuxième cas de *parce que* ou de *si* ne peut en aucun cas être interprétée comme signifiant que le locuteur n'établit pas de relation causale entre le bavardage et la sanction, ou qu'il n'a pas accès aux propositions hypothétiques.

Peut-être se trouve-t-on dans une autre situation si on imagine que lorsque ces deux enfants entendent l'entourage produire les énoncés mentionnés, un troisième n'est exposé, le plus souvent, qu'à des propos tels que *Il a été puni* ou *Je vais te donner une claque*, sans autre précision. On peut supposer en ce cas que la présence massive, dans le langage de l'entourage, d'énoncés qui n'établissent pas de lien entre les événements ou les actions soit de nature à influer sur le développement cognitif de l'enfant. On remarquera, avant de poursuivre, qu'il n'est plus question ici de langage en tant que système permettant de véhiculer des informations, mais des informations elles-mêmes. Or, on l'a vu, le type de significations transmises constitue un des critères qui, pour Bernstein, tracent la frontière entre code élaboré et code restreint. Si ce critère est d'application ici, il nous semble départager bien plus des attitudes éducatives que des usages linguistiques : l'étiquette de *code* nous paraît en ce cas abusive.

B. La thèse de la différence

Alors que le courant précédent était marqué par le nom de Bernstein, celui-ci s'est illustré surtout dans les études de Labov (1972a, 1973b), que rejoignent sur certains points les travaux de Baudelot et Establet (1971), Bourdieu et Passeron (1964, 1970), Bourdieu et al. (1965), Cazden (1972), Dannequin (1977), Dannequin et al. (1974), François (1976, 1978)[31]. Ces auteurs récusent fondamentalement toute notion de handicap linguistique : ils considèrent le langage populaire et le langage normé comme également complexes, également susceptibles d'appréciations esthétiques ou sentimentales, également aptes à véhiculer les messages. Ce qui oppose les usages linguistiques est une relation de dominé à dominant, qui reflète une organisation sociale fondée sur la distinction entre milieu ouvrier et bourgeoisie. Le langage reçu par la norme, celui de l'école et des instances reconnues comme culturelles (tels les media, par exemple), rejoint l'usage linguistique de la bourgeoisie et exclut les pratiques caractéristiques des milieux populaires.

Le déficit des enfants défavorisés s'expliquerait par l'effort linguistique supplémentaire qui est exigé d'eux, et par leur sentiment d'extranéité face à une institution qui non seulement recourt à une langue qui ne leur est pas familière, mais encore condamne la leur et celle de leur milieu[32]. Dans la même ligne, si Bernstein trouve, chez les enfants de milieu populaire, des différences de performance, dans les tests d'intelligence, suivant que les épreuves portent sur le verbal ou sur le non verbal, c'est que ces épreuves mettent en jeu le langage normé et des aptitudes linguistiques analogues à celle que requiert l'école. Les tenants de cette thèse font par ailleurs valoir que dans les tentatives de validation de la théorie proposée par Bernstein, on n'a retrouvé de déficits, chez les enfants défavorisés, qu'au prix de biais méthodologiques : tâche artificielle, perçue comme scolaire, expérience se déroulant dans les bâtiments mêmes de l'école (qui n'est pas perçue a priori de la même manière par tous), conduite par un adulte, souvent universitaire, que son statut définit de toute façon comme un membre de la classe favorisée, etc. Dans son étude du langage utilisé par les adolescents noirs américains, Labov (1972b) estime au contraire indispensable à l'authenticité des données, qu'elles soient recueillies dans le milieu familier aux sujets (l'appartement d'un des leurs à Harlem), par un observateur qui soit reconnu comme un pair (en l'occurrence un jeune homme noir, qui participe étroitement à toutes les activités des groupes étudiés), dans des situations de discours spontané. On peut observer alors une langue aussi complexe que la variante standard, aussi cohérente par rapport à ses règles internes, et permettant tout autant les argumentations logiques.

La remédiation pédagogique, pour certains des auteurs attachés à la thèse de la non-hiérarchisation des sociolectes [33], doit passer par un assouplissement de la norme, par une reconnaissance effective du caractère fonctionnel de toutes les variations sociales de la langue, et par une égale pratique, à l'école, des divers usages, dont l'adéquation sera établie en fonction des paramètres qui définissent chaque situation de communication.

Cette thèse appelle à son tour un certain nombre de remarques. Si, lorsqu'elle met en évidence que seuls des critères sociaux, et non linguistiques ou fonctionnels, fondent la hiérarchie des sociolectes, elle nous semble revenir à une conception plus saine des rapports entre les variétés linguistiques, elle oblitérerait peut-être volontiers quelques réalités. Ainsi, on peut observer, chez certains auteurs, une tendance à ramener le problème du déficit scolaire des enfants défavorisés essentiellement à une question de langue et d'attitude par rapport à la langue populaire; c'est oublier que les divers milieux sociaux se caractérisent non seulement par la variante linguistique dont ils usent, mais aussi par leurs pratiques éducatives, et qu'en cela, ils orientent différemment le développement cognitif de l'enfant [34]. Il est possible que ces différences ne s'ordonnent pas hiérarchiquement; il est possible aussi que tel ensemble de pratiques puisse être qualifié de positif et l'autre de négatif: tout dépend de la valeur qu'on adopte comme axe de référence. Si le critère retenu est celui de la réussite sociale, nous rejoindrons l'avis de Rondal: «Le point important est que certaines de ces variations correspondent aux orientations cognitives et linguistiques des institutions sociales et d'autres pas. Les premières seront renforcées et les individus dont on a mobilisé les capacités de base dans ces directions auront les meilleures chances de réussite scolaire et de promotion sociale tandis que les secondes seront combattues et leurs détenteurs systématiquement orientés vers des fonctions subalternes» (1978a, p. 150).

Les suggestions pédagogiques soulèvent un autre problème. Pratiquer aussi le langage populaire à l'école, au lieu de le condamner systématiquement, peut sans doute contribuer à doter les élèves d'une conception plus juste des différences linguistiques, et — si on ouvre également l'école aux *contenus* proches des classes populaires — à rendre l'institution un peu moins étrangère aux enfants défavorisés. Croire que par ce biais on gommera toutes les attitudes négatives par rapport à cette langue relève néanmoins de l'utopie : la hiérarchisation des codes n'est pas insufflée seulement par l'école, elle est inscrite dans la conscience de chacun des membres de la société ; elle perdurera aussi longtemps que la hiérarchisation des classes sociales, dont elle n'est d'ailleurs qu'un reflet.

Si nous avons rapporté avec quelque détail ces travaux, c'est en raison de leur importance théorique et de leurs répercussions pratiques dans le domaine de l'éducation. Ils ont été à l'origine de vives polémiques, et il convient de voir aujourd'hui, dans les théories de Bernstein, par exemple, des hypothèses de travail plutôt que des conceptions définitivement établies. Quelques points encore retiendront notre attention à l'issue de cette section :

– Sans doute dès l'instant où l'on est d'accord sur le choix de la valeur que représente la réussite scolaire et sociale, le débat entre les tenants de la thèse du déficit et ceux qui optent pour la thèse de la différence devient-il pour une bonne part académique (Rondal, ibid.). Il reste que l'existence même de ce débat a montré qu'il fallait considérablement élargir le champ de la réflexion et de l'investigation ; il reste aussi que suivant que l'on s'oriente vers l'une ou l'autre thèse, on aboutit à une mise en perspective différente de la problématique et des remédiations éventuelles. Ainsi, pour fragmentaire et quelque peu optimiste qu'elle nous paraisse, la suggestion qui est faite à l'école de diversifier sa pratique linguistique ne pouvait émaner, nous semble-t-il que du deuxième courant [35].

– Les concepts d'éducation compensatoire, d'enrichissement éducatif, trouvent évidemment leurs racines et leurs justifications dans certains des travaux conduits sur la relation entre le langage et le milieu social. Une discussion des multiples expériences et des hypothèses qui les sous-tendent nous entraînerait hors de notre propos. Nous nous bornerons à une remarque : on tend de plus en plus à situer les interventions d'éducation compensatoire, quelle que soit la place qu'y tient le langage, dans les tout premiers stades du développement de l'enfant (que l'on songe à l'intérêt pour l'éducation préprimaire et pour les enfants placés en crèche, par exemple). C'est une conséquence logique de ce que nous savons de l'importance des acquisitions initiales dans le développement psychologique, et ceci est sans doute particulièrement vrai du langage. Il est clair cependant que les déficits culturels — quelle que soit la définition qu'on veut en donner — sont eux-mêmes liés à une multiplicité de causes sociologiques qui continueront d'agir dans le sens habituel, si elles ne sont pas elles-mêmes modifiées. Autrement dit, les conduites que peut installer une éducation compensatoire n'ont quelque chance de se maintenir qu'à la condition d'être entretenues par un contexte général forcément différent de celui qui a engendré le déficit culturel. C'est sans doute ce qui fonde le mieux l'orientation des travaux qui se centrent davantage sur les parents que sur les enfants, et qui se posent la question de savoir comment apprendre (aux parents) à apprendre (à leurs enfants)[36].

- Il serait aussi sot de ramener toutes les différences linguistiques au déterminisme sociologique que de le nier. Il est vraisemblable que de nombreux facteurs se conjuguent à l'appartenance sociale pour façonner le langage de l'individu, et jouent, selon les cas, dans le même sens ou en sens opposé. Il en va ainsi de la relation mère-enfant, du type d'école fréquenté, de l'influence qu'exercent les pairs — Labov (1972b) souligne que le langage d'un enfant est très rapidement plus proche de celui de ses compagnons que de celui de ses parents —, de la considération que la famille s'accorde à elle-même, de son attitude par rapport à l'école, par rapport à la langue, etc. La liaison souvent fort étroite qui existe entre ces divers facteurs rend cependant très difficile d'apprécier leur part respective.

CHAPITRE VII - NOTES

[1] Rondal (sous presse) propose une revue détaillée et une critique des divers travaux consacrés à cette question. On pourra voir aussi Brown (1977), Chapman (1981), de Villiers et de Villiers (1977), Snow (1977a, 1977b, 1979).

[2] « Le langage-bébé employé par les adultes dans l'entourage de l'enfant favorise souvent la persistance d'habitudes verbales infantiles » (McCarthy, 1954 - réf. reprise à Ferguson, 1964). Ce texte est assez représentatif d'une certaine approche du problème, que les travaux récents ont heureusement nuancée.

[3] On signalera le rôle de précurseur qu'a eu Ferguson en la matière. Son étude de 1964 marque un jalon dans le domaine. Pour une bibliographie détaillée, on se reportera aux auteurs mentionnés dans la note 1 ainsi qu'à Rondal (1981).

[4] Dans le domaine anglo-saxon, il est question de *baby-talk* (BT); cette étiquette présentant les mêmes inconvénients que *langage-bébé*, on lui substitue parfois le terme *motherese* (construit sur le modèle de *Portuguese, Japanese*, etc.).

[5] On notera avec Snow (1972) et Slobin (1975) que ces répétitions favorisent la structuration de la phrase en constituants: *Donne-moi la grande clé. Donne la grande clé à maman. La grande clé. Oui, la grande.*

La question se pose aussi de savoir si la FRÉQUENCE des unités et des mécanismes dans l'input parental est liée au rythme d'acquisition. Brown (1973) penche pour la négative, cependant que Moerk (1980) fournit au minimum des indices en sens opposé.

[6] Il semble qu'il y ait un certain nombre de principes qui orientent les choix lexicaux des adultes. Ainsi, pour le niveau classificatoire auquel attacher l'étiquette verbale. (Il y aurait là matière à investigations complémentaires, qui pourraient tenir compte des variables socioculturelles — voir la section 3 —: ainsi le moustique serait-il dénommé *moustique, mouche* ou *petite bête* ?) Ninio et Bruner (1978) font d'un autre côté remarquer que l'adulte a tendance à nommer la totalité de l'objet plutôt que d'en désigner une partie : on parle d'abord de *chien* avant de parler de *poil* ou de *queue*. Ces tendances de l'adulte se trouvent peut-être en correspondance avec les attentes de l'enfant : Macnamara (1972) fait l'hypothèse que l'enfant opère avec une stratégie suivant laquelle l'étiquette réfère à la totalité et non à une partie de l'objet. Une autre stratégie serait que le nouveau mot désigne une caractéristique non permanente de l'objet plutôt qu'une caractéristique statique : si tel livre rouge est déchiré, le nouveau mot référerait plus volontiers à la déchirure qu'à la couleur. Voir aussi Anglin (1977), Chapman (1981), Clark (1979), Greenfield (1978, 1980) et Nelson (1973, 1974, 1975, 1976).

[7] La façon dont l'enfant adapte son langage à l'interlocuteur a suscité un certain nombre de recherches ces dernières années : voir aussi, notamment, Beaudichon et al. (1978), Brami-Mouling (1977), Flavell et al. (1968), James (1978), Maratsos (1976), Martlew et al. (1978), Piérart et al. (1981). Il n'est pas exclu que ces travaux amènent à revoir la notion d'« égocentrisme enfantin » (Piaget, 1923). Pour une synthèse de ces études, voir Brédart et Rondal (1981).

[8] L'expression est reprise à Bynon (1977).

[9] De Paulo et Bonvillian (1978), Berko-Gleason et Weintraub (1978) passent en revue les études consacrées à l'adaptation du langage parental. Bellinger (1980) constate une remarquable convergence des variations et suggère même qu'on peut inférer l'âge de l'enfant à partir du discours maternel.

[10] Pour une synthèse sur ce point, voir Sachs (1977).

[11] Il est possible que la sélection des mères observées repose sur des critères différents suivant que l'on décide d'examiner 6 dyades ou 37.

[12] Pour un examen et une critique approfondis de ces travaux, on se reportera à Rondal (1981, sous presse).

[13] Les variations sont étudiées notamment par Kaye (1980a, 1980b) : lorsque l'enfant à qui parle la mère est une fille, les phrases sont plus longues et de types plus variés ; le niveau d'instruction de la mère est lié également à la longueur et à la variété des énoncés. Les attitudes des mères quant à leur enfant en tant que personne constituent aussi une source de variations ; on en reparlera dans la deuxième section de ce chapitre.

[14] Olney et Scholnick (1978) montrent que les informations visuelles déterminent plus l'interprétation des holophrases que les informations auditives proprement dites, surtout pour les enfants les plus jeunes.

[15] La proportion de ces diverses réactions verbales de l'entourage s'établit ainsi (Rondal, 1978a, p. 88sq.) :
- approbations/désapprobations : de 10 à 20 %
- expansions grammaticales : de 1 à 30 %
- répétitions (entre 20 mois et 5 ans) : de 5 à 15 %.

On notera que la catégorie « approbation/désapprobation » recouvre aussi bien les interventions portant sur la forme que celles portant sur le contenu des énoncés. Rondal

(1980) signale aussi que ce type d'intervention est plus le fait de la mère que du père, qui consacre seulement entre 2 et 5 % de ses énoncés à approuver ou à désapprouver les propos de l'enfant.

[16] La référence renvoie à la thèse de doctorat, non publiée, de Cazden. Les données sont fournies par Brown et al. (1969).

[17] Cet exemple indique qu'il est parfois malaisé de distinguer entre les imitations des productions enfantines par l'entourage et les expansions telles qu'elles viennent d'être présentées. Folger et Chapman (1978) proposent de définir les premières comme relevant d'une fonction conversationnelle propre, la fonction imitative, à l'exclusion des autres fonctions. Les expansions, en revanche, rempliraient d'autres fonctions; ainsi, elles pourraient être utilisées pour demander un complément d'information. On sait peu de chose sur le rôle des imitations en tant que distinctes des expansions. Nous ne leur réserverons dès lors pas d'autre place dans le texte.

[18] Nelson et al. (1973) étudient aussi le rôle des expansions.

[19] Todd (1972, cité par Slobin, 1975) relate le cas d'un garçon américain, fils de parents sourds, qui, habile utilisateur du langage gestuel à trois ans et demi, ne parlait pas l'anglais, bien qu'il ait régulièrement suivi les programmes de la télévision installée chez lui: le seul langage vraiment pratiqué par cet enfant était celui de ses parents, celui que ses parents lui adressaient. Certains cas de bilinguismes où les sujets comprennent une deuxième langue sans être à même de la parler (mariages mixtes, immigrés, wallon en Belgique ...) peuvent peut-être s'expliquer aussi par un apprentissage de ce type.

[20] On conçoit qu'un enfant puisse être exposé à un modèle irréprochable sur le plan strictement verbal, mais profondément déficient quant aux incitations extralinguistiques qui entretiennent les multiples ressorts motivationnels de son activité verbale. Ces incitations sont relativement aisées à saisir lorsqu'elles se présentent sous forme de comportements distincts du comportement verbal lui-même: un épisode de baisers ou de cajolerie au milieu d'une conversation est aisément repérable par l'observateur. Mais elles sont, pour une grande part, concomitantes du comportement verbal, de telle sorte qu'il faudrait décrire, en même temps que celui-ci, une série de phénomènes de façon continue. Parmi ceux-ci, les intonations, les mimiques, les regards, les postures méritent une attention particulière. Dans une recherche exploratoire, n'ayant au stade actuel d'autre prétention que méthodologique, l'une de nos collaboratrices, G. Manni (1970), a pris la peine d'enregistrer et de filmer simultanément des couples mère-enfant en conversation dans des situations standardisées: choix d'une image à commenter, repas improvisé au départ de provisions fournies dans un panier pique-nique. Par analyse des films image par image, il est possible de dégager les caractère des postures maternelles en présence de l'enfant, et de les mettre en relation avec les caractères de l'interaction verbale. L'application de cette méthode d'observation minutieuse à des populations d'enfants présentant des troubles du langage permettrait sans doute de mieux préciser la part que joue l'attitude maternelle dans la genèse, la persistance et l'apparition de certains d'entre eux. Il est d'autre part fort instructif de procéder longitudinalement à des observations de ce genre dès les premiers moments de la relation mère-enfant. On verra à ce propos les études recueillies par la CIBA Foundation (1975), par Lock (1978) et Schaffer (1977) ainsi que les travaux de Lézine et de ses collaborateurs.

[21] La référence renvoie à la traduction française. C'est nous qui soulignons. Dans le même sens, on peut faire état ici de la préférence très générale (allant parfois jusqu'au rejet explicite de l'autre langue), manifestée par les enfants de parents bilingues, pour la langue la plus communément parlée autour d'eux: outre le souci d'identification à la mère intervient aussi assurément un souci d'identification au milieu.

[22] Cet axe sociolinguistique de l'acquisition du langage par l'enfant a suscité un grand nombre de travaux; nous ne pouvons retenir ici que les acquis principaux. Pour un exposé plus détaillé et une présentation critique, on verra Edwards (1979), Espéret (1975-1976, 1978-1979; 1979) et Rondal (1978a, pp. 109-157).

[23] Bernstein s'est défendu expressément d'avoir soutenu la thèse d'un handicap des enfants de milieu populaire. Il récuserait donc la catégorisation que nous proposons. Selon lui, les pratiques linguistiques ou éducatives des milieux défavorisés ne sont pas déficitaires en elles-mêmes. S'il les ordonne hiérarchiquement, c'est seulement du point de vue de la valeur réussite sociale. Il reste que, indépendamment des ambiguïtés que comportent ses textes sur ce point (ainsi, dans les critères qu'il retient pour caractériser les codes), ses analyses n'envisagent jamais d'autres valeurs que celle-là et qu'il n'indique pas sous quel angle la hiérarchie pourrait s'inverser. Voir aussi Bisseret (1975). De même, lorsque les tenants d'une éducation compensatoire en faveur des enfants de milieu défavorisé se réclament de son œuvre, Bernstein y voit le fruit d'un malentendu. Il faudrait déterminer pourquoi les autres théories n'ont pas donné lieu à de tels prolongements.

[24] Il s'agit en fait de recueils d'articles parus entre 1958 et 1971. Nous tenons compte des aménagements successifs qu'ont connus diverses notions.

[25] On désigne par cette expression le langage qui, sans être soutenu ou littéraire, est conforme aux normes, telles que les présentent les grammaires du «bon langage». La distinction entre langage normé et langage populaire opposerait ainsi *Si j'avais su* à *Si j'aurais su,* ou *Il ne peut pas* à *I peut pas*.

[26] Bernstein distingue le code restreint pur (qui se caractérise par la prédictabilité syntaxique et lexicale et qu'on ne rencontre guère que dans les échanges fortement ritualisés) et le code restreint impur (qui présenterait seulement la prédictabilité syntaxique, et qu'on observerait dans les milieux défavorisés).

[27] Nous avons ainsi négligé totalement l'analyse macro-institutionnelle que Bernstein donne de la famille et de l'école.

[28] Voir Baratz (1970), Cazden (1972), Dannequin et al. (1974), Deutsch et al. (1968), Espéret (1975-1976, 1979), Labov (1972a, 1972b), Moscato et Simonot (1976-1977), Rondal (1978a). Ce sont les critiques de Labov surtout qui ont ébranlé l'édifice proposé par Bernstein.

[29] Lawton (1968) compare la position de Bernstein à celle de Whorf (1956), tout en marquant ce qui l'en distingue.

[30] On trouvera les références des travaux de ces auteurs dans le chapitre «Langage et cognition».

[31] Bien qu'ils soient rassemblés dans une même énumération, les travaux américains se distinguent des français: les premiers sont plus soucieux de montrer méticuleusement la liaison entre les données linguistiques et les méthodes utilisées pour les recueillir (Labov, 1972a), et d'élaborer une description autonome des variantes non standards (Labov, 1972b), pour déboucher ensuite sur des implications d'un ordre plus général, cependant que la plupart des travaux français se situent d'emblée au niveau de la réflexion sociologique théorique.

[32] On souligne aussi que l'orientation adoptée par l'école met en cause la forme des messages, mais aussi leur contenu. Les instituteurs parlent plus volontiers des vacances ou de la chute des feuilles que du chômage (voir notamment Dannequin et al., 1974).

[33] Cette suggestion est surtout présente dans les travaux français. Il n'est pas certain que les situations observées par les chercheurs américains (particulièrement lorsqu'ils

étudient les différences entre communautés blanche et noire) puissent être rapportées à celles de l'Europe et inversement. Si même on s'en tient à l'aire francophone européenne, il nous semble que les attitudes des communautés par rapport au français varient de façon non négligeable d'un pays à l'autre; ce devrait être une raison suffisante pour se montrer vigilant avant de généraliser les données recueillies sur un groupe donné à l'ensemble des situations.

[34] Il existe sur ce point toute une littérature scientifique dont nous ne pouvons rendre compte ici. On se reportera utilement à Rondal (1978a) pour une synthèse de ces travaux.

[35] Il est vrai que Bernstein aussi émet la même suggestion; mais c'est précisément au moment où il s'inscrit explicitement parmi les tenants de la thèse de la différence (Bernstein, 1970).

[36] Pour une revue des travaux, voir Golden et Birns (1976). Une illustration approfondie de cette approche est fournie par Pourtois (1979).

Chapitre VIII
Langage et cognition

A plusieurs reprises, dans les chapitres qui précèdent, nous nous sommes heurtés au problème de la relation entre développement linguistique et développement cognitif. Les conditions biologiques de l'acquisition du langage concernent-elles spécifiquement ce dernier, ou, indistinctement, l'ensemble des potentialités intellectuelles qui s'actualisent dans les 5 ou les 10 premières années ? Les structures syntaxiques s'installent-elles à la faveur de facteurs strictement linguistiques, ou exigent-elles la maîtrise préalable de schèmes d'action ou de schèmes opératoires qui se développent sans l'aide du langage ? L'enfant de milieu défavorisé est-il essentiellement handicapé par les limitations de son code verbal, ou celui-ci n'est-il que le reflet de facteurs sous-jacents, sur lesquels il faudrait agir directement, plutôt que sur le seul langage, dans une rééducation compensatoire ?

Toutes ces questions, et toutes celles, de même type, que l'on pourrait y ajouter, n'ont pas trouvé de réponse claire. Elles s'inscrivent dans un débat plus général, presque aussi vieux que la réflexion philosophique, concernant les rapports entre langage et pensée, débat auquel philosophes, logiciens, linguistes, psychologues n'ont cessé d'apporter leur contribution sans parvenir à faire entre eux l'accord.

S'agissant de l'aspect ontogénétique qui nous occupe ici, les principaux points de vue peuvent se ramener aux grandes thèses suivantes.

1. La manière dont les individus appréhendent l'univers est déterminée essentiellement par la langue à laquelle ils sont exposés. Cette hypothèse, formulée par Sapir (1921) et par Whorf (1956) n'accorde pas ou peu de place à un développement cognitif indépendant du développement verbal; on conçoit le premier comme étant subordonné au second.

2. Les fonctions cognitives priment le développement linguistique, lequel n'est qu'un aspect (le plus important peut-être) de la fonction symbolique. L'instrument verbal, par lui-même, n'engendre pas le progrès des opérations intellectuelles. Il n'est, au contraire, pleinement utilisable que lorsque ces dernières se sont constituées. Même aux étapes finales du développement cognitif, il est une condition nécessaire, mais non suffisante. Cette position est celle de Piaget et de l'école genevoise [1].

3. L'acquisition des mécanismes linguistiques suppose que l'enfant ait atteint préalablement une certaine maîtrise, sur le plan cognitif, des notions et des relations qu'il exprime, mais elle est aussi fonction de propriétés spécifiquement linguistiques de ces mécanismes. A l'origine de ce courant, d'inspiration chomskyenne initialement, on trouve Mc Neill [2]. C'est principalement chez Slobin [3], à l'heure actuelle, qu'on le trouve illustré, dans une optique sensiblement différente de celle qu'avait adoptée Mc Neill.

4. Dès que le langage s'élabore, développement cognitif et développement linguistique sont indissociablement liés, au point qu'il serait vain de chercher à objectiver des aspects spécifiques à chacun d'eux. Cette perspective, moins aisée que les précédentes à définir de manière tranchée parce que moins marquée par le souci d'orthodoxie, a été défendue initialement par Vigotsky (1934), et illustrée le plus abondamment par Bruner et divers chercheurs qui se situent dans son sillage [4]. C'est aussi le point de vue auquel souscrivent Schlesinger (1977) et Oléron (1972, 1979).

1. Primauté du linguistique: l'hypothèse Sapir-Whorf

Rompant avec une tradition qui faisait du langage un instrument au service de la pensée, ou voyait entre les deux une étroite correspondance, certains linguistes et philosophes ont fait du langage le moule de la pensée. On doit à Whorf (1956) la formulation la plus élaborée de cette conception, déjà présente chez Sapir (1921). Au lieu d'être simple outil de traduction d'une perception et d'une pensée structurée au contact du monde réel, la langue est, pour Whorf, la donnée première qui oriente toute l'organisation de notre perception et de notre pensée et détermine ainsi, au sens le plus complet du terme, notre vision du monde. Ce rôle, le langage ne le tire pas exclusivement de ses éléments les plus universels, mais aussi bien de ses éléments distinctifs en tant que langue particulière. Il y aura donc autant de formes de pensée qu'il y a de langues ou de groupes de langues différents.

Ce relativisme linguistique n'est pas sans rapport avec le relativisme culturel mis en honneur à la même époque par l'anthropologie, mais il n'est pas le simple reflet de ce dernier au niveau du langage, il en est au contraire, dans l'esprit de Whorf, l'un des déterminants. C'est dans la langue dont elles usent qu'il faut rechercher, pour une grande part, l'origine des différences entre cultures humaines. Les contraintes qu'exercent les structures du langage sur la pensée échappent à la conscience. Il est par conséquent normalement impossible, pour le sujet parlant, de les reconnaître et d'en corriger les effets. Il assimile spontanément sa façon de parler à la façon naturelle, ou logique, de penser. S'il en va ainsi, c'est que la langue modèle la pensée non tant par ses éléments lexicaux comme tels (qui témoignent d'un découpage du réel certes intéressant pour le comparatiste, mais relativement superficiel) que par ses procédés grammaticaux parfois les moins manifestes.

Cette hypothèse a séduit bon nombre d'ethnologues et de linguistes (par exemple, Hoijer, 1954; Kluckhohn et Leighton, 1946); moins intéressés par la perspective ontogénétique que par l'analyse de témoins adultes, ils ont mis en relation aspects culturels et aspects linguistiques de diverses communautés, en expliquant les premiers par les seconds. C'est surtout ce dernier volet de leurs contributions, celui qui veut illustrer le déterminisme linguistique, qui fait naître la perplexité, sinon le scepticisme. Il s'en faut en effet de beaucoup que toutes les variables soient prises en considération ou seulement même mentionnées; on peut toujours se demander s'il ne serait pas plus opportun de chercher la source de tel comportement, ou de tel rite, ou de tel système philosophique, dans l'environnement extralinguistique des communautés, et dans l'expérience qu'elles en ont, avant de la trouver dans la langue qu'elles parlent.

Les vérifications expérimentales de l'hypothèse[5], par ailleurs, restent peu nombreuses. La manière dont il convient d'interpréter les données qu'elles fournissent ne va pas toujours de soi. Il faut dire que la difficulté qu'il y a à rassembler des sujets non bilingues, parlant des langues très contrastées et pratiquant cependant un même mode de vie dans un milieu semblable, cette difficulté fait de la théorie Sapir-Whorf une hypothèse malaisément confirmable ou infirmable.

En ce qui concerne l'enfant, on retiendra l'une des expériences conduites par Carroll et Casagrande (1958)[6]. En navajo, la morphologie verbale est sensible aux caractéristiques matérielles de l'objet affecté par l'action, en particulier à sa forme. Les auteurs font l'hypothèse que cette caractéristique rend les individus parlant le navajo plus attentifs à la forme des objets qu'à leur couleur ou à leur taille, par exemple. Ils s'adressent à trois groupes d'enfants ayant entre 3 et 10 ans : le premier comprend des Navajos s'exprimant uniquement ou préférentiellement en navajo; le deuxième rassemble des Navajos parlant uniquement ou préférentiellement l'anglais; les enfants de ces deux groupes vivent dans une Réserve en Arizona. Le troisième groupe est composé d'enfants américains blancs habitant la région de Boston; ils sont monolingues anglais. Dans une tâche d'appariement d'objets[7], les enfants du premier groupe privilégient le critère de la forme par rapport à celui de la couleur ou de la taille nettement plus fréquemment, à âge égal, que le deuxième groupe. Les résultats qu'on obtient jusque-là illustrent de manière très convaincante l'hypothèse Sapir-Whorf. Toutefois, lorsqu'on introduit les données fournies par le troisième groupe, on voit aussi fort clairement que d'autres variables que la langue entrent en jeu : les enfants américains blancs font en effet beaucoup plus d'appariements fondés sur la forme que les enfants du premier groupe, ceci se vérifiant également pour tous les âges. Il n'est pas exclu de penser, comme le suggèrent Carroll et Casagrande, que la présence précoce et persistante, dans l'expérience des enfants américains blancs, mais non dans celle des Navajos, de jeux requérant une attention à la forme des objets (puzzles, jeux de construction...) ne soit pas étrangère à ces résultats. La conclusion que cette étude permet de dégager doit être à double face : 1. les catégorisations pratiquées par une langue donnée sont plus précocement opérées, dans l'expérience extra-linguistique, par les enfants qui utilisent cette langue; 2. quelle que soit la langue qu'il parle, vivre dans un milieu où diverses activités exigent de sa part une certaine catégorisation amène aussi l'enfant à adopter rapidement cette catégorisation.

Les disciples de Whorf se sont en fait peu intéressés au développement du langage chez l'enfant. Linguistes ou ethnologues, ils restent peu explicites sur la manière dont la langue en vient à jouer ce rôle premier dans l'organisation de sa pensée. De quelle façon se forment les concepts, quelles parts respectives reviennent au linguistique et au cognitif, sont des questions laissées largement dans l'ombre. Les psycholinguistes contemporains, même lorsqu'ils assignent une place spécifique au linguistique (voir le point 3), font intervenir le cognitif au minimum pour la formation du noyau central des concepts.

2. Primauté du cognitif: les thèses piagétiennes

Piaget, dès les origines de sa théorie, a soutenu la thèse de la primauté du cognitif et de la subordination du langage à la pensée. Cette conception était déjà présente dans son analyse de l'égocentrisme du langage enfantin, que nous commenterons au chapitre X. Il l'a développée dans l'un des ouvrages qui marque un jalon capital dans son œuvre, *La formation du symbole chez l'enfant* (Piaget, 1946).

Quatre points saillants se dégagent de sa théorie[1]:
A. La source des opérations logiques est antérieure au développement du langage.
B. La pensée représentative, l'intelligence, n'a pas son origine dans le langage, mais dans la fonction symbolique dont il n'est qu'une des manifestations.
C. L'acquisition des moyens linguistiques correspondant à une structure opératoire n'implique pas l'acquisition de celle-ci.
D. Le langage, en tant que moyen d'exprimer des propositions, peut aider à la constitution des opérations hypothético-déductives.

A. Au niveau sensori-moteur, bien avant l'apparition du langage, l'enfant est capable d'opérer des généralisations, qui constituent des premières classifications: « par exemple, l'enfant est devant un objet suspendu, il essaie de le saisir, n'y réussit pas mais fait balancer l'objet; il est alors très intéressé, il continue à taper dedans pour le faire balancer, et, par la suite, toutes les fois qu'il voit un objet suspendu, il le pousse et il le fait balancer. C'est un acte de généralisation qui témoigne, bien sûr, d'un début de généralisation logique ou d'intelligence. Le phénomène fondamental au niveau de cette logique des actions est l'assimilation, et *j'appellerai assimilation l'intégration de nouveaux objets ou de nouvelles situations et événements à des schèmes antérieurs;* j'appelle schème ce qui résulte des généralisations dont je viens de donner un exemple, à propos de l'objet suspendu. Ces schèmes d'assimilation, ce sont des sortes de concepts, mais des concepts pratiques » (1979, p. 247).

On voit aussi se constituer des coordinations de schèmes, «et ce sont ces coordinations qui vont constituer toute la logique sensori-motrice. Voici un exemple de coordination: supposez un objet qui est posé sur un autre; la relation posé sur peut être coordonnée avec l'action de tirer, et l'enfant va tirer vers lui un objet posé sur la couverture de manière à pouvoir l'atteindre. Quant à la manière de vérifier qu'il y a bien coordination, il suffit de mettre l'objet un peu plus loin que le support: si l'enfant continue à tirer, c'est qu'il n'a rien compris et qu'il n'y a pas de coordination, tandis que, s'il attend que l'objet soit dessus et qu'il tire, il y a bien coordination. On trouve en plus dans cette logique sensori-motrice toutes sortes de correspondances ou de morphismes pratiques, morphismes au sens mathématique; on trouve des relations d'ordre, bien entendu: les moyens sont antérieurs à l'arrivée au but, ils doivent être ordonnés selon une certaine séquence; on trouve des emboîtements, c'est-à-dire qu'un schème peut être emboîté dans un autre à titre de schème particulier ou de sous-schème; bref, on trouve toute une structure qui annonce la structure de la logique» (1979, p. 248).

B. La fonction symbolique, ou sémiotique, apparaît avant le langage qui prend appui sur elle, qui la suppose plutôt qu'il ne la crée. Piaget suit pas à pas les premières manifestations de l'imitation et du jeu symbolique. L'enfant, se saisissant d'un coin d'oreiller qui lui rappelle le sien, «fait semblant» de dormir dans le lit de sa mère. Il manipule des objets en leur attribuant une signification imaginaire dérivée d'expériences passées, non des propriétés perceptives immédiates: des cubes simulent des autos, etc. Il «agit» par l'ouverture de la bouche le mouvement qu'il transpose ensuite sur la boîte qu'il tient et cherchait à ouvrir.

Dès avant l'installation du langage, l'enfant fournit des imitations différées, il «fait semblant de», il attribue aux objets, dans ses jeux, les significations les plus diverses, non par imprécision ou incohérence, mais parce qu'il en use comme *symboles,* comme *signifiants* d'autres choses. Toutes ces conduites témoignent de l'émergence de la fonction symbolique, ou représentative. Bien que le langage soit, à la même période, en train de se constituer, il n'est pas, pour Piaget, la source de ces diverses manifestations de l'activité symbolique. C'est dans l'évolution des conduites sensori-motrices qu'il faut en chercher l'origine, à commencer par les premiers comportements d'imitation. Les représentations ne sont, au départ, rien d'autre que des *imitations intériorisées.* La fonction symbolique est un produit de l'évolution psychologique de l'individu. Elle permet à ce dernier d'acquérir le langage, produit social, qui constitue l'exploitation la plus élaborée faite par l'espèce humaine de ses propres capacités représentatives. Les textes suivants, extrait de la *Formation du Symbole,* résument bien la position de Piaget, qui, pour l'essentiel n'a pas varié sur ce point :

« Grâce à la coordination croissante des schèmes sensori-moteurs, donc à l'accélération des mouvements et à l'intériorisation des actions sous forme d'ébauches anticipatrices, l'enfant parvient déjà, au stade VI de ce développement, à des esquisses représentatives, lorsqu'il y a équilibre actuel entre l'assimilation et l'accommodation, à des imitations différées, lorsque la seconde l'emporte, et à des schèmes ludiques symboliques lorsque la première l'emporte. C'est à ce moment que l'acquisition du langage devient possible et que le mot ou signe collectif permet d'évoquer les schèmes jusque-là simplement pratiques » (1946, p. 254).

« Qui dit représentation, dit par conséquent réunion d'un « signifiant » permettant l'évocation et d'un « signifié » fourni par la pensée. L'institution collective du langage est à cet égard le facteur principal et de formation et de socialisation des représentations. Seulement, l'emploi des signes verbaux n'est pleinement accessible à l'enfant qu'en fonction des progrès de sa pensée même, et... le langage courant, surtout adapté aux opérations logiques, demeure inadéquat à la description de l'objet individuel, c'est-à-dire à la représentation spatiale ou infralogique; il n'est pas besoin, d'autre part, de rappeler sa pauvreté foncière lorsqu'il s'agit d'exprimer le vécu et l'expérience personnelle. En plus des mots, la représentation naissante suppose donc l'appui d'un système de signifiants maniables, à disposition de l'individu comme tel; et c'est pourquoi la pensée de l'enfant reste beaucoup plus « symbolique » que la nôtre, dans le sens où le symbole s'oppose au signe » (1946, p. 286-287).

On voit que pour Piaget le langage, en tant que système de signes conventionnels — par définition socialisés — implique des coordinations que l'on ne saurait prêter au jeune enfant. Ce dernier n'apporte donc pas dans l'acquisition du langage des capacités purement linguistiques qui supposeraient, dans cette sphère privilégiée, des structures opératoires dont il est encore loin. Ce qu'il apporte, c'est le support d'une fonction beaucoup plus générale, la fonction symbolique, dont le mécanisme va se trouver à la fois « simplifié et socialement uniformisé par l'emploi des signes collectifs constitués par les mots ». « Mais l'usage de tels signifiants suppose que l'enfant les apprenne : or, il les apprend précisément par imitation et après avoir été rendu, grâce à elle, capable de pensée représentative ».

Des deux aspects du langage que sont la représentation et la socialisation, Piaget privilégie nettement le premier, en insistant sur la continuité qui unit les manifestations symboliques initiales aux premiers mots. Considérer cependant le langage comme ayant sa source dans la seule fonction symbolique, c'est oublier qu'il n'est pas seulement un outil logique, un moyen de représentation; c'est négliger qu'il permet l'interaction avec l'entourage. Or l'origine de cet usage du langage n'est pas à rechercher dans la fonction symbolique, mais dans ces diverses manifestations auxquelles s'attachent actuellement les études centrées sur les aspects pragmatiques du langage (voir chapitre VI) : les pleurs, les sourires, les mimiques, les gestes et les vocalisations, qui, dès les premiers mois, font de l'enfant un être qui communique avec autrui.

C. Le langage, pour Piaget, n'engendre pas l'opération, c'est au contraire celle-ci qui permet d'exploiter le langage dans toutes ses possibilités différenciatrices. C'est un point qu'a illustré Sinclair (1967) au départ d'une expérimentation chez des enfants de 4;6 ans à 8 ans. Dans un premier temps, sur base de l'épreuve classique du transvasement de liquides dans des bocaux de sections et de hauteurs différentes, les sujets sont classés dans l'une des trois catégories habituelles : absence de conservation, stade de transition, conservation attestée par le triple argument d'identité, de compensation et de réversibilité.

Les sujets sont ensuite soumis à des épreuves de description et de compréhension. L'expérimentateur donne, à deux poupées de sexe différent disposées devant l'enfant, des quantités égales ou inégales de pâte à modeler, des billes de grosseur égale ou différente, en nombre égal ou inégal, des crayons de longueur et grosseur variables. L'enfant est invité par une mise en scène simple à décrire la situation : « Tu vois, la maman donne de la pâte à modeler à la fille et au garçon, est-ce juste ? Est-ce que les deux poupées sont contentes ?, etc. » Dans un second temps, on invite l'enfant à pourvoir lui-même les poupées conformément aux ordres verbaux de l'expérimentateur : « Donne plus de pâte à la fille et moins au garçon », etc. Dans l'épreuve de description comme dans l'épreuve de compréhension, les items mettent en jeu une différence portant soit sur une seule dimension, soit sur deux dimensions. Par exemple, une poupée reçoit un crayon petit et mince, l'autre un crayon long et mince dans le premier cas; dans le second, la première reçoit un crayon petit et mince, l'autre un crayon long et épais.

De l'analyse des données, il ressort que les conserveurs donnent plus de réponses complètes que les non-conserveurs; qu'ils utilisent plus souvent des comparatifs (*elle en a plus, moins, autant; il est plus grand,* etc.); alors que les non-conserveurs emploient surtout des termes absolus (*elle en a beaucoup, peu; il est grand,* etc.); les termes différenciés pour désigner deux dimensions de l'espace (*long-gros; court-mince*) sont produits le plus fréquemment par les conserveurs, les non-conserveurs recourant davantage à des termes indifférenciés (*grand, petit*); enfin, les conserveurs construisent plus de structures bipartites (*il est plus long et plus épais; l'autre est plus court et plus mince*) que les non-conserveurs, qui usent plus volontiers de structures quadripartites (*il est grand, l'autre est petit; celui-là est gros et celui-là est mince*).

Comment ces relations entre niveau opératoire et productions linguistiques peuvent-elles être interprétées? Lorsqu'il accède à la conservation des quantités continues, l'enfant doit se décentrer d'une dimension perceptive pour appréhender l'autre et coordonner les deux centrations. Pareillement, pour user de comparatifs et d'expressions bipartites plutôt que de termes absolus et d'expressions quadripartites, il doit coordonner au lieu de juxtaposer, deux centrations. Le système linguistique se construirait en fait à travers des étapes analogues à celles du développement cognitif: «(Il semble que) dans le cas particulier du sous-système linguistique d'évaluation et de comparaison des quantités et du nombre, ainsi que de dimensions telles que longueur et grosseur, l'enfant rencontre sur le plan verbal les mêmes obstacles que ceux qu'il rencontre sur le plan opératoire; qu'il les surmonte grâce à un processus opératoire de coordination et de décentration, et que le sous-système en question n'acquière les différenciations et les coordinations de la langue adulte qu'avec l'opération de la conservation» (p. 47).

Jusqu'ici, cependant, les données rassemblées par Sinclair ne permettent pas de décider si le cognitif détermine le linguistique ou l'inverse. Aussi, dans la troisième phase de son expérience, apprend-elle aux non-conserveurs à utiliser les comparatifs, les termes différenciés et les structures bipartites, dans des situations analogues à celles qui leur avaient été proposées pour recueillir leurs productions.

Au terme de cet apprentissage[8], on soumet de nouveau les enfants à l'épreuve du transvasement des liquides, afin de déterminer l'éventuel impact du progrès linguistique sur le niveau cognitif: si environ 40 % des sujets manifestent un progrès sur le plan opératoire (10 % seulement passant au stade de la non-conservation à celui de la conservation), on n'observe pas de changements pour les quelque 60 % restants. Pour Sinclair, ces résultats de l'apprentissage linguistique se révèlent donc fort peu positifs: « Ce n'est pas la possession de certaines expressions qui structure l'opération, ni leur absence qui empêche sa constitution; les expressions s'acquièrent et leur emploi devient fonctionnel selon un processus semblable au mode de structuration de l'opération elle-même, à savoir par un jeu de décentrations et de coordinations. L'apport du langage est à chercher sur un autre plan: il peut diriger l'attention sur les facteurs pertinents d'un problème (...). De cette façon, le langage peut préparer l'opération, mais il n'est ni suffisant ni nécessaire à la constitution des opérations concrètes » (p. 62).

Des expériences sur la sériation conduisent à des résultats analogues.

On pourrait reprocher à ce type d'expérience de concerner des aspects du langage où l'on ne pourrait s'attendre à trouver autre chose que ce qu'autorise, aux stades successifs du développement, le degré de maîtrise de l'univers sur lequel porte l'activité cognitive de l'enfant. Ce ne serait pas le langage de l'enfant que l'on étudierait, mais un usage étroitement limité par les restrictions que l'expérimentateur introduit dans le contexte où il recueille les productions de ses sujets. Les situations qu'on demande à l'enfant de décrire linguistiquement ont en effet beaucoup de points en commun avec l'épreuve de la conservation des liquides: dans les deux cas, il s'agit d'établir une comparaison entre deux pôles qui diffèrent sur deux aspects. Si l'enfant non conserveur utilise moins de comparatifs et de termes différenciés[9] dans la première situation, n'est-ce pas qu'il éprouve les mêmes difficultés que dans la seconde à appréhender les faits dans leur totalité, qu'il n'est pas capable de comparer deux choses dès lors qu'elles présentent plusieurs différences? Quand on met en relation tel stade opératoire et précisément des mécanismes linguistiques dont le sémantisme est lié à l'opération, a-t-on établi une liaison entre cognitif et linguistique ou seulement une liaison entre un objet et son reflet?[10] On n'atteindrait pas vraiment ainsi les structures du langage enfantin, mais seulement les limitations que fait peser, sur l'emploi qu'il en fait en certaines occasions, l'insuffisance des préalables extralinguistiques[11].

Si les acquisitions linguistiques ne débouchent pas nécessairement sur un progrès cognitif, a fortiori, les formes linguistiques dont use l'enfant ne garantissent nullement qu'il maîtrise les opérations qu'une analyse formelle y ferait correspondre. Il peut fort bien les manipuler d'une manière apparemment satisfaisante mais qui, à l'examen, se révèle superficielle: là où l'on serait tenté d'inférer des structures d'un certain ordre, on ne trouve en réalité que des pseudo-structures. En d'autres termes, l'enfant qui use d'un *si* conditionnel n'a pas nécessairement intégré les opérations grammatico-logiques complexes que grammairiens et logiciens décriraient pour rendre compte des subordonnées de ce type, pas plus que la répétition imitative des énoncés verbaux traduisant l'invariance de la substance à travers des transformations n'atteste réellement la notion de conservation.

D. Au stade le plus avancé du développement cognitif, lorsque l'enfant acquiert, au seuil de l'adolescence, les opérations hypothético-déductives, Piaget voit une certaine subordination du cognitif au linguistique[12]. Cette concession s'assortit cependant de deux importantes restrictions. Tout d'abord, comme ces opérations formelles portent non plus sur des objets physiques (comme c'était le cas pour les opérations concrètes), mais sur des propositions, il faut effectivement un langage dans lequel formuler ces propositions; mais qui dit langage ne dit pas nécessairement langue. Le langage utilisé en mathématiques ou en logique pourrait aussi efficacement servir d'outil à la construction de ces opérations. En second lieu, si le langage est nécessaire à la logique des propositions, il ne l'engendre pas à proprement parler. Pour Piaget, il n'est pas d'opération qui ne s'enracine dans l'action du sujet. C'était déjà bien ce qui apparaissait lorsqu'on suivait l'élaboration des opérations concrètes: l'enfant manipule des classes d'objets physiques, fait et défait des collections avant de maîtriser des classes conceptuelles abstraites au niveau verbal; il ordonne des objets de taille différente du plus petit au plus grand, assigne une place à un objet dans une série ordonnée, avant d'être capable de sérier des données verbales telles que « Jean est plus grand que Pierre et plus petit que Jacques. Qui est le plus petit? ». Ces opérations « sont donc des coordinations entre actions avant de pouvoir être transposées sous une forme verbale et ce n'est donc pas le langage qui est cause de leur formation: le langage étend indéfiniment leur pouvoir et leur confère une mobilité et une généralité qu'elles n'auraient pas sans lui, c'est entendu, mais il n'est point à la source de telles coordinations » (1964, p. 107).

Au niveau propositionnel, atteint au seuil de l'adolescence, on peut faire des constatations analogues. Les opérations combinatoires — qui consistent à combiner des données d'une manière systématique jusqu'à épuiser toutes les possibilités de combinaison — n'apparaissent que vers 11-12 ans, lorsque l'enfant manipule des données non verbales. On ne voit pas quel progrès linguistique se serait réalisé à ce moment-là qui soudain déclencherait cette capacité logique nouvelle. C'est au contraire l'usage du langage qui s'enrichit de cette nouvelle acquisition logique. De même, les transformations commutatives[13], réductibles à l'inversion et à la réciprocité « plongent leurs racines dans des couches bien antérieures à leur fonction symbolique elle-même et qui sont de nature proprement sensori-motrice. L'inversion ou négation n'est qu'une forme élaborée de processus que l'on retrouve à tous les niveaux du développement : le bébé déjà sait utiliser un objet en tant qu'intermédiaire et que moyen pour atteindre un but, et l'écarte ensuite, en tant qu'obstacle pour atteindre à un nouveau but. C'est jusqu'aux mécanismes d'inhibition nerveuse (retirer la main et le bras après les avoir tendus, dans une certaine direction, etc.) qu'il faut remonter pour dégager les origines de cette transformation par inversion ou négation » (1964, p. 112).

Citons encore in extenso la conclusion de l'article de Piaget auquel nous avons puisé les dernières citations, et qui synthétise très clairement sa position :

« ... le langage ne suffit pas à expliquer la pensée car les structures qui caractérisent cette dernière plongent leurs racines dans l'action et dans des mécanismes sensori-moteurs plus profonds que le fait linguistique. Mais il n'en est pas moins évident, en retour, que plus les structures de la pensée sont raffinées et plus le langage est nécessaire à l'achèvement de leur élaboration. Le langage est donc une condition nécessaire mais non suffisante de la construction des opérations logiques. Elle est nécessaire, car sans le système d'expression symbolique que constitue le langage, les opérations demeureraient à l'état d'actions successives sans jamais s'intégrer en des systèmes simultanés ou embrassant simultanément un ensemble de transformations solidaires. Sans le langage d'autre part, les opérations resteraient individuelles et ignoreraient par conséquent ce réglage qui résulte de l'échange interindividuel et de la coopération. C'est en ce double sens de la condensation symbolique et du réglage social que le langage est donc indispensable à l'élaboration de la pensée. Entre le langage et la pensée, il existe ainsi un cercle génétique tel que l'un des deux termes s'appuie nécessairement sur l'autre en une formation solidaire et en une perpétuelle action réciproque. Mais tous deux dépendent, en fin de compte, de l'intelligence elle-même qui, elle, est antérieure au langage et indépendante de lui » (1964, p. 113).

La conception de Piaget n'exclut nullement, notons-le, des particularités spécifiques au système linguistique. Mais celles-ci sont propres au code, en tant que produit d'une communauté sociale, et elles n'impliquent pas, chez l'individu appelé à l'apprendre, des «capacités» spécifiques correspondantes: l'enfant apprend le langage à la faveur d'un équipement neuro-musculaire approprié, de son intelligence et de ses capacités générales d'apprentissage (chez Piaget, s'agissant du langage, celles-ci se ramènent essentiellement au mécanisme d'imitation, donc en dernier ressort à un mécanisme fondamental du développement intellectuel lui-même).

Il y a sur ce point, si l'on veut bien regarder au-delà des différences de vocabulaire, convergence entre le point de vue de Piaget et celui de Skinner, pour surprenant que puisse paraître un tel rapprochement [14]. Pour Skinner, en effet, les propriétés spécifiques du système linguistique définissent un ensemble de *contingences* qui modèlent le comportement de l'individu, sans exiger que l'on infère chez ce dernier des capacités *spécifiques* correspondantes. Le comportement verbal du sujet se conforme aux règles entretenues par la communauté linguistique par des mécanismes de sélection des conduites qui n'ont rien d'exclusivement linguistique, et parmi lesquels l'imitation joue aussi un rôle capital.

Pour le développement cognitif, la théorie la plus influente étant celle de Piaget, les chercheurs attentifs aux relations entre cognitif et linguistique se sont bien naturellement référés à son œuvre. Certains ont tenté de mettre en correspondance l'acquisition de l'un ou l'autre phénomène linguistique avec une des étapes cognitives telles qu'il les a si minutieusement et magistralement décrites [15].

Ceci ne va pas sans problèmes.

- Rappelons qu'à aucun moment de sa carrière, Piaget n'a suivi personnellement dans son détail l'évolution des structures du langage enfantin, et qu'il ne s'est jamais intéressé à la genèse du langage pour lui-même. Ses travaux sur l'égocentrisme (voir chapitre X) abordent certains aspects du langage en tant qu'ils sont le reflet de caractéristiques de la pensée de l'enfant, et son ouvrage sur la formation du symbole est entièrement une thèse en faveur de la subordination du langage à la fonction symbolique en général. (Et, sous cet angle, on peut reprocher à la théorie de Piaget de manquer de vérification et de reposer sur la conviction et l'intuition de son auteur plus que sur des arguments de faits.) C'est dire que l'essentiel de son intérêt s'est porté avant toute chose sur le développement cognitif, qu'il a décrit en des termes qui ne sont pas toujours aisément transposables dans des analyses traitant de l'acquisition du langage. Ceci a conduit jusqu'ici à deux types de situations: ou bien le volet sémantique du mécanisme linguistique étudié, dans la situation où on recueille les productions, met en cause les mêmes démarches intellectuelles que celles qui sont nécessaires à l'enfant pour passer d'un stade cognitif à un autre, et ce n'est dès lors pas miracle si on observe une dépendance du développement verbal par rapport au développement cognitif. Ou bien les aspects sémantiques des productions linguistiques sont sans rapport avec le stade cognitif auquel elles apparaissent, et la mise en relation des deux n'apporte rien d'éclairant. Quel enseignement, par exemple, tirer du pont qui est jeté entre acquisition des relations temporelles et conservation des liquides[16]? Une troisième voie possible n'a pas encore été explorée: celle qui ferait la liaison entre développement cognitif et acquisition des FORMES linguistiques (cet aspect sera étudié dans la prochaine section). Il n'est toutefois pas évident a priori qu'on puisse traiter ce type de problèmes dans le cadre piagétien. Quel dispositif, parmi ceux que propose Piaget, rendrait compte, par exemple, de ce que les enfants expriment linguistiquement une relation spatiale donnée plus précocement dans les langues à postpositions que dans les langues à prépositions (voir la section suivante et le chapitre V)?

- Il semble assez clair que le développement cognitif se situe dans un certain rapport avec l'apparition de traits linguistiques déterminés. Prenons le cas du schème de l'objet permanent, que Bloom (1973) met en relation avec le brusque accroissement du vocabulaire chez sa fille (et avec d'autres caractéristiques lexicales dans le détail desquelles nous n'entrerons pas). Sans doute peut-on difficilement concevoir que des enfants stimulés uniquement par des objets présents atteignent jamais à l'exercice complet du langage. Mais ceci ne signifie pas qu'on doive s'attendre à un étroit synchronisme entre d'une part la période précise où l'enfant remplit les diverses conditions prévues par Piaget pour la maîtrise de l'objet permanent et d'autre part le moment où apparaît une caractéristique linguistique donnée. Faut-il le rappeler, la constitution du schème de l'objet permanent, pour ne prendre que celui-là, doit être conçue comme un stade au terme d'une série d'étapes successives qui contribuent chacune à le construire; l'étape dite finale ne marque pas nécessairement la limite du processus, elle n'est qu'un jalon des acquis considérés comme essentiels. Il serait dès lors illusoire de chercher à déterminer le moment précis, dans ce processus essentiellement dynamique, où prend ancrage tel ou tel aspect du développement linguistique, objet lui-même composite, puisqu'il faut y distinguer par exemple la compréhension et la production (Goldin-Meadow et al., 1976)[17].

- Lorsque Corrigan (1978) met en correspondance la longueur des premiers énoncés et les étapes successives de la construction de l'objet permanent, elle obtient des corrélations hautement significatives. Pour interpréter celles-ci, il faut garder à l'esprit que cognition et langage se développent tous deux avec l'âge. Comme le souligne Oléron (1979, p. 216), les « épreuves que Piaget a imaginées pour évaluer le développement intellectuel (...) sont des indicateurs de développement, sans plus. Or, tous les indicateurs sont en corrélation quand on les utilise sur des groupes d'enfants d'âge croissant. La corrélation entre l'atteinte du niveau opératoire et tel niveau dans l'emploi de telle forme syntaxique ou sémantique (ou toute combinaison entre elles) n'a pas plus de sens, si l'on s'en tient à elle, que les corrélations entre les performances linguistiques et la taille, le poids, le taux d'ossification, corrélations également très positives pendant toute la durée de la croissance, ou au moins une large partie de son déroulement ». Lorsque le traitement statistique de Corrigan exclut la variable âge, les corrélations prennent effectivement des valeurs dérisoires et plus aucune n'est significative.

3. Spécificité du linguistique

La théorie linguistique de Chomsky, on l'a souligné dans le chapitre I, comporte des hypothèses dont les implications psycholinguistiques sont tout à fait nettes[18]: les langues naturelles possèdent des caractéristiques propres à l'espèce humaine; l'acquisition du langage s'opère avec une remarquable régularité et une extraordinaire rapidité, alors même que les données linguistiques fournies à l'enfant par son entourage sont de mauvaise qualité; les sujets parlants possèdent une connaissance implicite de certaines règles formelles si abstraites, si complexes, d'application si rare ou exceptionnelle, qu'il est « difficile de croire que c'est le résultat d'un entraînement ou d'une expérience spécifiques » (1977, p. 92). Sur la base de ces arguments[19], Chomsky fait l'hypothèse que la connaissance linguistique des sujets est déterminée par une capacité innée, un *dispositif d'acquisition du langage (language acquisition device :* LAD), défini comme une prédisposition cognitive inscrite dans les gènes de l'espèce humaine, qui spécifie quelles formes les langues peuvent prendre et qui permettra à l'enfant de découvrir la grammaire de la langue particulière à laquelle son expérience le confrontera.

Pour le problème des relations entre langage et cognition, Chomsky situe d'emblée le débat en dehors de la perspective qui a été envisagée dans les sections précédentes; il conçoit en effet la cognition comme composée de plusieurs systèmes, dont l'un — le LAD — traiterait du langage et de son acquisition (voir notamment ses interventions dans Rieber, 1981; Rieber et Voyat, 1981). Que certains aspects au moins du développement linguistique soient tributaires d'autres systèmes cognitifs, Chomsky ne le nie ni ne l'affirme; son intérêt se focalise ailleurs : le langage ne peut être considéré dans son ensemble comme un produit de l'intelligence sensori-motrice, et l'acquisition des structures propres au langage est indépendante du développement de cette intelligence, mais elle repose sur un autre système cognitif, spécifiquement linguistique, et de caractère inné.

Les arguments que Chomsky fait valoir à l'appui de sa position sont essentiellement d'ordre linguistique (et non psycholinguistique). Les faits invoqués, extraits de la langue de l'adulte, donnent peu de prise à des expérimentations qui infirmeraient ou confirmeraient l'hypothèse, ils sont en outre malaisément observables chez l'enfant. Telle qu'elle est formulée par Chomsky, l'hypothèse du LAD ne prédit par ailleurs rien de concret en ce qui concerne le développement du langage chez l'enfant.

C'est McNeill (1970a, 1970b, 1970c, 1971) qui se fixa pour tâche de fournir la description la plus explicite — mais aussi la plus périlleuse — du LAD et de ses relations avec le développement cognitif. D'emblée, McNeill concède que certaines acquisitions linguistiques reposent sur une organisation préalable au niveau de la perception ou de la cognition : les relations topologiques marquées par les prépositions (*dans, sur, sous, à côté de, vers,* etc.) sont dans l'espace perceptivo-moteur avant d'être dans le langage; la distinction entre singulier et pluriel existe dans le monde des objets avant de se traduire dans la syntaxe; la différenciation entre le Moi et l'Autrui s'élabore à la faveur de multiples éléments propres aux interactions sociales, de sorte qu'il serait difficile de soutenir que les personnes du verbe (ou les morphèmes équivalents que l'on pourrait rencontrer dans les langues les plus diverses) sont strictement linguistiques. McNeill est donc amené à distinguer des traits universels linguistiques faibles et forts. Les faibles — dont nous venons de donner quelques exemples — ont leur origine nécessaire et suffisante dans un trait universel de la cognition (ou de quelque autre aspect de l'organisation psychologique de l'espèce humaine). Les traits forts par contre exigent « nécessairement une capacité strictement linguistique ».

Un certain développement cognitif peut être nécessaire à l'acquisition des traits forts, mais il n'en est jamais une condition suffisante. Quelles caractéristiques linguistiques McNeill considère-t-il comme des traits universels forts ? Que toutes les langues comportent des voyelles et des consonnes, qu'elles possèdent une structure syllabique, qu'elles reposent sur des ensembles de traits pertinents. Ceci pour la phonologie. En matière syntaxique, le LAD fournirait à l'enfant la connaissance que toutes les langues permettent de former des phrases, décomposables en syntagmes, que toute phrase comporte un sujet et un prédicat, qu'il y a des relations de verbe à objet, etc. (1970b, p. 71). Ce bilan a quelque chose d'un peu navrant : en fait d'universaux linguistiques accessibles à l'enfant par sa programmation génétique, on ne trouve que des généralités ou des évidences [20]. McNeill, en outre, n'est pas parvenu à apporter la preuve — ou des éléments de preuve — que ces caractéristiques étaient innées et ne pouvaient être expliquées par l'apprentissage. Ceci explique sans doute pourquoi ses hypothèses sont, à l'heure actuelle, aussi largement démonétisées.

Pour aventureuse qu'elle ait été, en ce qu'elle unissait de manière obligée traits linguistiques forts, universalité et innéisme, la distinction proposée par McNeill a peut-être néanmoins contribué à éclaircir le débat ultérieur sur les relations entre cognitif et linguistique : en considérant comme séparé ce qui a trait au sens et ce qui relève de la forme, elle mettait en effet en évidence que les intentions significatives de l'enfant ont à se couler dans des formulations linguistiques. Mais si McNeill remettait à un hypothétique LAD le soin de rendre compte de la façon dont l'enfant a accès à ces formulations, les psycholinguistes actuels se montrent, dans l'ensemble, fort peu intéressés par la controverse sur l'innéité [21].

Pour ces chercheurs, les théories sur l'acquisition du langage doivent prendre deux ordres de faits en considération : le volet sémantique, d'une part, qui est en dépendance directe du développement cognitif [22]; on ne peut s'attendre en effet à voir apparaître dans le langage de l'enfant des expressions référant à des notions dont il n'a pas au moins une certaine compréhension, c'est-à-dire une certaine maîtrise sur le plan cognitif. (Les exemples invoqués tout à l'heure pour les traits linguistiques faibles illustrent aussi le point de vue évoqué ici.) Mais, d'autre part, il existe également dans les langues des particularités et des régularités formelles, indépendantes des significations véhiculées et que l'enfant doit aussi acquérir. Il en est ainsi, par exemple, des phénomènes d'accord (entre sujet et verbe, nom et adjectif...), de concordance des temps[23], d'ordre des mots[24], de choix des morphèmes en fonction de l'une ou l'autre rection[25], etc. Pour un auteur comme Cromer (1974, 1976), l'acquisition de ce type de mécanismes relève de la capacité grammaticale de l'enfant et on ne peut espérer en rendre compte dans le cadre d'une théorie strictement cognitive.

Si on veut étudier ces caractéristiques formelles, il importe d'en dégager au préalable les régularités. C'est en ce sens que Slobin (1973, 1977, 1981) se préoccupe de recueillir pour les confronter des faits relatifs à l'acquisition de diverses langues, en se fondant schématiquement sur le principe suivant: si des enfants recourent, pour exprimer une notion sémantique donnée, aux mécanismes d'une langue A plus précocement que les enfants exposés à une langue B n'utilisent les moyens linguistiques de cette langue B pour formuler la même notion, on doit en conclure que les moyens formels envisagés sont moins complexes dans A que dans B; ou, à complexité équivalente, que les phénomènes formels de A sont plus directement accessibles à l'enfant; ou, en se plaçant à un autre point de vue, que l'enfant applique certaines stratégies pour découvrir comment une notion donnée s'exprime dans la langue de son entourage, et que ces stratégies sont telles qu'elles lui permettent de faire coïncider la forme et le contenu plus rapidement en A qu'en B.

La prise en compte de diverses asymétries de ce type doit amener à définir ces stratégies en des termes généraux et dès lors prédictifs (voir chapitre V).

Pour illustrer comment les aspects formels se détachent des aspects sémantiques, Slobin (1973) envisage le cas des enfants bilingues hongrois/serbo-croate. Différentes études indiquent que ces enfants utilisent les moyens linguistiques correspondant aux relations spatiales (les équivalents de *dans, hors de, sur*, etc.) plus précocement en hongrois qu'en serbo-croate. On peut créditer ces enfants des mêmes intentions significatives, qu'ils parlent dans l'une ou dans l'autre langue. Dès lors, si les expressions locatives apparaissent plus tôt dans l'une, la raison ne doit pas en être trouvée dans le développement cognitif, mais dans les caractéristiques des mécanismes linguistiques grâce auxquels ces relations spatiales sont exprimées. Ainsi, pour reprendre l'exemple de Slobin (1973), si un enfant met une poupée dans un tiroir, et dit en serbo-croate l'équivalent de *pou-*

pée tiroir, où ne figure aucune expression locative, alors que, parlant hongrois, ce même enfant produit un énoncé où la marque locative est présente sous forme d'une désinence casuelle [26] au mot pour « tiroir », l'absence de locatif en serbo-croate ne peut pas être attribuée à une insuffisance du développement cognitif: l'apparition précoce des locatifs hongrois et le retard relatif des locatifs serbo-croates ne peuvent s'expliquer que par des raisons d'ordre linguistique.

Le système hongrois encode les relations spatiales au moyen de morphèmes en fin de mot, la même notion se traduisant toujours par la même forme. En serbo-croate, on exprime les relations spatiales grâce à un jeu de prépositions combinées à des désinences casuelles (variables suivant qu'il y a ou non mouvement, variables aussi, de manière arbitraire, suivant la préposition); la forme des désinences est en outre fonction du genre et du phonème qui termine le mot. Ce tableau suggère à tout le moins que le système hongrois est plus simple que le serbo-croate. Et on peut penser, dans un premier temps, que cette différence de complexité est à la source des différences dans le rythme de l'acquisition.

Slobin, sans nier cette possibilité, ne s'arrête cependant pas à cette explication, qui n'apprend rien sur le comment de l'acquisition. Il rassemble un ensemble de faits, dans différentes langues (voir chapitre V), qui semblent bien converger vers un même point: l'enfant est plus attentif à la fin des mots qu'à leur début, à ce qui suit le mot qu'à ce qui le précède. On peut formuler cette tendance sous la forme d'une stratégie: « Faire attention à la fin des mots ».

En procédant de la sorte, sur la base d'études consacrées à des enfants bilingues ou en comparant dans diverses langues le rythme d'acquisition des formes relatives à une même notion, Slobin dégage d'autres algorithmes de traitement: « Faire attention à l'ordre des mots et des morphèmes », « Eviter les interruptions et les bouleversements des unités linguistiques », « Marquer les relations sémantiques clairement et explicitement », etc. (voir chapitre V).

Ceci nous emmène évidemment fort loin du cognitif tel qu'il était envisagé dans les deux premières sections de ce chapitre. Faut-il en conclure qu'il y a un développement linguistique doté de ses propres lois, indépendant du développement cognitif? Tout dépend du sens qu'on donnera au terme cognition, ou plus précisément de l'extension qu'on accordera à l'un des concepts qui entreront dans la définition de ce mot. Ainsi, si on lui donne, par exemple, le sens « ensemble des processus par lesquels un individu acquiert des informations sur l'univers », il reste à définir ce qu'on entend par le concept d'« univers ». Sera-t-il conçu comme quelque chose dont il serait possible de parler, mais dont le langage ne ferait pas partie ? Si oui, on pourra alors songer à faire dépendre du cognitif (tel qu'il est étudié dans l'œuvre de Piaget, par exemple) ce qui a trait aux aspects sémantiques du langage, cependant qu'il y aurait place pour des aptitudes spécifiquement linguistiques, dont relèveraient les aspects formels[28].

Une telle conception toutefois inclut évidemment ses propres limites. Il n'y a pas lieu a priori de considérer la cognition comme relative à un univers qui n'inclurait pas le langage : celui-ci en effet constitue aussi un objet de connaissance, un objet à connaître[29].

C'est cette deuxième option que semble retenir Slobin[30]. Pour lui, les aspects tant sémantiques que formels ne peuvent se développer sans prérequis cognitifs; on distinguera cependant le « développement des intentions significatives, qui résulte du développement cognitif général » et le développement des moyens linguistiques qui permettent de véhiculer ces intentions; pour accéder à ces moyens, l'enfant « scrute les données linguistiques (...), guidé par certaines idées sur le langage, par des stratégies cognitivo-perceptives générales, et par des limitations de traitement imposées par les contraintes de la mémoire opérative. Comme dans tout développement cognitif, ce processus d'acquisition implique l'assimilation de l'information aux structures existantes et l'accommodation de ces structures aux nouvelles données » (1973, p. 208).

Sans vouloir jeter une ombre quelconque sur l'apport très constructif des études de Slobin, sur l'originalité de sa démarche et sur la pertinence de son argumentation, on peut se demander si la distance qui le sépare de McNeill, par exemple, s'agissant des relations entre cognitif et linguistique, est aussi grande qu'il y paraît à première vue[31] : McNeill faisait une distinction entre cognitif et linguistique; la position de Slobin ne revient-elle pas à distinguer le cognitif-cognitif et le cognitif-linguistique (ou le cognitif sémantique et le cognitif formel)? En quoi et comment les « stratégies cognitivo-perceptives générales » se rattachent-elles au développement cognitif, mis à part qu'elles impliquent des processus d'assimilation et d'accommodation? La question, jusqu'ici, demeure sans réponse et elle ne pourra pas en recevoir dans l'état actuel de la psycholinguistique et de la psychologie : les stratégies sont définies en des termes métalinguistiques (il y est question de *mots*, de *morphèmes*, de *phonèmes*, etc.), qui les rendent en effet irréductibles à d'autres domaines de la cognition [32].

Cette conclusion peut déboucher sur deux attitudes: ou bien on considère qu'il y a effectivement dans l'acquisition du langage des aspects spécifiquement linguistiques (ce qui ne doit pas encore impliquer l'innéisme de la composante cognitive qui aurait à traiter ces aspects); on doit alors s'attendre à ce que d'autres secteurs de la cognition manifestent aussi leur spécificité [33]. Ou bien on estime que les propositions de Slobin ne constituent qu'un premier pas: des études ultérieures amèneront peut-être à formuler les stratégies dans des termes plus généraux, qui couvriraient d'autres secteurs que le linguistique et qui permettraient d'inscrire l'acquisition du langage dans un nouveau cadre cognitiviste. Dans le présent, sauf à faire valoir des questions de goût ou de foi, on ne peut opter pour l'une ou pour l'autre attitude que provisoirement, à titre d'hypothèse de travail, qu'on soumettra à l'épreuve des données.

4. Interaction du cognitif et du linguistique

Dans les trois premières sections de ce chapitre, nous n'avons pas systématiquement exposé les critiques qu'on pouvait faire valoir à l'encontre des théories présentées; il nous apparaît que chaque thèse apporte une pierre à l'édifice et trace du même coup les limites des autres positions. Ainsi, l'hypothèse Sapir-Whorf est trop exclusivement centrée sur la variable linguistique; elle ne tient aucun compte du rôle déterminant que joue l'expérience extra-linguistique dans l'évolution de la cognition; elle néglige l'existence d'un développement cognitif indépendant du linguistique — ce qu'illustre le courant piagétien.

A l'inverse, le modèle de Piaget, qui subordonne le linguistique au cognitif, ne rend pas compte de l'influence qu'exerce le langage sur la cognition (comme on l'a montré dans le cadre de l'hypothèse Sapir-Whorf), pas plus qu'il ne prend en considération le développement des aspects formels du langage (tels qu'ils sont définis chez Slobin, par exemple, qui focalise son intérêt exclusivement sur ces aspects).

Les trois thèses ont par ailleurs en commun d'une part qu'elles n'envisagent pas — ou fort peu — la possibilité d'une interaction entre développement cognitif et développement linguistique, et d'autre part qu'elles négligent l'impact que peut avoir la culture où vit l'enfant à la fois sur son développement cognitif et sur son développement linguistique. Ainsi, la théorie de Piaget, celle qui s'intéresse le plus à l'élaboration des structures de l'intelligence, sous-estime le rôle de la culture[34], et de son principal agent de transmission, le langage, au profit de mécanismes d'adaptation individuels. Une part de ce qui, chez Piaget, est présenté comme histoire naturelle de la cognition revient probablement en fait à l'histoire culturelle, qui se répercute sur la genèse de l'individu.

Il est sans doute possible de dépasser ces difficultés en proposant une théorie qui reconnaisse les phases prélinguistiques et les aspects extra-linguistiques de la cognition que les recherches de Piaget ne permettent plus d'ignorer; qui reconnaisse aussi l'impossibilité de concevoir, au-delà de ces niveaux, l'évolution de l'intelligence indépendamment de la structuration par le langage (voir Vigotsky, 1934), et qui, enfin, faisant du langage un composant essentiel de la culture, envisage le développement intellectuel de l'individu comme la résultante non tant d'un processus d'assimilation-accommodation que d'un des processus d'« enculturation », c'est-à-dire de façonnage d'un organisme biologique par un milieu construit et entretenu par l'espèce. La théorie qui, à ce jour, a le plus explicitement tenté une telle synthèse est celle de Bruner[4].

Pour Bruner, la croissance psychologique de l'enfant humain est entre autres caractérisée par une indépendance de plus en plus marquée des conduites par rapport aux stimulations immédiates. Cette indépendance suppose des processus représentatifs, parmi lesquels on pourrait distinguer trois niveaux. Le premier niveau prolonge l'action motrice; il repose seulement sur l'acquisition de réponses motrices reproductibles par le sujet alors que les stimuli présents lors de leur apprentissage peuvent fort bien faire défaut. Nombre de nos apprentissages moteurs complexes dépendraient de cette forme de représentation que Bruner appelle « enactive representation ». Ainsi, il n'est pas besoin de schémas ou de description linguistique pour se représenter la façon dont on parvient à nager, ou à tenir en équilibre sur une bicyclette, ou à nouer un lacet: cette représentation s'est — pour dire bref — inscrite « dans nos muscles » (1964, p. 328)[35].

Le second niveau prolonge l'organisation perceptive en condensant les données sensorielles dans des images sans le secours de l'action: c'est la *représentation iconique*. Les images mentales, les cartes, les schémas, les plans, constituent des représentations de ce type.

Le troisième niveau, celui de la *représentation symbolique,* met en jeu le langage (entendu au sens large: langue, mais aussi langage mathématique ou logique), les mythes, les théories et les explications fournis à l'enfant par son milieu social; il est en cela directement tributaire de la culture de ce milieu. Elément central de ce niveau, le langage se caractérise par son éloignement par rapport à ce qu'il représente, par sa nature arbitraire et par le nombre de combinaisons qu'il rend possibles. Ainsi, pour reprendre les exemples de Bruner (1964, p. 328), seul le langage, à l'inverse des images ou des actions, permet des représentations telles que « Philadelphie est un sachet de lavande dans le placard à linge de Grand-mère » ou $(x + 2)^2 = x^2 + 4x + 4 = x(x + 4) + 4$ (1964, p. 328).

Pour Bruner, l'enfant accède successivement à chacun de ces niveaux, sans pour autant abandonner les autres modes de représentation (les exemples que l'auteur propose pour les deux premiers niveaux indiquent que les modes initiaux coexistent même chez l'adulte avec le mode symbolique), mais il arrive que l'accès à l'un des niveaux soit freiné par la prégnance de la représentation qu'établit le sujet à un niveau inférieur.

Ainsi, dès l'âge de 5 ans, la plupart des enfants auraient atteint un niveau de représentation symbolique suffisant pour accéder à la conservation des liquides, mais ils en seraient empêchés par la force de la représentation iconique. Bruner illustre ce point de vue en s'appuyant sur les résultats obtenus à la suite de diverses expériences, notamment celle qu'a réalisée Frank (in Bruner et al., 1966).

Dans un premier temps, Frank soumet des enfants de 4 à 7 ans à l'épreuve classique de la conservation: aucun enfant de 4 ans, 20 % des enfants de 5 ans et 50 % des enfants plus âgés se révèlent conserveurs. Elle utilise ensuite deux gobelets identiques, A et B, partiellement remplis d'une même quantité d'eau, ce que les enfants peuvent constater. Elle introduit alors un troisième gobelet, C, plus bas et plus large. Elle dissimule les trois gobelets derrière un écran qui ne permet de voir que leur sommet. Elle verse devant les enfants le contenu de A en C et demande aux sujets, qui ne peuvent pas voir le niveau de l'eau, « où il y a le plus à boire (en B ou en C?) ». 90 % des enfants de 5 ans, 100 % des enfants de 6 et de 7 ans fournissent une réponse et une justification de celle-ci dans des termes tout à fait comparables à ceux qu'utilisent les enfants jugés conserveurs dans l'optique piagétienne: « c'est la même eau », « vous n'avez fait que la verser ». On enlève alors l'écran et on demande aux sujets s'ils gardent leur opinion. Presque tous les enfants de 5 ans et tous les enfants de 6 et 7 ans maintiennent leur réponse; même les sujets de 5 ans font valoir la différence entre apparence et réalité et tiennent des propos du type: « On dirait qu'il y a plus à boire, mais c'est la même chose, parce que c'est la même eau; elle a seulement été versée d'ici à là ». Frank, quelques minutes après, effectue un post-test, sans écran, en utilisant un gobelet plus haut et plus étroit : à présent, 70 % des enfants de 5 ans, 90 % des enfants de 6 et 7 ans peuvent être considérés comme conserveurs.

Même si cette expérience ne montre pas clairement, à notre sens, le rôle de la représentation symbolique (on pourra en effet toujours se demander si c'est seulement grâce à leur langage que les enfants établissent une équivalence entre le contenu des récipients cachés par l'écran), elle est intéressante ne serait-ce que pour ses prolongements : lorsque Greenfield[36] utilise la même procédure que Frank avec des sujets wolofs au Sénégal, elle n'obtient de résultats semblables que si c'est un enfant qui transverse le contenu de A en C; lorsque la manipulation est effectuée par l'expérimentateur, les sujets révisent leur jugement, une fois l'écran enlevé : le « changement » de quantité est attribué aux pouvoirs magiques dont disposent les adultes, mais non les enfants. Ceci indique bien le rôle que peut exercer la culture — *et celle-ci est transmise notamment par le langage* — sur le développement des processus cognitifs.

D'autres expériences, conduites dans le cadre proposé par Bruner, font apparaître de manière plus directe l'influence du langage sur la cognition. On signalera en ce sens les épreuves de classification d'objets ou de dessins rapportées par Greenfield et Bruner (1969) : il y apparaît notamment que la structure lexicale du bagage linguistique d'un enfant (et spécialement la connaissance qu'il peut avoir de termes référant à des catégories superordonnées) détermine la manière dont il opère ses catégorisations et le nombre de catégorisations qu'il est à même de proposer.

Bruner tire argument également des résultats obtenus par Sonstroem (in Bruner et al., 1966)[37], qui, entre deux épreuves de conservation, soumet ses sujets à un apprentissage qui met en cause soit des manipulations de plasticine par les enfants, soit un étiquetage verbal des dimensions, soit les deux. Le post-test indique un progrès opératoire chez quelque 75 % des enfants qui ont subi le double apprentissage. Un progrès est réalisé aussi par les sujets qui ont reçu un apprentissage verbal, mais la différence par rapport aux enfants qui ont seulement manipulé la plasticine n'est pas significative.

C'est le moment de revenir sur l'expérience de Sinclair (1967) que nous avions examinée dans la deuxième section. A la suite de l'apprentissage verbal, 10 % des enfants, on l'a vu, passaient du stade de la non-conservation à celui de la conservation. Cette proportion était considérée comme négligeable. En fait, ce chiffre prend en considération seulement les enfants non conserveurs au départ qui se révèlent conserveurs au post-test. Si on tient compte aussi des sujets qui passent de la non-conservation à un stade intermédiaire ou d'un stade intermédiaire à la conservation, on observe que 13 enfants sur 31 manifestent un progrès opératoire après l'apprentissage linguistique (1967, p. 53). Sur la base de ces données, il y a lieu de se demander si l'expérience de Sinclair n'illustre pas plutôt la position de Bruner que celle de Piaget.

La théorie de Bruner se caractérise par sa richesse, par son foisonnement; elle se prête malaisément à la synthèse, qui devient vite caricature. Ainsi, nous avons tenté d'isoler, dans les expériences sur lesquelles se fonde l'auteur, ce qui relevait du cognitif et ce qui était d'ordre linguistique. Mais pour Bruner, dès que le mode de représentation symbolique intervient, il n'est plus possible de parler de développement cognitif en le dissociant du langage, et, par conséquent, il n'est plus possible d'envisager l'évolution individuelle indépendamment des modalités de l'influence qu'exerce sur elle le milieu culturel. Ce point de vue ne se ramène pas à un simple relativisme culturel. En effet, bien qu'il se soit intéressé plus que quiconque aux effets des variations culturelles sur le développement cognitif, Bruner n'exclut nullement les caractères universels dans l'action du milieu culturel; mais leur universalité ne dispense en rien le psychologue de s'interroger sur le *comment* de leur influence sur l'individu.

Les diverses cultures, cependant, ont, à travers leur histoire, mis l'accent sur l'un ou l'autre des trois modes de représentation — notre culture occidentale ayant particulièrement développé le niveau symbolique, qui fournit les plus puissants «amplificateurs» des capacités biologiques de l'espèce humaine (ce qui n'est nullement en soi, d'ailleurs, une garantie de survie à long terme). Dans le développement de l'individu, les trois niveaux s'articuleront donc les uns aux autres en fonction non seulement des expériences du sujet, mais des expériences accumulées de sa culture qui canalise dans certaines directions l'usage que ses membres font des instruments de représentation. «On ne peut séparer (si ce n'est pour les besoins de l'analyse) instrumentalisme *culturel* et instrumentalisme *individuel*» (Bruner, in Bruner et al., 1966).

Dans cette perspective, le langage, et derrière lui toute l'organisation culturelle qui en ordonne l'usage dans des limites plus ou moins strictement définies, ne peut être considéré comme un simple auxiliaire venant se superposer à une pensée qui se construirait en dehors de lui; il est constitutif du développement cognitif dès l'instant où l'individu y a recours, c'est-à-dire dès l'instant où le niveau de représentation symbolique devient fonctionnel. Les problèmes de préséance en honneur dans l'école de Piaget apparaîtraient dès lors relativement futiles. Il conviendrait plutôt de porter l'attention sur les mécanismes qui relient la psychogenèse de l'intelligence à l'histoire de la connaissance et aux procédés implicitement ou explicitement mis en œuvre par la culture pour l'impartir à ses membres.

La théorie de Bruner, en dépit des critiques que l'on pourrait lui adresser sur divers points [38], présente un double mérite: elle n'isole pas l'acquisition du langage du reste du développement cognitif, et elle réinsère celui-ci dans le cadre du phénomène culturel, duquel le langage est partie intégrante.

Lorsqu'il conclut également, comme Oléron (1972, 1979), à l'interdépendance du développement cognitif et du développement linguistique, Schlesinger (1977) souligne par ailleurs qu'il n'y a sans doute pas de règle générale à tirer quant à la primauté de l'un ou de l'autre de ces aspects dans l'acquisition d'une catégorisation ou d'une structure particulière: « Il n'y a pas de raison a priori de croire que l'acquisition se fasse de manière uniforme chez tous les enfants. Là où un enfant élabore une distinction grâce à son expérience extra-linguistique (...), un autre se fondera davantage sur les données linguistiques », cependant qu'un troisième pourra utiliser conjointement les deux sources. Pour Schlesinger, que nous rejoindrons, la part du cognitif, celle du linguistique, l'importance de leur interaction, sont fonction de la distinction que l'enfant doit apprendre, de la façon particulière dont cette distinction est encodée dans la langue en cause [39], et, en dernier ressort, de l'enfant lui-même.

CHAPITRE VIII - NOTES

[1] Outre l'ouvrage cité dans le texte, on pourra se reporter à Piaget (1964, 1971, 1979), aux interventions de cet auteur dans Rieber (1981), Rieber et Voyat (1981). Bronckart (1977), Mottet (1975), Oléron (1980), Sinclair (1969a, 1969b, 1971, 1974, 1975, 1978), fournissent par ailleurs un exposé des thèses piagétiennes sur le langage.

[2] McNeill (1970a, 1970b, 1970c, 1971).

[3] Slobin (1973, 1977, 1981a, 1981b). Voir aussi Johnston et Slobin (1979), Slobin et Aksu (1981).

[4] Voir notamment Bruner (1964, 1966a, 1966b), Bruner et al. (1966), Greenfield et Bruner (1969), Olson (1970). Archambaud (1975) synthétise les vues de Bruner sur les relations entre cognition et langage.

[5] La plus célèbre est celle qu'ont menée Brown et Lenneberg (1954) sur des sujets adultes. L'étude de Lloyd (1977) fait le point de la question pour les termes de couleurs.

[6] Certaines des expériences menées sous la conduite de Bruner s'inscrivent aussi dans ce cadre (voir notamment Greenfield et Bruner, 1969); il en sera question dans la quatrième section de ce chapitre.

[7] Par exemple, on dispose devant l'enfant un bâton bleu et un cylindre jaune. On lui demande ensuite si le cylindre bleu qu'on fait apparaître alors va mieux avec le premier ou le deuxième objet.

[8] Il s'agit en fait d'un essai extrêmement sommaire en tant qu'expérience d'apprentissage. C'est là un reproche que tout spécialiste de l'apprentissage sera tenté d'adresser aux recherches de l'école de Piaget mettant prétendûment en jeu des apprentissages. Voir la dernière remarque de la note 14 ci-après.

[9] Quant aux structures syntaxiques, il faut noter qu'il n'est possible de fournir une réponse complète avec structure bipartite que si on dispose de comparatifs et de termes différenciés.

[10] Les faits sont peut-être plus clairs encore dans l'expérience qui met en relation la sériation et l'utilisation de comparatifs. Certains enfants, mis en présence d'une série de 10 bâtonnets de longueurs inégales, ordonnés du plus petit au plus grand, décrivent la série par des phrases telles que «Il y a des grands et des petits» ou «Petit, petit, petit, petit, grand, grand, grand, grand, grand, grand» ou «Petit, grand, petit, grand, petit, grand...» (p. 105). Invités à représenter graphiquement la série de mémoire, ils produisent des dessins où on voit une succession alternative d'un petit bâton et d'un grand, ou bien de petits bâtons égaux suivis de grands bâtons égaux aussi, ou bien de petits bâtons égaux, suivis de bâtons moyens, suivis à leur tour de grands bâtons égaux (p. 144). Si l'image mentale que se fait l'enfant de la série correspond à sa représentation graphique, les moyens linguistiques qu'il a utilisés décrivent très bien cette «déformation structurelle». Il n'y a aucune raison qu'un enfant emploie un comparatif pour décrire une série qu'il se représente comme une succession de petits bâtons précédant de grands bâtons. Le fait qu'un enfant n'utilise pas un moyen linguistique donné dans certaines occasions ne doit pas être interprété comme signifiant nécessairement que son développement linguistique est freiné faute de support cognitif, mais bien parfois, comme un indice de ce que, faute de ce support, il ne saisit pas tous les aspects de la situation. Les formulations linguistiques, au même titre que les dessins, ne sont ici que des témoins de sa vision des choses.

[11] Ce qui renforce notre scepticisme, c'est le fait, noté par Sinclair (p. 44), que tous les «sujets 'comprennent' les termes et les structures qui sont propres aux [enfants

conserveurs], dans le sens qu'ils exécutent correctement les ordres exprimés de cette manière. Finalement, il s'agit de termes et d'une structure très fréquente dans le langage courant, *dont les enfants se servent déjà, dans certaines situations, dès l'âge de trois ans et demi*». (C'est nous qui soulignons.)

[12] C'est sur ce point de la relation entre le langage et les opérations formelles que les piagétiens se montrent le moins explicites. Les travaux expérimentaux réalisés dans le domaine ne permettent pas, par ailleurs, de clarifier vraiment la question. Pour une synthèse de certains de ces travaux, voir Espéret (1978-1979, § III).

[13] Le groupe INRC est un ensemble d'opérations ou les éléments de quelque autre structure algébrique. Ces opérations, à savoir I (*identique*), N (*inverse* ou *négation*), R (*réciproque*) et C (*corrélative*) constituent un groupe commutatif dont les propriétés apparaissent dans le schéma suivant:

I	R	N	C
R	I	C	N
N	C	I	R
C	N	R	I

[14] Nous avons déjà au chapitre I rapproché, à d'autres propos, le maître du constructivisme genevois et le maître du behaviorisme américain contemporain. Sans doute se défendraient-ils — et Piaget plus vigoureusement que Skinner — contre de tels rapprochements. Ils s'imposent cependant à qui lit attentivement les deux œuvres. La tendance de Piaget à définir sa théorie par opposition à celle d'autrui l'amène malheureusement souvent à argumenter contre des conceptions qui n'ont plus qu'un intérêt historique. Ainsi, discutant des relations entre langage et pensée, il s'inscrit contre la position behavioriste; mais c'est à Watson qu'il s'en prend, qui assimilait la pensée à du langage subvocal. Or, les conceptions de Watson sont très largement dépassées chez Skinner, qui les réfute notamment dans le chapitre 19 de *Verbal Behavior* (1957). Les positions du Piaget face aux «psychologies de l'apprentissage» (à quoi il réduit volontiers les théories behavioristes, cultivant encore un malentendu) mériteraient à elles seules toute une étude.

[15] Outre l'étude de Sinclair que nous avons examinée dans le texte, on peut citer les travaux de Beilin (1975), Bresson et al. (1970, 1974), Clark (1970), Corrigan (1978), Ferreiro (1971), Goldin-Meadow et al. (1976), Ingram (1978), Sinclair et Ferreiro (1970), Zachry (1978); Bates (1976) met en parallèle le développement cognitif tel qu'il est conçu par Piaget et le développement des aspects pragmatiques du langage. Pour une synthèse critique, on se reportera à Bowerman (1978), Leonard (1978) et Oléron (1979).

[16] Clark (1970), Ferreiro (1971).

[17] Ingram (1978) étudie également la relation entre permanence de l'objet et développement linguistique. Il signale certaines des difficultés que comporte cette approche; les données verbales prises en considération sont celles de la production enfantine, non celles de la compréhension, et on sait qu'il y a un hiatus entre ces deux volets de l'activité linguistique; il importe par ailleurs de contrôler l'ensemble des acquisitions cognitives: il semblerait ainsi que des enfants ayant atteint le même stade en ce qui concerne la construction de l'objet permanent, mais non pour ce qui est des capacités imitatives, pourraient avoir aussi un développement linguistique différent.

[18] «La théorie de la grammaire est simplement une partie de la psychologie cognitive qui s'occupe d'une faculté mentale particulière, de son plein développement et des principes innés qui sont à la base de son développement» (1977, p. 11). Ce type de citation pourrait être multiplié.

[19] La lecture du chapitre V aura permis d'évaluer le poids de l'argument relatif à la rapidité de l'acquisition du langage; le chapitre VII, celui qui concerne la mauvaise qualité de l'input langagier; on a noté par ailleurs çà et là que l'accent sur la remarquable régularité dont parle Chomsky tend de plus en plus à se déplacer sur l'existence de différences individuelles dans l'acquisition linguistique. Pour les autres arguments, on se reportera à Richelle (1971), au chapitre I du présent ouvrage, et à la section 1 du chapitre V, où on trouvera aussi les références de critiques adressées à Chomsky.

[20] S'il tentait d'expliciter comment un rossignol apprend à chanter, un Mc Neill éthologiste dirait sans doute que de manière innée, le rossignol sait que tout chant comporte des notes et que ces notes se répartissent en graves et aiguës, ce qui évidemment n'apprend rien sur l'apprentissage.

[21] Lorsqu'il est question d'innéisme, on rencontre de plus en plus des prises de distance explicites, comme dans les cas suivants: «Quoiqu'on ait beaucoup argumenté sur la question de savoir si les universaux caractéristiques du langage étaient ou non innés, j'éviterai cette question ici, et je référerai à ces universaux comme à des capacités linguistiques de base, qui sont des prérequis aux problèmes que je souhaite envisager» (Slobin, 1973, p. 180). «... une autre hypothèse pour les difficultés que rencontrent certains enfants aphasiques peut être qu'ils manquent de certains mécanismes que certains théoriciens disent innés» (Cromer, 1976, p. 326). (C'est nous qui traduisons.)

[22] On se gardera cependant d'assimiler purement et simplement cognitif et sémantique: il y aurait intérêt à parler de *cognition* pour les notions envisagées indépendamment de tout codage linguistique, et à réserver l'étiquette de *sémantique* pour les notions telles qu'elles sont codées dans une langue ou des langues déterminées.

[23] Ainsi, très fréquemment, en français, à côté de la série (a), avec un verbe au présent dans la principale, on observe la série (b), où l'emploi du passé dans la principale déclenche l'utilisation d'autres temps dans la subordonnée, sans que cela influe pourtant sur le sens.
(a) Il dit que le plomb est un métal.
   Il demande si tu viendras.
(b) Il a dit que le plomb était un métal.
   Il a demandé si tu viendrais.

[24] En français, certains adjectifs se placent devant le nom (*petit, grand, bon,* etc.), d'autres après (ainsi, les adjectifs de couleur), d'autres ont un statut mal défini. Dans la même ligne, on peut aussi prendre l'exemple de l'ordre des pronoms objets l'un par rapport à l'autre et par rapport au verbe: *Achète-le moi, Achète-le toi, Achète-le lui* vs *Il me l'achète, Il te l'achète, Il se l'achète* vs *Il le lui achète*.

[25] Par exemple, pour se désigner, le locuteur a à choisir, en français, entre *je, me* ou *moi*.

[26] On définit ce qu'est une désinence casuelle dans la note 35 du chapitre V.

[27] Pour des définitions plus techniques, voir entre autres Piéron (1973) à la rubrique «cognitif».

[28] Il semble bien que ce soit cette voie qu'ait choisie Cromer (1974, 1976).

[29] On peut se demander si le débat sur les relations entre cognition et langage n'est pas partiellement faussé par l'existence même de l'œuvre de Piaget, en ce sens que dès le moment où il est question de cognition, c'est souvent vers sa théorie seulement qu'on se tourne: la cognition est alors implicitement définie comme équivalant aux processus qu'il a mis en lumière. Il y a sans doute là un arbre, superbe, qui cache une forêt. Dans cette ligne, on citera Karmiloff-Smith (1977a, p. 393): «L'épistémologie piagétienne est essentiellement construite sur l'interaction logico-mathématique de

l'enfant avec un environnement physique de plus en plus vaste à mesure qu'il grandit. On peut faire valoir que Piaget a sous-estimé l'importance de l'interaction constructive des enfants avec leurs autres environnements, par exemple, l'environnement linguistique». C'est à une autre approche aussi qu'incite Corrigan (1978, p. 187): «Cette étude trouve une correspondance générale entre l'atteinte de l'étape finale sur l'échelle de l'objet permanent (Etape 21, Période pré-opératoire) et l'accroissement du vocabulaire total des enfants. On peut supposer que le progrès linguistique réalisé à ce moment n'est pas dû au développement de l'objet permanent en soi, mais à l'élargissement de la capacité symbolique nécessaire à l'accomplissement des tâches sur l'un et l'autre plan». (C'est nous qui traduisons.)

[30] Même si, dans ses textes, il emploie le mot *cognition* (comme nous l'avons fait dans l'exposé de ses travaux) tantôt dans le sens restreint, tantôt dans le sens large.

[31] Une comparaison plus approfondie des positions de McNeill et de Slobin sur ce point devrait, bien sûr, souligner que pour le premier, les aspects qui échappent au cognitif sont nécessairement innés, alors que le deuxième s'intéresse peu à ce type de question; il faudrait aussi noter le caractère peu substantiel des propositions de l'un opposé à la richesse de l'autre approche; la rigueur de l'argumentation serait aussi un critère pertinent pour la distinction des deux thèses.

[32] Ainsi, si on souhaite préciser davantage les relations qu'il y aurait entre les stratégies et la cognition, le cadre piagétien n'offre aucun secours en ce qu'il ne traite pas d'unités semblables ou même seulement comparables à ce que sont les mots ou les morphèmes, par exemple. Il faudrait conduire d'autres investigations et ne pas considérer que les recherches de Piaget et de son équipe ont épuisé le domaine de la cognition. Vion (1980, p. 162sq.) propose d'établir ainsi une relation entre les stratégies d'ordre et les résultats recueillis par Bastien et Bovet (1980); ces auteurs cachent un bonbon sous un cube parmi dix cubes alignés l'un à côté de l'autre; les enfants les plus jeunes explorent de petites zones de manière désordonnée; avec l'âge, l'exploration se fait de plus en plus systématique et prend de plus larges zones en considération. Karmiloff-Smith et Inhelder (1975), Karmiloff (1977a, 1977b) estiment aussi qu'il existe des processus cognitifs communs au traitement des données linguistiques et non linguistiques.

[33] On pourrait en ce sens faire valoir que certaines des lois de la mémoire sont irréductibles aux lois de la perception, par exemple.

[34] Sur ce point, voir aussi Tourrette (1980).

[35] On peut, avec Piaget, se demander s'il y a lieu de parler à ce sujet de *représentation*. Bruner a défendu son point de vue dans Bruner et al. (1966).

[36] Dans Bruner et al. (1966) et dans Greenfield et Bruner (1969).

[37] Cette expérience est également relatée dans Bruner (1966a).

[38] Piaget a formulé ses propres critiques dans un article caustique (1967b).

[39] Schlesinger fait ici référence aux thèses de Cromer et de Slobin notamment (voir la troisième section de ce chapitre).

Chapitre IX
Langage et régulation de l'action

A ses origines, le langage de l'enfant apparaît étroitement lié à l'action, qu'il accompagne et souligne, à laquelle il se superpose sans vraiment l'influencer. Peu à peu il impose à la motricité sa fonction organisatrice et régulatrice. Les conduites verbales du jeune enfant sont une sorte de commentaire parallèle de l'action motrice, qu'elles ne déterminent ni ne guident (langage *sympraxique* de Luria). Le plus souvent, elles sont postérieures à l'action. Dans un stade ultérieur, elles interviennent, comme l'a signalé Vigotsky (voir chapitre X), aux moments où quelque obstacle entrave l'action en cours. Enfin, elles précèdent l'action, dont elles anticipent le déroulement: l'action, à ce stade, peut devenir un projet, se déroulant conformément au schéma symbolique préalablement défini.

Dans cette évolution, le langage joue un rôle très complexe. Il diffère l'action motrice, introduisant une inhibition qui contraste avec la manière dont, en dehors de son influence, l'enfant se précipite immédiatement dans l'acte. Cette inhibition est de nature entièrement différente de celle que pourrait introduire, en cours d'action, le contact avec un obstacle imprévu, ou l'interférence d'une stimulation donnant lieu à des réactions émotionnelles: elle marque, en fait, le contrôle autonome du sujet sur ses propres conduites motrices. Dans la mesure où le langage est produit social, on peut dire que le contrôle autonome du sujet tire son origine de la socialisation. Il s'en dégage cependant largement à mesure que le langage devient un instrument efficace et strictement individuel d'organisation des comportements, instrument qu'attestent les conduites verbales intériorisées. Enfin, le langage, dans son rôle planificateur, autorise des tâtonnements qui, se réalisant au niveau verbal, économisent des actes moteurs incomparablement plus coûteux en énergie, ou dont l'insuccès serait souvent irréversible et presque toujours aversif. Les conduites motrices sur lesquelles finalement débouche l'anticipation verbale seront, dans les meilleurs cas, d'emblée adaptées. Au lieu de s'organiser au gré des vicissitudes de son déroulement, l'action est organisée avant même de s'amorcer. Cette subordination progressive de l'action au langage qui la prépare est probablement une étape non moins essentielle de l'histoire de notre espèce que de la psychogenèse de l'individu [1].

1. Le second système de signalisation

La fonction régulatrice du langage sur la motricité a fait l'objet d'études expérimentales aujourd'hui classiques de Luria (1961). Elles se situent à la fois dans le sillage de Vigotsky et des conceptions de l'école pavlovienne sur le second système de signalisation. Quelques remarques introductives au sujet de ces dernières ne seront pas inutiles pour apprécier l'apport original de Luria.

Pavlov avait très tôt reconnu que, chez l'homme, se superpose au système sensoriel de signalisation analysé dans ses expériences sur le chien, un second système, symbolique et verbal, qui fournit des possibilités nouvelles de différenciation du comportement. C'est le second système de signalisation. Fonction corticale par excellence, il ne pouvait manquer de requérir l'attention des pavloviens dont toute la pensée fut dominée par la notion d'intégration. Quelles sont les particularités distinctives de ce système par rapport au premier système de signalisation ? Comment se présentent les interactions réciproques entre les deux systèmes ?

Ivanov-Smolensky et Krasnagorsky mirent au point des méthodes, fort simples, où la stimulation verbale était utilisée tantôt comme renforcement (se substituant au stimulus inconditionnel de l'expérience classique sur le premier système de signalisation) tantôt comme stimulus conditionnel. Dans ce dernier cas, l'expérimentateur peut jouer sur les substitutions d'un stimulus appartenant à un système par des stimuli appartenant à l'autre: ce type d'expérience porte sur les interactions entre les deux systèmes de signalisation, et, menées génétiquement, sur l'émergence du second système. Il peut aussi jouer sur des substitutions de stimuli appartenant au second système seulement: c'est alors la structure de ce second système que l'on saisit. Prenons quelques illustrations simples.

On conditionne aisément chez l'homme le réflexe de clignement à un stimulus auditif, selon la même procédure que le conditionnement salivaire du chien, le stimulus inconditionnel étant, par exemple, un jet d'air. Une fois le réflexe conditionnel établi, au son d'une cloche, par exemple, on substituera au stimulus conditionnel «physique» le mot *cloche*. La réaction conditionnelle au stimulus verbal apparaît, attestant l'étroite interdépendance des deux systèmes.

Les mots peuvent être utilisés d'emblée comme stimuli conditionnels, et le conditionnement se généralisera alors, inversement, aux stimuli physiques auxquels ils correspondent. Il est remarquable que les mots constituent très tôt des stimuli conditionnels privilégiés. Autour de 7 à 8 mois, le conditionnement à un mot demande le même temps que le conditionnement à un stimulus sonore quelconque. Dès 10-12 mois cependant, il faut quatre fois moins de renforcements pour établir un réflexe conditionnel à un mot qu'à un son non verbal (Fradkina, résumé par Slobin, 1966b).

Non seulement le second système de signalisation peut se substituer aux stimuli extéroceptifs du premier système, mais aussi aux stimuli intéroceptifs. Cette étroite interdépendance entre la fonction corticale la plus différenciée et la vie végétative a été abondamment démontrée par les chercheurs de l'école de Bykov et d'Airapetyants [2].

La substitution d'un stimulus verbal à un autre stimulus verbal déjà conditionné n'est qu'un cas particulier de la méthode classique par laquelle les expérimentateurs étudient les *généralisations*. Ayant conditionné un chien à un son d'une fréquence donnée, on teste sa réaction conditionnelle à des fréquences différentes, plus ou moins éloignées de la première. L'allure de la courbe de généralisation nous renseigne sur l'organisation de l'activité perceptive en cause, elle-même dépendante de facteurs caractéristiques de l'espèce, de la constitution individuelle et de l'histoire du sujet. Pareillement, s'agissant des stimuli verbaux, les tests de généralisation nous informent sur l'organisation structurale du système linguistique chez le sujet parlant — laquelle nous renvoie soit aux structures générales du langage, soit aux structures propres à la langue particulière, soit aux particularités propres à l'usage qu'en fait le sujet en fonction de sa constitution ou de son histoire.

Dans une expérience de Razran (1939), une réponse salivaire est conditionnée à des stimuli verbaux écrits, repris dans la première colonne de la liste suivante :

SC	A	B
style (style)	fashion (mode)	stile (montant)
urn (urne)	vase (vase)	earn (gagner)
freeze (geler)	chill (glacer)	frieze (ratine)
surf (ressac)	wave (vague)	serf (serf)

Le conditionnement établi, on procède à des tests de généralisation, aux mots de la colonne A — synonymes — et aux mots de la colonne B — homonymes. La généralisation est plus nette dans le premier cas que dans le second, la similitude sémantique l'emportant sur la similitude phonétique. La dominance de la généralisation phonétique est un signe d'organisation plus primitive du second système de signalisation. On la rencontre chez les jeunes enfants, chez les débiles profonds, les débiles légers fournissant un mélange de transferts phonétiques et de transferts sémantiques. Chez le sujet normal, elle apparaît en début de conditionnement, sous l'effet de la fatigue et sous l'action d'agents pharmacologiques réduisant les contrôles supérieurs. L'exploration ne se limite pas aux relations entre éléments lexicaux. Si l'on conditionne différentiellement une réponse salivaire au mot *bon* comme stimulus positif et au mot *mauvais* comme stimulus négatif, on obtient un transfert à des énoncés ne contenant pas les mots *bon* ou *mauvais*, mais dont le sens entraîne un *jugement d'approbation ou de désapprobation*.

Chez des enfants de 11 à 24 mois, Detgyar a conditionné un réflexe de clignement à une stimulation auditive (sonnerie). Le mot *non* est ensuite introduit comme stimulus inhibiteur conditionné. L'inhibition du réflexe conditionné s'obtient facilement pour autant que l'enfant comprenne le sens du mot *non*. En deçà, elle est difficile sinon impossible à obtenir (Detgyar, 1957, résumé par Slobin, 1966b).

Le conditionnement à des stimuli verbaux complexes, par exemple des phrases comme « Aujourd'hui le soleil luit » s'établissent facilement à condition que l'énoncé soit vrai (El'Kin, cité par Slobin, 1966b).

Ces méthodes, dont il nous est malheureusement impossible d'apprécier tous les résultats faute d'y avoir accès de première main, sont sans doute parmi les plus fécondes pour aborder, dans la perspective que nous avons défendue au chapitre I, de nombreux aspects de l'étude du développement du langage. Fondées sur des réponses objectives échappant généralement à tout contrôle volontaire du sujet, ne faisant appel à aucune consigne, elles sont applicables aux jeunes enfants bien avant l'âge où l'on peut songer à recourir à d'autres méthodes. Elles donnent accès à l'organisation dynamique de la langue «dans le cerveau du sujet parlant», et, exploitées avec les ressources d'hypothèses que suggère la psycholinguistique moderne, elles fourniraient peut-être des indications décisives.

Une autre méthode, développée par Ivanov-Smolensky, consiste à placer une réponse motrice simple — pression de la main sur une poire de caoutchouc par exemple — sous contrôle d'un stimulus verbal[3]. C'est cette méthode que Luria a employée dans ses travaux sur la régulation de l'action motrice par le langage.

2. Développement des régulations motrices par le langage: les recherches de Luria

Dans une série de recherches sur sujets normaux et pathologiques, Luria a suivi l'évolution de l'influence du langage sur la motricité pour en dégager la thèse suivante: initialement, la régulation est purement externe et incitatrice; l'action de l'enfant est subordonnée au langage de l'adulte, qui peut jouer un rôle déclencheur mais non inhibiteur de l'acte. Ultérieurement, la régulation devient, tout en restant externe, inhibitrice aussi bien qu'incitatrice. Enfin, elle devient autonome, l'action se subordonnant désormais au langage propre de l'enfant, éventuellement intériorisé.

Aucune régulation n'est évidemment possible si le langage n'est pas compris. Mais ce n'est pas une condition suffisante. Ainsi, vers 18 mois, une intervention verbale de l'adulte est parfaitement capable de déclencher une action motrice, mais non d'inhiber une action déjà entamée, moins encore de provoquer un changement d'action. Luria évoque des exemples simples: tentez de demander à l'enfant qui est en train d'enfiler ses chaussettes de les enlever, à l'enfant en train d'enfiler des anneaux sur une tige de les retirer; il n'obtempère pas; au lieu d'inhiber l'action en cours, l'intervention verbale au contraire l'intensifie.

Ce phénomène se vérifie aisément dans la situation expérimentale d'Ivanov-Smolenski. L'enfant de cet âge réagit à l'ordre d'appuyer sur la poire. La force de la pression s'enregistre aisément sur un graphique. Si, une fois le mouvement engagé, on invite l'enfant à l'interrompre, au lieu d'observer l'effet attendu, on voit s'accentuer la pression. Des régulations plus complexes sont *a fortiori* impossibles. Ainsi, on donne à l'enfant la consigne « Quand tu vois la lampe, tu pousses », pour déterminer s'il planifie son action en liant anticipativement, au niveau verbal, la réponse motrice à un stimulus défini. Chez l'enfant de 18 à 24 mois, le signal entraîne une réaction d'orientation, des séquences de réponses motrices apparaissant en dehors du contrôle du stimulus. Paradoxalement, si l'enfant était en train d'appuyer au moment où le signal s'allume, le mouvement est inhibé. A ce stade encore, la réponse motrice s'aligne étroitement sur le signal : une stimulation longue provoque une réponse longue, une stimulation brève, une réponse brève.

Que se passe-t-il si l'on invite l'enfant à accompagner ses réponses motrices d'une réponse verbale (« Vas-y »)? Avant deux ans et demi, il y échoue. Les quelques associations mouvement-parole que l'on relève sont fragiles. L'élément verbal est fourni de façon stéréotypée sans liaison nette avec l'acte, et en vient finalement à inhiber entièrement ce dernier, ou, inversement, la réponse motrice se maintient aux dépens de la réponse verbale. Dès 3;6 ans, la liaison s'établit et affine l'action : des réponses inopportunes, encore observables quand l'élément verbal n'accompagne pas, disparaissent. Le langage propre du sujet a acquis un rôle régulateur. Ce dernier n'est cependant pas encore dépendant de la valeur signifiante du langage. Si l'on demande à l'enfant de presser deux fois la poire à chaque signal, vers 3;6 ans, il n'y parvient pas. La réponse verbale d'accompagnement consistant à répéter deux fois « Vas-y » facilite la tâche. Mais l'enfant un peu plus âgé (4 ans) qui réussit cette performance sans réponse verbale redoublée n'y arrive plus si on l'invite à produire une seule réponse verbale décrivant la séquence motrice (« Je pousse 2 fois »). Il faut attendre 5 à 6 ans avant d'obtenir la régulation de l'action par l'aspect significatif du langage. On peut faire la même constatation à partir d'une tâche discriminative. L'enfant de 3;6 ans exécute sans difficulté la réaction motrice en présence d'un stimulus négatif. Si on l'invite à associer au stimulus positif la réponse verbale « Vas-y », et au stimulus négatif la réponse « N'y va pas », son comportement s'en trouve perturbé. La réponse verbale au stimulus négatif, bien qu'elle coïncide sémantiquement avec la réaction attendue du sujet, provoque une désinhibition de la réponse motrice, qui se manifeste donc en présence du stimulus négatif. L'élément verbal, quel qu'en soit le sens, a, à ce stade, une fonction purement *incitatrice*. La conduite motrice est correctement inhibée en présence du stimulus négatif si la réponse verbale (« Vas-y ») accompagne exclusivement le stimulus positif. Ici encore, la fonction régulatrice fondée sur la valeur sémantique de l'élément verbal ne s'installera qu'au-delà de 5 ans.

3. Confirmation des hypothèses de Luria dans la pathologie

On pourra s'attendre à ce que cette régulation se révèle déficiente lorsque le langage n'est pas normalement constitué; et inversement, dans des cas de déficit au niveau des coordinations motrices elles-mêmes, le langage bien constitué pourra remplir une fonction de suppléance. L'examen de quelques catégories pathologiques confirme ces hypothèses.

Chez des sujets parkinsoniens, par exemple, les contrôles verbaux peuvent efficacement compenser les déficits moteurs dans une situation expérimentale simple. Invité à fournir des pressions rythmiques sur une poire de caoutchouc, le malade parkinsonien ne parvient pas à maintenir la coordination nécessaire, les pressions se font rapidement irrégulières et faibles. Si, à ce moment, on l'invite verbalement à pousser un nombre convenable de fois pour répondre à une question posée (par exemple, « Comptez jusqu'à 8 », ou « Combien y a-t-il de roues à une voiture ? », « Combien de frères avez-vous ? »), la coordination motrice se rétablit. De même dans le syndrome cérébro-asthénique, où les auteurs soviétiques rangent des enfants d'intelligence normale et exempts de toute déficience verbale, mais présentant des symptômes de fatigabilité, de difficulté de concentration, de distraction, qui conduisent généralement à l'inadaptation scolaire, les régulations motrices se révèlent difficiles. L'enfant ne parvient pas à réagir discriminativement dès que l'on augmente le rythme de présentation des signaux, ou que l'on réduit leur durée, ou que l'on exige une différenciation d'amplitude de la réponse (par exemple, au signal rouge, appuyer fortement; au signal vert, appuyer faiblement). Cependant, l'association de la réponse verbale améliore considérablement les performances.

Par contre, chez l'enfant oligophrène, le langage ne prend pas le contrôle du comportement moteur. Ainsi, si l'on a conditionné une réponse motrice discriminative à un signal rouge (positif) et à un signal vert (négatif), la substitution de stimuli verbaux (« Rouge », « Vert ») perturbe complètement les acquisitions réalisées: l'enfant répond indifféremment à tous les signaux. Il en va de même si l'on demande au sujet de substituer une réponse verbale (« Je pousse », « Je ne pousse pas ») aux réponses motrices. La combinaison des réponses verbales et motrices fait apparaître de nouvelles déficiences. Les deux systèmes, au lieu de s'assister réciproquement, fonctionnent indépendamment l'un de l'autre, jusqu'à ce que l'un imprime à l'autre son influence inhibitrice. D'autre part, on retrouve chez l'oligophrène la dominance de la valeur incitatrice de l'élément verbal (indépendante de la signification) caractéristique du jeune enfant. L'oligophrène est capable, éventuellement, d'associer la réponse verbale *oui* à la réponse motrice en présence du signal positif, et d'inhiber sa réponse motrice au signal négatif quand il ne l'accompagne d'aucune réponse verbale. La réponse motrice au signal négatif réapparaît si le sujet doit produire en même temps la réponse verbale *non*.

4. Contrôles et prolongements

Les expériences de Luria, aussi simples qu'élégantes, et qui portent sur un problème important, n'ont guère été reprises et prolongées en dehors de son école. Quelques chercheurs ont tenté de les reproduire, en se fondant sur les informations malheureusement assez fragmentaires concernant la méthode suivie (Beaudichon et al., 1973; Bronckart, 1970, 1973; Rondal, 1973, 1976; voir aussi Wozniak, 1972). Les résultats obtenus ne confirment pas toujours les conclusions de Luria. Ainsi, Bronckart (1970), reprenant la procédure de ce dernier avec des enfants normaux de 1;6 à 4 ans, retrouve la valeur régulatrice, mais à l'origine exclusivement incitatrice, des éléments verbaux extérieurs dès 1;6 an, de même que la valeur inhibitrice dès 2;6 ans et les réglages discriminatifs dès 3;6 ans pour autant que l'on s'en tienne à des situations simples n'engageant qu'*une* réponse motrice à *un* stimulus. Dans des tâches plus complexes, il est permis d'émettre un doute sur la nature de la régulation verbale observée. Ce que Luria attribuait à la valeur proprement sémantique de la réponse verbale associée à la réponse motrice, ne serait dû, à y regarder de près, selon Bronckart, qu'à la propriété du langage de se laisser rythmer. Par exemple, lorsqu'on demande à l'enfant de pousser deux fois à chaque signal en accompagnant chaque pression de la réaction verbale: «Je pousse», «Je pousse», on obtient 70 % de réussites dès 3 ans, pour approcher des 100 % dès 5 ans. Si on lui demande de produire la même réaction motrice en l'accompagnant de la réponse verbale «Je pousse deux fois», on observe une détérioration de la performance motrice; les sujets de 3 ans, généralement, ne poussent plus qu'une fois. C'est encore le cas de 4 à 5 ans pour 50 %, et pour 20 à 30 % des sujets de 5 à 6 ans. Même à ce stade, l'examen des enregistrements sonores effectués en même temps que l'enregistrement des réponses motrices révèle que les sujets qui réussissent décomposent l'élément verbal « Je pousse deux fois » en deux parties (« Je pousse ») (« deux fois ») qu'ils scandent pour marquer le rythme de l'acte moteur associé. On assiste d'ailleurs aux premières tentatives dans ce sens, mais avortées, chez les enfants plus jeunes (3;6-4;6 ans) qui fournissent de fréquentes réponses triples, influencées par le découpage de l'élément verbal en trois composants (« Je ») (« pousse ») (« deux fois »). C'est donc le rôle incitateur du langage que nous retrouvons ici, la valeur sémantique étant tout à fait secondaire, et insuffisante comme telle pour régler l'action motrice. Le langage, parce qu'il peut se scander, sert en quelque sorte à battre la mesure. Si une véritable régulation d'ordre sémantique existe à partir de 5 ans, comme le pense Luria, elle n'est pas démontrée par ses propres expériences.

Rondal (1973, 1976) a poussé plus avant l'analyse après avoir de son côté reproduit aussi rigoureusement que possible l'expérience de Luria. Il retrouve, pour l'essentiel, les résultats obtenus par ce dernier, à ceci près que, dès 3;6 ans, la réponse verbale « Non » semble, par sa valeur sémantique, capable d'améliorer la performance motrice, alors que cette inhibition n'était pas observée par l'auteur soviétique avant l'âge de 5 ans. Il se pourrait que la nature de la réponse verbale soit ici en cause, le bref *non* ayant pris sens et force bien plus tôt que le *« Je n'appuie pas »* (ou plus exactement, son équivalent en russe) de l'expérience originale.

L'absence d'amélioration de la réponse motrice par intervention du langage chez les plus jeunes (en dessous de 3;6 ans) soulève cependant un problème que Bronckart avait déjà aperçu: est-elle le signe de l'inefficacité des verbalisations ou seulement l'expression des limitations sensori-motrices, la tâche motrice dépassant en tout état de cause, avec ou sans accompagnement verbal, les capacités de l'enfant? Cette dernière interprétation semble exclue au vu des résultats d'une série d'expériences contrôles où Rondal montre que la performance motrice s'améliore sans peine par l'adjonction d'un feed-back non verbal.

Afin de mieux cerner l'éventuel rôle régulateur du langage, et d'échapper au piège de ces pseudo-contrôles purement rythmiques mis en évidence par Bronckart, Rondal a ensuite entrepris de compliquer la tâche soit dans son aspect perceptif (discrimination de durée) soit dans son aspect moteur (réponses différentielles quant à la pression exercée) tout en modulant la réponse verbale de façon à ce que son effet soit clairement lié à sa signification. Ces recherches complémentaires, réalisées sur des sujets de 5 à 8 ans (l'âge où Luria prétendait voir s'installer une régulation proprement sémantique) ne permettent pas de conclure à une telle régulation. Par contre, on y trouve à nouveau les contrôles incitateurs, impulsifs ou purement rythmiques caractéristiques, selon Luria, d'un stade inférieur.

On peut naturellement s'interroger sur les causes de cette discordance. Les situations utilisées en sont peut-être responsables. On pourrait se demander aussi si des verbalisations intérieures n'interviennent pas, que viendraient contrarier les verbalisations ouvertes exigées par l'expérimentateur. Enfin, il resterait à s'assurer de la présence de cette régulation sémantique chez l'adulte, présence que Luria admettait comme une évidence sans l'avoir jamais démontrée.

Rondal a, sur ce dernier point, procédé à quelques sondages à l'aide d'une méthode introspective dont les résultats furent recoupés par une méthode d'enregistrement électromyographique de l'activité musculaire labiale. Les sujets adultes rapportèrent des verbalisations intérieures croissant avec la difficulté de la tâche, verbalisations tantôt en rapport sémantique avec les actes moteurs à fournir, tantôt en rapport rythmique. L'enregistrement électromyographique indique, par ailleurs, la présence fréquente d'une activité verbale non manifeste, qui chez certains sujets apparaît seulement au début de la tâche — comme si une automatisation purement sensori-motrice prenait ensuite le relais. Bien que l'activité labiale précède souvent l'amorce musculaire de l'acte moteur, également enregistrée, on ne peut conclure avec certitude au rôle régulateur du langage. Ces données fournissent tout au plus des indications suggestives sur la mobilisation spontanée du langage intérieur chez l'adulte, sans nous renseigner clairement sur son efficacité.

On se trouve donc intuitivement convaincu de la fonction régulatrice du langage dans l'activité motrice, attestée chez l'adulte non tant par les quelques explorations expérimentales que nous venons d'évoquer que par les multiples situations de la vie courante, chez l'artisan par exemple, en certaines phases de l'exécution d'un enchaînement complexe de gestes. Cette fonction régulatrice doit bien apparaître à un moment donné du développement, elle doit bien avoir une histoire chez l'individu. On se trouve donc également intuitivement convaincu de la pertinence de l'hypothèse de Luria. Elle reste cependant à vérifier expérimentalement de manière plus décisive qu'il ne l'a fait. Il se pourrait que les tâches imaginées ne soient nullement de nature à bien mettre en évidence les phénomènes recherchés, et que, comme l'indiquent d'ailleurs certaines observations de Rondal sur l'adulte, le rapport de l'action à la verbalisation ne se ramène pas à une simple progression linéaire du contrôle de la seconde sur la première. L'intervention du langage serait plus fluctuante, et par conséquent plus difficile à saisir.

En développant quelque peu les hypothèses de Luria, on pourrait, sous réserve de vérification expérimentale, proposer le schéma suivant. Le langage fourni par l'entourage commence par jouer, dans l'organisation des conduites motrices de l'enfant, un rôle purement incitateur, observable dans les situations expérimentales vers 1 an et demi, sans doute amorcé plus tôt. Ensuite s'installe peu à peu sa fonction inhibitrice, que les données expérimentales n'attestent clairement qu'au terme de la 3e année. De l'entourage, le contrôle verbal se déplace vers le sujet lui-même, qui devient progressivement capable de régler par son propre langage ses conduites motrices, sur un mode d'abord strictement incitateur, puis ultérieurement régulateur, l'élément verbal ne jouant plus un rôle d'excitant indifférencié par sa seule présence, mais par son sens. Ce rôle régulateur ne favorise la performance motrice, naturellement, que si celle-ci est améliorable d'une part, et si le système verbal est, par rapport à la situation en cause, mieux ajusté que les conduites motrices correspondantes. Si ce n'est le cas, le langage introduit un facteur perturbateur.

On peut imaginer qu'une activité motrice donnée bénéficie, à certains stades de son acquisition, de l'assistance des conduites verbales, puis que, une fois automatisée, elle s'accomplisse plus parfaitement sans leur intervention, devenue encombrante. On trouverait ainsi, au cours du développement naturel, des situations comparables à celles d'un entraînement sportif: on peut décomposer et décrire verbalement les mouvements de natation pour en exécuter la séquence au ralenti, mais une fois la séquence bien installée, et accomplie avec rapidité, le langage n'aide plus, au contraire, il complique. Cette dialectique, selon laquelle le verbal tantôt vient en aide au moteur, tantôt interfère malencontreusement avec lui, tantôt assiste par son sens, tantôt plus primitivement par son rythme, son intensité, etc. ne se trouvera élucidée qu'à la faveur de nouvelles recherches qui tiennent compte de la multiplicité et de la complexité des variables en jeu, tout en innovant quant aux situations révélatrices. On ne peut, à l'heure actuelle, qu'appeler de ses vœux ces prolongements aux travaux soviétiques. Il est surprenant, comme le notait Rondal, que ceux-ci aient été accueillis avec enthousiasme et largement acceptés en 1961, lors de la publication en anglais de l'ouvrage de Luria, et qu'ils aient suscité si peu de recherches, même après les quelques résultats discordants. Cette désaffection des psycholinguistes tient sans doute à leurs préoccupations dominantes pour des aspects plus formels du développement du langage au cours des années 1960[4]. Une remise en honneur de ce thème, qui se justifie pleinement, marquerait une étape nouvelle d'une réorientation, déjà abondamment affirmée, vers une analyse fonctionnelle[5].

5. Langage et activités perceptives

Les interdépendances et les interactions de la fonction verbale avec l'activité perceptive illustrent de façon particulièrement claire la double relation du langage aux autres grandes fonctions psychologiques. D'une part le langage est tributaire de la perception; d'autre part, il l'intègre en y introduisant de nouveaux éléments organisateurs.

L'information linguistique se trouve toujours véhiculée par un support matériel propre à frapper nos sens. Quel que soit l'écart des signes linguistiques aux choses, ils sont faits de matière sonore, traitée d'abord par la perception. Nous nous bornerons ici à évoquer au passage les nombreuses recherches sur la perception du langage, pour la plupart réalisées sur des sujets adultes[6]. Elles analysent la manière dont l'information linguistique demeure soumise aux lois de la perception auditive, aux contraintes de l'appareil récepteur et des systèmes d'intégration centraux. Elles montrent aussi comment l'activité perceptive appliquée aux énoncés verbaux se structure en fonction des propriétés linguistiques. Ainsi, la discrimination des sons du langage s'opère selon une répartition catégorielle, découpant le continuum physique en zones opposées, à l'instar des traits distinctifs de la phonologie. L'origine et la genèse de ces particularités de la perception du langage présentent évidemment un grand intérêt pour notre compréhension de l'apprentissage des sons de la langue. Des recherches comme celles de Eimas et al. (1971) évoquées plus haut dans un autre contexte[7] indiquent la précocité de ces mécanismes de perception catégorielle. Il faudra attendre des données empiriques plus nombreuses, cependant, pour tracer avec quelque précision le développement de la prise d'informations linguistiques en ses aspects perceptifs.

Le langage, d'autre part, dans ce que nous avons appelé sa fonction intégratrice, se répercute sur les activités perceptives. Son rôle dans l'organisation et l'affinement de celles-ci a été maintes fois confirmé par les recherches expérimentales chez l'adulte[8]. On sait, par exemple, que des discriminations visuelles sont facilitées lorsqu'une étiquette verbale est associée aux stimuli colorés à discriminer. Certes, le langage n'est pas la condition de l'organisation perceptive : les conduites de l'animal et du jeune enfant l'attestent; mais il l'affine et amplifie ses possibilités. Si les conduites sensori-motrices suffisent à rendre compte de la permanence de l'objet, par exemple, nul doute que le langage vient la consolider, en fournissant un équivalent symbolique lui-même stabilisé par la convention de la communauté linguistique, propre à servir de matériau à une réplique intériorisée et abstraite de l'univers extérieur.

Mais le langage ne vient pas seulement assister les forces agissant avant lui dans l'organisation perceptivo-motrice, il les contrecarre. Une vieille expérience soviétique illustre bien ce mécanisme. Dans le contexte du conditionnement, Pavlov et ses disciples hiérarchisent couramment les stimuli en fonction de leur *force*, c'est-à-dire du degré de contrôle qu'ils exercent naturellement sur le comportement en raison de leurs propriétés physiques. Ainsi, dans une stimulation complexe composée de deux stimuli de même modalité (deux stimuli auditifs par exemple), le plus *fort* — toutes choses égales d'ailleurs et notamment l'histoire du conditionnement par rapport à ces stimuli — sera déterminant dans la réaction du sujet (de deux stimuli auditifs, ce sera le plus intense). Si l'on présente à des enfants des figures constituées l'une d'un disque rouge sur fond gris (stimulus positif), l'autre d'un disque vert sur fond jaune (stimulus négatif), en les invitant à fournir une réponse motrice de la main droite au stimulus positif, de la main gauche au stimulus négatif, on vérifie aisément que la figure (ici le disque) et non le fond contrôle la réaction. Il suffit d'inverser la relation des couleurs, en présentant le disque vert sur fond gris et le disque rouge sur fond jaune, pour constater que la réaction de la main droite a lieu à ce dernier stimulus qui comporte le disque associé antérieurement à la réponse *droite* et le fond jaune associé à la réponse *gauche* (et inversement). On peut, en recourant au langage, déjouer cette dominance — banale en psychologie de la perception — de l'élément *figure*, au profit de l'élément *fond*. Cette inversion est cependant encore difficile à 4 ans; elle devient courante à 7 ans. Il n'est pas impossible de l'obtenir dès 4 ans si l'on use d'instructions verbales plus chargées de signification, par exemple en présentant, plutôt que de simples disques sur fond coloré, des avions sur un fond de ciel dont la couleur est commentée en tant que condition du vol de l'avion (« Tu appuies à droite quand le ciel est clair, que le soleil luit (fond jaune); à gauche quand le ciel est gris, et qu'il faut arrêter l'avion (fond gris »)[9].

Quand nous appliquons un mot à un objet — à moins qu'il ne s'agisse d'un nom propre — nous ne marquons nullement le caractère individuel de cet objet — qui exige, pour être souligné, le recours à des outils syntaxiques particuliers, par exemple des déterminants tels que le démonstratif en français, ou certaines valeurs de l'article. Au contraire, nous le faisons entrer dans une catégorie conceptuelle, elle-même fruit de l'activité classificatoire accumulée à travers l'histoire culturelle du groupe social. Ainsi se trouvent rapprochées des choses ou des qualités des choses qui demeureraient naturellement dissociées. Ceci entraînera des implications multiples dans la perception que nous avons des entités, dans les actions que nous exerçons sur elles et dans la manière dont nous nous les représentons : c'est toute la définition de nous-mêmes qui s'en trouvera affectée.

CHAPITRE IX - NOTES

[1] La tendance à s'engager immédiatement dans l'action n'est peut-être pas seulement typique d'un certain stade du développement de l'enfant; il serait intéressant d'explorer ce problème dans une perspective sociolinguistique et interculturelle.

[2] Pour les travaux classiques sur le conditionnement intéroceptif, on se reportera à Bykov (1956); de nombreux travaux plus récents ont été résumés et discutés par Razran (1961, 1971). On trouvera enfin dans Adam (1967) une synthèse méthodologique et théorique aussi bien que des expériences originales.

[3] Cette procédure s'écarte du schéma traditionnel de l'expérience pavlovienne, et ressemble à certains égards à la procédure de conditionnement operant. Ce problème, dont nous avons traité ailleurs certains aspects (Richelle, 1966) peut être négligé ici.

[4] Pour qui s'intéresse à l'histoire des thèmes de recherche en psychologie, il vaut la peine de noter que des quelques auteurs cités ici, Jarvis, Wozniak, Beaudichon, Bronckart, Rondal, aucun n'a poursuivi ses recherches personnelles dans cette direction (du moins à notre connaissance). L'index des auteurs cités permettra au lecteur de suivre le cheminement de certains d'entre eux.

[5] Il faut signaler l'ouvrage de G. Zivin (Ed.), (1973).

[6] Voir, par exemple, la synthèse de Ainsworth, 1976.

[7] Voir pp. 18 et 48.

[8] On consultera à ce sujet l'exposé critique de Noizet (1980).

[9] Expérience d'Abramyan rapportée par Luria (1961).

Chapitre X
Développement du langage et construction de la personne

Nous ne nous aventurerons pas, dans ce chapitre final, dans l'examen détaillé de la place que font au langage les multiples théories du développement de la personnalité. Nous nous bornerons à quelques remarques et à quelques aperçus très généraux sur la manière dont la construction de la personne dépend de l'instrument verbal et dont, par conséquent, l'individuation, sans doute plus poussée chez l'homme que chez toute autre espèce animale, dérive de la vie sociale, pour une large part, par le truchement du langage.

1. Du langage socialisé au langage intériorisé

Il est plausible d'accorder, dans la construction de la personne, un rôle primordial à l'appropriation du langage comme outil à usage strictement privé, en quelque sorte de communication avec soi-même. Ce langage intérieur, implicite, représente vraisemblablement la part la plus importante du comportement verbal de la plupart des gens. Il intervient dans l'anticipation de nos actes, dans la remémoration de nos expériences, dans la réflexion sur ce que nous avons fait ou vécu et sur les conduites d'autrui. Inaccessible à l'observation directe, connu de nous seuls — sauf à le transposer au niveau explicite, ce qui en dissout les particularités — ce vaste domaine de nos activités symboliques s'instaure-t-il dès l'origine, parallèlement à l'acquisition générale du langage (les premiers mots ayant déjà leur correspondant intérieur) ou n'est-il que second au développement de la communication verbale (et dans ce cas, quand et comment apparaît-il?). C'est à Vigotsky que nous devons les intuitions et les observations les plus fines sur ce processus d'intériorisation. Elles ne découlèrent pas, chez le grand psychologue soviétique, d'une préoccupation délibérée pour ce problème, mais d'un propos tout différent, le réexamen des thèses de Piaget sur le langage égocentrique de l'enfant. Il nous faut donc opérer un détour par ses anciens travaux, classiquement évoqués, depuis leur parution en 1923, dans toute discussion sur les aspects fonctionnels du langage enfantin. Dans l'un de ses premiers ouvrages, *Le Langage et la Pensée chez l'Enfant* (1923), Piaget décrivait les caractéristiques du langage égocentrique en l'opposant au langage socialisé, caractéristiques qui n'étaient à ses yeux que la manifestation dans le comportement verbal des caractéristiques propres à la pensée enfantine en général. Analysant quelques échantillons de langage spontané dans des groupes, Piaget y relevait une proportion importante d'énoncés présentant les traits suivants : peu importe *à qui* l'enfant parle, ni qu'il soit écouté ; il parle pour lui-même ou pour associer n'importe qui à son action immédiate ; sans nécessairement parler de lui-même, il ne se place pas au point de vue de l'interlocuteur, il ne se *décentre* pas ; il n'éprouve pas le besoin d'agir sur l'interlocuteur, de lui apprendre quelque chose. Il s'agit, en somme, d'un langage dans lequel la fonction de communication, la fonction conative tient une place très réduite, au profit des fonctions expressives et cognitives.

Piaget distingue trois catégories de productions égocentriques : les répétitions écholaliques, les monologues, les monologues collectifs. Il n'attache guère d'intérêt aux premières, à propos desquelles il note seulement : « l'enfant répète pour le seul plaisir de parler, sans souci de s'adresser à quelqu'un ni même parfois de prononcer des mots qui aient un sens. C'est un des derniers restes du gazouillis des bébés, qui n'a évidemment rien encore de socialisé ». Nous retrouvons la notion de valeur motivante de l'activité pour elle-même, à laquelle Piaget a toujours accordé une grande importance, dès les premiers stades sensori-moteurs (activité circulaire). Mais, faute peut-être d'analyser minutieusement l'aspect formel des énoncés, Piaget minimise leur importance dans la structuration du langage de l'enfant, et corrélativement, accentue leur caractère *non socialisé*. Certains des exemples fournis sont comparables aux monologues recueillis par Weir (1962) chez son fils Antony entre 27 et 30 mois et témoignent comme eux d'une activité linguistique à laquelle il serait difficile de dénier un rôle dans la maîtrise progressive de la langue. Si les mots prononcés n'ont pas toujours un sens immédiatement apparent, ils en ont un par le jeu des règles grammaticales auxquelles ils obéissent, à travers la liberté même des variations. En voici un échantillon simple, au niveau phonétique: « Madame E. apprend à My le mot « celluloïde ». Lev. Tout en travaillant à son dessin, à une autre table: « Luloïd, Leloïd, etc. » [1].

Dans les monologues, l'enfant « parle pour lui, comme s'il pensait tout haut ». La parole « sert à accompagner, à renforcer ou supplanter l'action », non à communiquer. En voici un exemple: « Pie prend son cahier de chiffres et en tourne les pages: 1, 2 ... 3, 4, 5, 6, 7, ... 8, ...8, 8, 8, 9. Numéro 9, numéro 9, moi je veux le numéro 9 (c'est le nombre qu'il va représenter par un dessin). Maintenant, je vais faire le 9, 9, j'fais le 9, j'fais le 9 ... ». Dans les monologues collectifs enfin, « chacun associe autrui à son action ou à sa pensée momentanée, mais sans souci d'être entendu ou compris réellement. Le point de vue de l'interlocuteur n'intervient jamais: l'interlocuteur n'est qu'un excitant ».

A ce langage égocentrique, s'oppose le langage socialisé, qui véhicule une information adaptée à la fois au contexte et à l'interlocuteur, et dont la fonction de communication se traduit clairement dans les ordres, prières et menaces, comme dans les échanges de questions et réponses. Représentant la moitié des productions verbales de l'enfant de trois ans dans la situation envisagée, le langage égocentrique n'en représente plus que le quart à 7 ans. Convaincu de la subordination du langage à la pensée, Piaget infère de ces données une proportion plus élevée encore des productions égocentriques avant trois ans. « Partant d'un état initial durant lequel le langage égocentrique dépasse sans doute les trois quarts du langage total (sans d'ailleurs jamais se confondre avec ce dernier), le langage égocentrique passe entre 3 et 6 ans par un état semi-stationnaire durant lequel il diminue graduellement; après 7 ans, le langage égocentrique tend à descendre au-dessous du quart du langage spontané total ».

L'usage du langage chez le jeune enfant reflète donc son organisation cognitive, dont le caractère égocentrique le cède peu à peu à la socialisation. Les conduites verbales sont donc, aux origines, relativement peu orientées vers la communication[2]; le souci de communicabilité ne les dominera que lorsque l'enfant sera capable d'opérer les décentrations qu'implique la réciprocité des échanges interindividuels.

Dans des travaux qui remontent aux environs de 1930, mais longtemps négligés par les psychologues occidentaux, Vigotsky (1934) a repris le problème du langage égocentrique en portant son attention non seulement sur son aspect fonctionnel, accentué par Piaget, mais sur ses particularités structurales. L'examen de celles-ci le conduit à une hypothèse inverse de celle de Piaget quant à la succession des stades fonctionnels. Le langage que Piaget décrit comme égocentrique, observe Vigotsky, se caractérise par des structures elliptiques. Différant à la fois formellement et fonctionnellement du langage de la communication courante, il est peu probable qu'il se soit constitué parallèlement à celui-ci. Et si l'un découle de l'autre, plusieurs arguments portent à croire que le langage dit égocentrique découle du langage socialisé, plutôt que l'inverse. Alors que pour Piaget, le langage égocentrique, lui-même reflet de la pensée égocentrique, évolue peu à peu vers la pensée et le langage socialisé, pour Vigotsky, le langage est, dans ses premiers usages, essentiellement communication avec autrui, pour devenir un instrument de communication avec soi-même, dont la forme la plus avancée est le langage intériorisé et dont le langage égocentrique n'est qu'une étape intermédiaire. Le langage intériorisé sera utilisé selon les cas, par le même individu, au service d'une pensée logique, ou d'une pensée autistique.

La conception de Vigotsky partait d'observations très simples sur l'intervention du langage dans certaines conduites de l'enfant, observations qu'à la même époque, Rey (1935) recueillait systématiquement dans le contexte de ses remarquables études sur l'intelligence pratique. Supposons un enfant engagé dans une activité banale, l'exécution d'un dessin par exemple. Si l'expérimentateur introduit soudain un obstacle à la poursuite de la tâche — en faisant disparaître le crayon —, l'enfant jusque-là silencieux, se met à parler d'une façon qui répond exactement aux critères par lesquels Piaget définit le langage égocentrique (l'obstacle peut naturellement surgir sans intervention de l'expérimentateur: la mine du crayon peut se casser, etc.). Multipliant les observations, Vigotsky conclut que l'activité verbale y apparaît étroitement liée à l'action: « Nous avons observé comment le langage égocentrique commence par marquer la fin d'une activité, ou un tournant; ensuite se déplace progressivement vers le milieu puis le début de l'activité, pour revêtir une fonction de direction, de planification, et élever l'activité de l'enfant au niveau des conduites organisées en vue d'un but». C'est donc la rupture dans le déroulement normal d'une activité qui déclenche le langage égocentrique. Si, dans des tâches identiques, les difficultés ne se présentent pas, le taux de langage égocentrique reste inférieur à ce que Piaget relevait «en général», c'est-à-dire sans tenir compte de la variable «*tâche*». Ces conduites verbales traduisent la prise de conscience qui se réalise à la faveur de la difficulté rencontrée, comme le suggérait déjà Claparède.

Ce langage, étroitement associé à l'action du sujet, serait en fait une étape intermédiaire vers le langage intériorisé. Il est fonctionnellement déjà du langage intériorisé — à l'usage exclusif du sujet, sans intention de communiquer — mais encore manifestement vocal; selon les termes de Vigotsky, «intériorisé psychologiquement mais non physiquement». Loin de représenter une étape primitive destinée à évoluer vers des formes socialisées, le langage égocentrique correspondrait donc à une différenciation du langage socialisé, aboutissant au langage intérieur. Au stade du langage égocentrique, cette différenciation est encore imparfaite, ce qui explique le va-et-vient dans les monologues collectifs entre éléments socialisés et éléments égocentriques.

Le langage intériorisé, dont nul ne songe à contester l'importance, est par définition difficile à observer directement et par conséquent défie l'analyse. Le langage égocentrique, si l'interprétation de Vigotsky est correcte, nous en offre une version naturellement accessible à l'observation.

Vigotsky présente, à l'appui de sa thèse, plusieurs arguments tirés d'observations et d'expériences. Sur le plan formel notamment, il constate que le langage égocentrique, au lieu de devenir de plus en plus intelligible — ce à quoi l'on s'attendrait s'il cède la place peu à peu au langage socialisé — se révèle au contraire de plus en plus elliptique. Notons au passage que l'analyse de Vigotsky se présente comme exemplaire quant à la conjugaison de l'approche formelle et de l'approche fonctionnelle dont la complémentarité ne correspond pas seulement à la réalité des faits, mais se révèle ici heuristiquement féconde. A cet égard, Vigotsky fait, avec le recul du temps, figure de précurseur.

L'opposition des points de vue de Piaget d'une part, de Vigotsky d'autre part, tient peut-être surtout aux perspectives différentes adoptées par chacun. La préoccupation primordiale de Piaget est le développement cognitif, et il recherche dans le langage ce qui trahit les caractères de la pensée à ses étapes successives. Subordonnant le langage à la pensée, il n'envisage guère la possibilité d'un développement linguistique initialement indépendant du développement cognitif. Vigotsky au contraire admet un développement linguistique

« pré-intellectuel » (où le langage s'élabore essentiellement dans sa fonction de communication sociale) aussi bien qu'un développement intellectuel préverbal, qui convergent dans une pensée verbalisée, d'abord externe, puis « égocentrique », enfin intériorisée. La notion d'égocentrisme de la pensée a été bien établie par Piaget[3], et il est naturel qu'on la trouve reflétée dans le langage aux âges correspondants. Analysés dans cette perspective, les matériaux fournissent à Piaget d'excellents arguments à l'appui de sa thèse : externe ou interne, le langage de l'enfant à ce stade trahira nécessairement l'égocentrisme. Mais l'accent mis par Vigotsky sur la différenciation d'un outil originellement social en un instrument individuel se justifie pleinement : le langage égocentrique participe encore si clairement de l'interaction entre individus qu'il tend à disparaître si l'on élimine l'illusion d'être compris. Lorsqu'il se sera mué en langage intérieur, son taux d'apparition ne dépendra plus, vraisemblablement, de la présence d'interlocuteurs.

Le langage intériorisé pourra servir d'outil, nous l'avons souligné, à une pensée logique, socialisée au sens piagétien du terme. Il pourra aussi servir de support à une activité symbolique privée où persisteront des traits infantiles, et notamment l'égocentrisme. Vigotsky, tout en le mentionnant, ne s'est guère intéressé à cet aspect, largement exploré par certaines écoles psychanalytiques. Certains monologues enfantins, tel celui d'Antony recueilli par Weir, se présentent comme discours sans interlocuteur, non par accident, ni parce que l'enfant ne s'en soucierait pas, mais parce qu'il n'en tolère pas, discours sur la voie de l'intériorité, non simplement en tant qu'instrument propre à assister efficacement le sujet dans l'action, mais comme matériau constitutif de l'univers intime et du monde imaginaire. Jakobson, dans son introduction au livre de Weir, a finement souligné l'importance de cette fonction du langage : « Notre langage manifeste est dirigé vers un interlocuteur et exige un auditeur. Notre langage intérieur n'atteint évidemment aucun auditeur, ne vise pas à influencer un interlocuteur réel. Le langage égocentrique de l'enfant ne se soucie pas d'un interlocuteur, mais il tolère, et même recherche la présence d'un auditeur. Au contraire, les monologues qui précèdent le sommeil (chez Antony) n'impliquent la présence d'aucune oreille humaine. Ils sont vraiment des soliloques, font partie de l'intimité de celui qui parle, tout prêts à s'interrompre pour peu que quelqu'un brise la solitude. Les activités verbales de l'enfant dans son berceau nous conduisent un peu plus avant sur la voie du véritable langage intérieur, dans sa variété la plus cachée et la plus déroutante, le langage dans les rêves ... qui dans l'ensemble de notre comportement verbal ne joue pas un rôle moins vital que les rêves eux-mêmes dans l'ensemble de notre vie mentale».

Vu sous cet angle, le langage, phénomène social au départ devient, paradoxalement, l'instrument essentiel de l'individuation.

2. Univers intérieur, langage, conscience

Le langage est un système conventionnel collectif. Sous son aspect sémantique, il doit donc nécessairement, au départ, renvoyer à des phénomènes publics, c'est-à-dire accessibles à plusieurs individus capables de s'accorder sur le sens d'un signe. Mais ce système, comme nous venons de le voir, en vient rapidement à s'intérioriser. Le sujet use du langage pour organiser ses propres conduites. Il en use aussi pour décrire son univers intérieur, constitué par les phénomènes encore mal classés et mal caractérisés que désignent les termes traditionnels de *sensations, de sentiments, de pensées, d'images mentales,* etc. Cette activité autodescriptive que résume la notion d'*introspection* a pris dans certaines cultures et chez certains individus une telle ampleur qu'elle a été longtemps considérée comme l'objet même de la psychologie dans sa phase philosophique et est demeurée à la base des méthodes de la psychologie scientifique pendant un demi-siècle.

Les mots dont nous usons dans l'autodescription sont évidemment les mêmes que ceux que nous employons pour décrire des phénomènes accessibles à autrui aussi bien qu'à nous-mêmes. En ce sens, notre univers intérieur ne se peut traduire verbalement que d'une manière métaphorique, qui renvoie à l'univers extérieur et public[4]. Et dans la mesure où l'outil verbal contribue à affiner la perception, notre monde intéroceptif, avec lequel nous vivons pourtant en permanence, est paradoxalement moins connu, de nous comme d'autrui, que notre monde extéroceptif. La connaissance que nous en prenons dépend probablement en grande partie des instruments verbaux que la communauté met à notre disposition.

Nous ignorons, certes, si la prise de conscience existe en dehors du langage. Ceci demeure l'un des problèmes les plus irritants, et aussi les plus importants, de la psychologie. Il a jusqu'ici déjoué la sagacité des chercheurs, qui n'ont pas réussi à fournir de la prise de conscience des indices convaincants qui ne soient pas verbaux. Les efforts faits pour mettre en évidence des formes préverbales de prise de conscience chez l'animal n'ont abouti à aucune conclusion assurée[5]. On se heurte aux mêmes obstacles méthodologiques lorsqu'on s'interroge sur l'émergence des prises de conscience chez le jeune enfant. Peut-être est-il plus simple de faire l'hypothèse que la conscience est seconde au langage et que, aussi bien dans l'ontogenèse que dans la phylogenèse, ce dont il faut rendre compte d'abord, c'est du langage, dont la conscience ne serait qu'un dérivé. Il ne s'agit, bien sûr, que d'une hypothèse, mais qui pourrait se révéler heuristiquement plus féconde que l'hypothèse inverse, donnant préséance à la conscience, ou encore que l'hypothèse d'une émergence indépendante, avec fusion ultérieure[6].

La même perspective se retrouve chez Skinner qui, d'un essai d'analyse des modalités de l'autodescription, conclut : « Assez curieusement, c'est la communauté qui enseigne à l'individu à se 'connaître lui-même' ». Et n'hésitant pas à assimiler la conscience aux comportement autodescriptifs, Skinner poursuit : « Ce n'est que par le développement progressif d'une communauté verbale que l'individu devient « conscient ». Il en vient à se voir lui-même comme les autres le voient, ou du moins, comme les autres font en sorte qu'il se voie lui-même »[7].

Notre univers subjectif et notre expérience vécue ne seraient donc pas des données sur lesquelles nous pourrions à volonté et selon nos moyens propres exercer notre activité descriptive en puisant dans les ressources de la langue. Ils sont, pour une large part, cette activité descriptive elle-même et, comme tels, tributaires des caractéristiques du langage qui les a façonnés. On comprend dès lors la part qu'il conviendrait d'assigner dans la genèse de la personne à la communauté linguistique dans laquelle l'enfant se développe. L'intériorisation du langage, le développement des régulations de l'action propre par le langage du sujet, l'acquisition des instruments verbaux de description de ses propres conduites, convergeraient ainsi pour fonder la conscience personnelle et l'autonomie de l'individu. Luria a, de son côté, fort nettement formulé cette importante contribution de la langue à l'édification de la personnalité humaine, dans une conception proche, pour l'essentiel, de celle de Skinner, tout en s'enracinant dans des données expérimentales accumulées depuis Vigotsky et Pavlov par l'école soviétique.

> « L'enfant nouveau-né commence sa vie dans une condition de contact social immédiat avec les adultes. La mère donne à l'enfant certains ordres et lui parle de façon répétée. Elle lui montre un objet, en disant : « C'est une poupée », et l'enfant tourne le regard vers l'objet désigné ; elle donne l'ordre « Donne-moi la poupée » et l'enfant essaie de le faire. L'action consciente de l'enfant est à l'origine *répartie entre deux personnes* : elle débute avec l'ordre de la mère et s'achève avec le mouvement de

l'enfant. Mais dans la suite du développement, la structure de cette action commence à changer; l'enfant se met à employer son langage propre; en disant «une poupée», il isole l'objet nommé, fixe sur lui son attention et tente de le saisir. Le langage propre de l'enfant commence à jouer le rôle d'un ordre et *la fonction, précédemment répartie entre deux personnes, devient à présent une forme nouvelle d'un processus psychologique interne autorégulé.* C'est là le début d'un nouveau type de conduite, social par son origine, verbal par sa structure et auto-contrôlée par son mode de fonctionnement.

«L'origine de la forme la plus élevée de comportement autorégulé ne se trouve pas dans les profondeurs de l'organisme, et, si nous voulons en mettre à nu les racines, nous devons nous tourner vers les modalités complexes des relations de l'enfant avec son milieu social et vers son acquisition du langage» (Luria, 1969).

3. Unité et identité de la personne et mémoire verbale

Nous réagissons de manières très diverses dans les différents milieux où nous nous trouvons et selon les époques de notre vie. Cependant, nous unifions cette variété de comportements dans l'image que nous nous faisons de nous-mêmes: à travers l'espace et le temps, ils appartiennent à notre Moi. Nous ressentons une continuité entre l'enfant que nous nous souvenons avoir été et l'adulte que nous sommes, et une unité entre les différents rôles que nous assumons à une même période de notre existence. L'*identité* et l'*unité* de la personne résultent de processus psychologiques complexes, qui relèvent de la psychologie de la personnalité et dont la discussion n'a pas sa place ici[8]. Ce que nous voulons souligner, c'est que ces processus reposent sur l'activité symbolique et le langage. Ils supposent en effet la possibilité de réaction à des conduites non actuelles, autrement dit la mémoire représentative, laquelle est, en grande partie, verbale.

Comme tous les systèmes artificiels de codage qui s'en inspirent, le langage naturel présente de remarquables avantages pour le stockage de l'information, avantages exploités dans la communauté (mémorisation de récits historiques, transmission des savoirs, sous forme orale d'abord, puis écrite), mais dont l'individu tire également parti dans l'usage autonome de sa langue.

Non plus qu'aucune autre forme de mémoire, la mémoire verbale ne se ramène à une sorte de magasin à souvenirs étiquetés de façon plus ou moins complexe, et plus ou moins restituables. Elle est organisation dynamique, activité représentative évoluant sous l'influence des variables actuelles aussi bien que des variables passées directement ou indirectement associées aux choses évoquées[9].

La construction des souvenirs qui assure à l'individualité son extension temporelle est sans doute le produit de l'influence constante d'un milieu social qui renforce les conduites verbales faisant référence aux comportements passés du sujet. Celui-ci les produit d'abord en réponse aux incitations de l'entourage, puis pour son usage propre. Ils deviennent le tissu de sa vie intérieure et de précieux auxiliaires dans l'organisation de ses conduites actuelles. Comment, précisément, se constituent ces activités de fixation et d'évocation du passé ? Sont-elles développées à un égal degré dans toutes les cultures humaines par le seul fait de l'existence du langage, ou électivement cultivées dans certains contextes culturels ? Ces questions ouvrent des domaines de recherches quasiment inexplorés.

« En dépit du fait que l'on a consacré énormément de temps à l'étude des activités d'évocation dans les laboratoires de psychologie, notait Skinner, on n'a entrepris aucune analyse adéquate de la manière dont l'enfant apprend à se souvenir. Ce qui est arrivé hier est important par ses effets sur le comportement de l'enfant aujourd'hui. Si un enfant a appris à rouler à vélo hier, il en roulera d'autant mieux aujourd'hui. Dans ce sens, toute l'histoire passée de l'enfant est représentée dans sa conduite actuelle. Mais lorsqu'il dit *Il y avait un éléphant au zoo*, il paraît réagir à son histoire passée plutôt que, simplement, en tirer profit. C'est là une performance verbale amenée par une communauté qui continuellement pose à l'enfant des questions du genre *Y avait-il un éléphant au zoo ?* Il faut voir dans la réponse une réaction à des stimuli actuels, incluant des événements provoqués chez le sujet par la question, en combinaison avec l'histoire d'un conditionnement antérieur. Que l'on ait négligé ce processus est d'autant plus surprenant que la plupart des procédés dont on use en éducation le présupposent » (Skinner, 1957)[10].

Le rôle du langage dans la construction des souvenirs constitutifs de l'individu ne se borne pas à sauvegarder une large part de l'expérience que le sujet élabore par son propre codage verbal. Outil de communication, il permet la transmission de souvenirs d'un individu à l'autre. Il devient ainsi possible de meubler son passé individuel de quantités d'événements qui se situent en deçà de la prise de conscience de celui qui les a vécus, mais qui peuvent lui être retransmis par un observateur extérieur. Ainsi pouvons-nous apprendre de nos parents des événements que nous avons vécus dans la petite enfance, des comportements que nous manifestions dans notre jeune âge. On peut nous instruire du déroulement d'un accident ou d'une maladie dont nous avons été victimes et au cours de laquelle nous avons perdu connaissance. Ces souvenirs n'ont pas le même statut que ceux qui constituent notre expérience personnelle. Il s'agit en quelque sorte de connaissances surajoutées, qui étendent notre horizon temporel dans le passé, viennent combler des lacunes (en en laissant d'ailleurs toujours beaucoup) et contribuent ainsi à établir la continuité de notre existence personnelle telle que nous nous la représentons[11].

La frontière n'est pas toujours nette d'ailleurs entre les souvenirs verbaux issus de notre activité autodescriptive et ceux qui nous sont fournis de l'extérieur. A la limite, nous pouvons ne pas faire la distinction entre eux, et les doter d'une égale réalité, comme dans l'exemple suivant, noté par Stendhal:

> « J'étais fort entreprenant, de là deux accidents racontés avec terreur et regret par mon grand-père. Vers le rocher de la Porte-de-France, je piquai avec un morceau de fagot taillé en pointe avec un couteau un mulet qui eut l'impudence de me camper ses deux fers dans la poitrine; il me renversa.
> - « Un peu plus, il était mort » disait mon grand-père.
> Je me figure l'événement, mais probablement ce n'est pas un souvenir direct, ce n'est que le souvenir de l'image que je me formai de la chose, fort anciennement et à l'époque des premiers récits qu'on m'en fit ». (Stendhal, *Henri Brulard*).

Cette fusion, ou cette confusion entre le réel et le représentatif peut à la limite se produire alors même que le souvenir emprunté est entièrement fictif. Piaget décrit un cas particulièrement illustratif, qui mérite d'être reproduit:

> « Un de mes anciens souvenirs daterait, s'il était vrai, de ma seconde année. Je vois encore, en effet, avec une grande précision visuelle, la scène suivante à laquelle j'ai cru jusque vers 15 ans. J'étais assis dans une voiture de bébé, poussée par une nurse, aux Champs-Elysées (près du Grand Palais), lorsqu'un individu a voulu m'enlever. La courroie de cuir serrée à la hauteur de mes hanches m'a retenu, tandis que la nurse cherchait courageusement à s'opposer à l'homme (elle en a même reçu quelques griffures et je vois encore vaguement son front égratigné). Un attroupement s'ensuivit, et un sergent de ville à petite pèlerine et à bâton blanc s'approcha, ce qui mit l'individu en fuite. Je vois encore toute la scène et la localise même près de la station du métro. Or, lorsque j'avais environ 15 ans, mes parents reçurent de mon ancienne nurse une lettre leur annonçant sa conversion à l'Armée du Salut, son désir d'avouer ses fautes anciennes et en particulier de restituer la montre reçue en récompense de cette histoire entièrement inventée par elle (avec égratignures truquées). J'ai donc dû entendre comme enfant le récit des faits auxquels mes parents croyaient, et les projeter dans le passé sous forme d'un souvenir visuel qui est donc un souvenir de souvenir, mais faux ! Beaucoup de vrais souvenirs sont sans doute du même ordre. » (Piaget, 1945).

En effet, les cas analogues ne manquent pas dans les archives des psychanalystes. Ils montrent l'importance des constructions imaginaires tantôt fortuites dans leur origine, tantôt élaborées dans le dynamisme de la personnalité. Elles jouent dans la vie de l'individu un rôle comparable aux productions légendaires et mythiques dans la vie des collectivités, lui apportant, à son échelle, les mêmes types d'enrichissements, et l'exposant aux mêmes types de difficultés.

L'échange d'information sur le passé ne se limite pas à l'extension de la mémoire personnelle par les apports d'autrui. Inversement, grâce au langage, notre souvenir est communicable à autrui. C'est là un phénomène d'apparence banale, tant il est quotidien de raconter à nos partenaires sociaux ce qui nous est arrivé dans le passé plus ou moins proche mais il est d'une importance capitale. Sans le langage, nous n'aurions accès qu'au comportement manifeste et actuel d'autrui ou, tout au plus, au comportement dont nous aurions été au cours de son existence les témoins directs. Grâce au langage, nous connaissons quelque chose de son univers intérieur et de son expérience passée. La perception que nous avons d'autrui, les jugements que nous portons sur lui dépendent de ces éléments symboliquement représentés non moins que des indices immédiats.

Cette démarche intervient à tout moment dans la vie courante : elle distingue sans doute profondément la vie sociale humaine de la vie sociale des animaux. Elle découle directement de la fonction symbolique et de notre capacité d'user du langage à propos des choses absentes (*displaced speech*). Nous systématisons cette démarche lorsque nous «enquêtons» sur la vie d'un individu, à travers ce qu'il nous en rapporte, que ce soit aux fins d'établir l'anamnèse d'un patient, de procéder à une cure psychanalytique ou d'obtenir des aveux d'un accusé. Elle tisse, dans le fil du quotidien, le réseau des réputations, des calomnies, des préjugés. L'image que nous nous faisons d'un être à partir des représentations de son passé rejaillit à son tour sur son comportement actuel. L'enfant qui raconte ce qu'il a fait apprend vite que le récit de certains actes n'expose pas moins aux sanctions que le flagrant délit, comme le récit différé d'un exploit provoque autant d'admiration chez les auditeurs que l'exploit lui-même chez les spectateurs immédiats.

Les conduites verbales de mensonge, les élaborations stylistiques du récit parlé courant (effets comiques, hâbleries, dramatisation, etc.) s'installent ainsi sous le contrôle des réactions de l'entourage. C'est à celles-ci qu'il faudra remonter pour expliquer ce que l'on décrira plus tard comme des traits de personnalité : l'enfant menteur, ou l'enfant plein d'humour, est peut-être, à tout prendre, celui chez lequel des conduites verbales d'un certain type se sont trouvées sélectionnées par le milieu social, au point de devenir une constante de son répertoire comportemental.

Par le langage, le groupe social contribue ainsi à définir la personnalité de ses membres. Il conserve pour eux des événements qu'ils ne peuvent fixer au moment où ils sont vécus. Il préserve des informations qui lui sont confiées par l'individu, les sauvant de l'oubli et les transmettant parfois à travers les générations. Les mécanismes interpersonnels par lesquels l'enfant se trouve incité à partager son expérience sont à la base des processus cumulatifs de l'évolution culturelle. Le langage apparaît dès lors comme la condition essentielle de deux caractéristiques complémentaires de l'espèce humaine, l'individuation et le fait de culture.

CHAPITRE X - NOTES

[1] Le *etc.* est de Piaget, à qui l'on ne peut reprocher d'avoir, en 1923, négligé de transcrire *in extenso* de telles productions, de façon à en faire apparaître plus clairement la richesse, la fonction et la structuration. Les enregistrements obtenus par Weir sont riches de ces jeux de substitution, soit phonétique soit lexicale, souvent semblables, à s'y méprendre, aux exercices que l'on propose aux élèves d'une classe de langue étrangère.

[2] Sans doute la part de langage qui ne pourrait être assimilée au langage égocentrique — part que reconnaît Piaget dans une parenthèse du texte cité — serait-elle concédée à la communication pragmatique courante. Piaget, malheureusement, ne s'en explique pas.

[3] Divers travaux anglo-saxons ont mis en question la notion du langage égocentrique. Ils pèchent souvent, comme le note Piaget, par incompréhension du concept d'égocentrisme (allant quelquefois jusqu'à assimiler le langage égocentrique aux énoncés dans lesquels l'enfant parle de lui-même ou recourt à la première personne !), ou par incompétence dans l'emploi de la méthodologie propre à l'école genevoise.

[4] L'histoire des lexiques, à travers l'étymologie, indique, elle aussi, à l'échelle de l'évolution des langues, l'origine concrète, *extéroceptive*, des termes appliqués à la description de notre monde intérieur, comme, d'ailleurs, des termes abstraits.

[5] Voir notamment Griffin (1976).

[6] Nous renvoyons pour une formulation succincte de cette hypothèse à Richelle (1974).

[7] *Verbal behavior*, pp. 130-146; voir aussi *Science and human behavior*, ch. 17.

[8] Il faudrait notamment évoquer le rôle que jouent dans ces processus d'unification du moi les constantes dans les comportements du sujet, les discordances entre l'unité et l'identité perçues par le sujet et les degrés de cohérence de la personnalité, telle qu'elle apparaît à autrui, les mécanismes par lesquels le sujet sauvegarde l'image cohérente de soi (refoulement, etc.). Ces problèmes nous entraîneraient trop loin de la psychologie du langage, du moins dans les limites que nous nous sommes assignées.

[9] Cette conception dynamique de la mémoire est commune à la plupart des spécialistes contemporains. On en trouve l'illustration, par rapport à la dynamique du développement cognitif, chez Piaget (1970) et Inhelder (1970). Pour une vue synthétique, voir Lieury (1975).

[10] *Verbal behavior*, p. 143.

[11] Le langage n'est certes pas le seul instrument de ce transfert social d'information sur soi-même et sur autrui, il est seulement le plus important — ou du moins le fut-il jusqu'à une époque récente. Depuis qu'au dessin sont venues s'ajouter les techniques photographiques et cinématographiques, beaucoup d'enfants se trouvent exposés à plusieurs formes de représentation capables de concurrencer, à cet égard, le langage. Il est difficile de dire si ces sources nouvelles d'information supplantent peu à peu les récits verbaux — et, dans ce cas, quelles en seraient les conséquences — ou si elles offrent seulement un matériau nouveau sur lequel l'activité verbale. opérera, comme elle opère sur la réalité directement perçue.

Bibliographie

AARSLEFF, H. (1970),The history of linguistics and professor Chomsky. *Language*, 46, 570-585.
ACKERMAN, B.P. (1981), Performative bias in children's interpretation of ambiguous referential communication. *ChildDev*, 52, 1124-1130, [**132**].
ADAM, G. (1967), *Interoception and behaviour*. Budapest: Akademia-Kiado, [**212**].
AINSWORTH W.A. (1976), *Mechanisms of speech recognition*. Oxford: Pergamon Press, [**212**].
AJURIAGUERRA, J. de, BRESSON, F., FRAISSE, P., INHELDER, B., OLERON, P. et PIAGET, J. (1963), *Problèmes de psycholinguistique*. Paris: P.U.F.
ALEGRIA, J. (1980), Contraintes dans le développement de la perception de sons de la parole: quelques considérations concernant l'enfant sourd. *Audition et Parole*, 2, 49-56, [**70**].
AMBROSE, A. (1976), The earliest forms of communication: crying and smiling. In B. Tanner (éd.), *Language and communication in general practice*. Londres: Hodder et Stoughton.
AMMON, M.S. et SLOBIN, D.I. (1979), A cross-linguistic study of the processing of causative sentences. *Cognition*, 7, 1-17, [**109**].
AMY, G. et VION, M. (1976), Stratégies de traitement des phrases relatives: quelques considérations d'ordre génétique. *BullPsych*, Numéro spécial: *La mémoire sémantique*, 295-303, [**108**].
ANDERSEN, E. (1977), Bibliographie commentée des études sur le langage-bébé. In C. Snow et C. Ferguson (éds), *Talking to children*. Cambridge: Cambridge University Press, 357-369.
ANGLIN, J.M. (1977), *Word, object and conceptual development*. New York: Norton, [**70, 164**].
ANTINUCCI, F. et PARISI, D. (1975), Early semantic development in child language. In E.H. Lenneberg et E. Lenneberg (éds), *Foundation of language development, a multidisciplinary approach*. Vol. I. New York: Academic Press, 189-202, [**137**].
ARCHAMBAUD, N. (1975), Le rôle du langage dans le développement cognitif selon Jerome S. Bruner. *BullPsych*, 29, 45-55, [**195**].
AUSTIN, J.L. (1962a), *How to do things with words*. Oxford: Oxford University Press. Tr. fr. par Lane, *Quand dire, c'est faire*. Paris: Seuil, 1970, [**114, 120**].

AUSTIN, J.L. (1962b), *Sense and sensibilia*. Oxford University Press. Tr. fr. par Gochet, *Le langage de la perception*. Paris: Colin, 1971, [**114, 120**].
BACHARAZ, V.R. et LUSZEZ, M.A. (1979), Communicative competence in young children: the use of implicit linguistic information. *ChildDevelop*, 50, 260-263, [**103**].
BALDIE, B.J. (1976), The acquisition of the passive voice. *JChLang*, 3, 331-348.
BARATZ, J. (1970), Teaching reading in an urban Negro school system. In F. Williams (éd.), *Language and poverty*, Chicago, Markham, 11-24, [**166**].
BARRETT, M.D. (1978), Lexical development and overextension in child language. *JChLang*, 5, 205-219, [**70, 103**].
BASSER, L.S. (1962), Hemiplegia of early onset and the faculty of speech with special reference to the effects of hemispherectomy. *Brain*, 85, 427-460, [**42**].
BASTIEN, C. et BOVET, P. (1980), Découverte du parcours ordonné par l'enfant. *Enfance*, 3, 123-133, [**198**].
BATES, E. (1976), *Langage and context; studies in the acquisition of pragmatics*. New York: Academic Press, [**57, 121, 129, 130, 136, 196**].
BATES, E., BENIGNI, L., BRETHERTON, I., CAMAIONI, L. et VOLTERRA, V. (1977), From gesture to the first word: on cognitive and social prerequisites. In M. Lewis et L.A. Rosenblum (éds), *Interaction, conversation and the development of language*. New York: Wiley, 247-307, [**121, 136**].
BATES, E., BENIGNI, L., BRETHERTON, I., CAMAIONI, L. et VOLTERRA, V. (1979), *The emergence of symbols; cognition and communication in infancy*. New York: Academic Press.
BATES, E., CAMAIONI, L. et VOLTERRA, V. (1975), The acquisition of performatives prior to speech. *MPQ*, 21, 205-226. Repris dans E. Ochs et B. Schieffelin (éds), *Developmental pragmatics*. New York: Academic Press, 1979, 111-129, [**121, 136**].
BATES, E. et RANKIN, J. (1979), Morphological development in Italian: connotation and denotation. *JChLang*, 6, 29-52.
BATESON, M.C. (1975), Mother-infant exchanges: the epigenesis of conversational interaction. In D. Aaronson et R. Rieber (éds), *Developmental psycholinguistics and communication disorders*. New York: New York Academy of Sciences, 263, 101-113, [**136**].
BAUDELOT, C. et ESTABLET, R. (1971), *L'école capitaliste en France*. Paris: Maspero, [**160**].
BEAUDICHON, J., LEGROS, S. et OLERON, P. (1973), Les débuts de l'autorégulation du comportement; nouveau contrôle expérimental des thèses de A.R. Luria. *Neuropsychologia*, 11, 337-341, [**206**].
BEAUDICHON, J., SIGURDSSON, T. et TRELLES, C. (1978), Etude chez l'enfant de l'adaptation verbale à l'interlocuteur lors de la communication. *PsychFr*, 23, 213-220, [**164**].
BEILIN, H. (1975), *Studies in the cognitive basis of language development*. New York: Academic Press, [**196**].
BELLINGER, D. (1980), Consistency in the pattern of change in mothers'speech: some discriminant analyses. *JChLang*, 7, 469-487, [**164**].
BENEDICT, H. (1979), Early lexical development: comprehension and production. *JChLang*, 6, 183-200, [**70, 72**].
BERKO, J. (1958), The child's learning of English morphology. *Word*, 150-177, [**32**].
BERKO-GLEASON, J. (1973), Code-switching in children's language. In T. Moore (éd.), *Cognitive development and the acquisition of language*. New York: Academic Press, 156-167, [**142**].

BERKO-GLEASON, J. et WEINTRAUB, S. (1978), Input language and the acquisition of communicative competence. In K. Nelson (éd.), *Children's language*. New York: Gardner Press, [164].
BERNINGER, G. et GARVEY, C. (1981a), Questions and the allocation, construction, and timing of turns in child discourse. *JPsycholingRes*, 10, 375-402, [130, 135].
BERNINGER, C. et GARVEY, C. (1981b), Relevant replies to questions: answers versus evasions. *JPsycholingRes*, 10, 403-420, [130, 135].
BERNINGER, G. et GARVEY, C. (1981c), Complementary balance in the use of the interrogative form by nursery school dyads. *JChLang*, 8, 297-311, [130, 135].
BERNSTEIN, B.B. (1960), Language and social class. *British Journal of Sociology*, 11, 217, [156].
BERNSTEIN, B. (1970), Educational cannot compensate for society. *New Society*, 387, [167].
BERNSTEIN, B. (1971), *Class, codes and control (vol. I): theoretical studies towards a sociology of language*. Londres: Routledge et Kegan Paul. Tr. fr. (partielle) par Chamboredon, *Langage et classes sociales*. Paris: Ed. de Minuit, 1975, [153].
BERNSTEIN, B (1972), *Class, codes and control (vol. II): applied towards a sociology of language*. Londres: Routledge et Kegan Paul. Tr. fr. (partielle) par Chamboredon, *Langage et classes sociales*. Paris: Ed. de Minuit, 1975, [153].
BERRY, M.F. (1969), *Language disorders in children: the bases and diagnoses*. New York: Appleton Century Crofts, [45].
BERTHOUD-PAPANDROPOULOU, I. (1976), *La réflexion métalinguistique chez l'enfant*. Thèse de doctorat non publiée, Université de Genève, [104].
BERTHOUD, I. et SINCLAIR, H. (1978), L'expression d'éventualité et des conditions chez l'enfant. *ArchPsych*, 46, 205-233, [110].
BEVER, T.G. (1970), The cognitive basis for linguistic structure. I, R. Hayes (éd.), *Cognition and the development of language*. New York: Wiley, 279-352, [78].
BISSERET, N. (1975), Classe sociale et langage. Au-delà de la problématique privilège-handicap. *L'homme et la Société*, 37/38, 247-270, [166].
BISSERET, N. (1979), *Education, class language and ideology*. Londres: Routledge et Kegan Paul.
BLOOM, L. (1970), *Language development: form and function in emerging grammars*. Cambridge: M.I.T. Press, [61].
BLOOM, L. (1973), *One word at a time: the use of single word utterances before syntax*. La Haye: Mouton, [56, 57, 58, 70, 128, 182].
BLOOM, L., BITETTI CAPATIDES, J. et TACKEFF, J. (1981), Further remarks on interpretive analysis: in response to Christine Howe. *JChLang*, 8, 403-411, [72].
BLOOM, L., HOOD, L. et LIGHTBOWN, P. (1974), Imitation in language development: if, when and why. *CogPsych*, 6, 380-420.
BLOOM, L. et LAHEY, M. (1978), *Language development and language disorders*. New York: Wiley, [36, 106].
BLOOM, L., LIGHTBOWN, P. et HOOD, L. (1975), Structure and variation in child language. *Monographs of the Society for Research in Child Development*, 40, [61, 62, 63, 92].
BLOOMFIELD, L. (1933), *Langage*. New Haven: Yale University Press.
BLOUNT, B.G. et PADGUG, E. (1977), Prosodic, paralinguistic and interactional features in parent-child speech: English and Spanish. *JChLang*, 4, 67-86.
BOISSEAU, Ph. (1979), *Comment évaluer le langage des enfants de sa classe*. Paris: Magnard, [36].
BOSMA, J.F. (1975), Anatomic and physiologic development of the speech apparatus. In D.B. Tower (éd.), *Human communication and its disorders*, vol. III. New York: Raven, [49].

BOURDIEU, P. et PASSERON, J.-C. (1964), *Les héritiers*. Paris: Editions de Minuit, [160].
BOURDIEU, P. et PASSERON, J.-C. (1970), *La reproduction*. Paris: Editions de Minuit, [160].
BOURDIEU, P., PASSERON, J.-C. et SAINT-MARTIN, M. de (1965), *Rapport pédagogique et communication*. Paris: Mouton, [160].
BOUTON, C.P. (1976), *Le développement du langage; aspects normaux et pathologiques*. Paris: Masson, [51].
BOWERMAN, M. (1973a), *Early syntactic development; a cross-linguistic study with special reference to Finnish*. Cambridge: Cambridge University Press, [61].
BOWERMAN, M. (1973b), Structural relationships in children's utterances: syntactic or semantic? In T.E. Moore (éd.), *Cognitive development and the acquisition of language*. New York: Academic Press, 197-213, [61, 62].
BOWERMAN, M. (1976), Semantic factors in the acquisition of rules for word use and sentence construction. In D.M. Morehead et A.E. Morehead (éds), *Normal and deficient language*. Baltimore: University Park Press, 99-179, [61, 71].
BOWERMAN, M. (1978), *Semantic and syntactic development*. In R. Schiefelbusch (éd.), *Bases of language intervention*. Baltimore: University Park Press, 98-189.
BOWLBY, J. (1969), *Attachment and loss*. Londres, Hogarth, [122, 196].
BOYSSON-BARDIES, B. de (1969), Négation syntaxique et négation lexicale chez les jeunes enfants. *Langages*, 16, 11-118, [50].
BOYSSON-BARDIES, B. de (1976), *Négation et performance linguistique*. Paris: Mouton.
BOYSSON-BARDIES, B. de (1982), Les enfants babillent-ils dans leur langue maternelle? *Recherche*, 129, 102-104, [50].
BOYSSON-BARDIES, B. de, SAGART, L. et BACRI, N. (1981), Phonetic analysis of late babbling: a case study of a French child. *JChLang*, 8, 511-524, [50].
BRAINE, M.D. (1963), The ontogenesis of English phrase structure: the first phase. *Language*, 39, 1-14.
BRAINE, M.D. (1976), Children's first word combinations. *Monogr. of the Society for Research in Child Development*, 41, [61, 63, 64, 71].
BRAMI-MOULING, M. (1977), Notes sur l'adaptation de l'expression verbale de l'enfant en fonction de l'âge de son interlocuteur. *ArchPsych*. XLV, 225-234, [164].
BRANIGAN, G. (1979), Some reasons why successive single word utterances are not. *JChLang*, 6, 411-421, [71].
BREDART, S. et RONDAL, J. (1981), L'adaptation verbale à l'interlocuteur chez l'enfant: une revue de quelques études récentes. *Enfance*, 3, 19T-206, [164].
BREDART, S. et RONDAL, J. (1982), *L'analyse du langage chez l'enfant; les activités métalinguistiques*. Bruxelles: Mardaga, [104, 108].
BRESSON, F. (1974), Problèmes de psycholinguistique génétique; l'acquisition du système de l'article en français. *Problèmes actuels en psycholinguistique*. Paris, Editions du C.N.R.S., 61-66, [110, 196].
BRESSON, F. (1975), *Fonction et développement des systèmes de représentation*. Texte ronéoté, Paris: Centre d'Etude des Processus cognitifs et du Langage.
BRESSON, F., BOUVIER, N., DANNEQUIN, C., DEPREUX, J., HARDY, M. et PLATONE, F. (1970), Quelques aspects du système des déterminants chez des enfants de l'école maternelle; utilisation des articles définis et indéfinis. *Travaux du CRESAS*, 2, 3-40, [110, 196].
BREWER, W.F. et STONE, J.B. (1975), Acquisition of spatial antonym pairs. *JExpChPsych*, 19, 299-307, [103].

BRICKER, W.A. and BRICKER, D.D. (1974), An early language teaching stragegy. In R.L. Schiefelbusch and L.L. Lloyd (éds), *Language perspectives: Acquisition, retardation, and intervention*. Baltimore: University Park Press, [12].
BRIDGES, A. (1980), SVO comprehension strategies reconsidered: the evidence of individual partterns of response. *JChLang*, 7, 89-104 [109].
BRONCKART, J.-P. (1970), Le rôle régulateur du langage chez l'enfant: critique expérimentale des travaux d'A.R. Luria. *Neuropsychologica*, 8, 451-463, [206].
BRONCKART, J.-P. (1973), The regulating role of speech; a cognitive approach. *HumDev*, 6, 417-439, [206].
BRONCKART, J.-P. (1976), *Genèse et organisation des formes verbales chez l'enfant*. Bruxelles: Dessart et Mardaga, [94].
BRONCKART, J.-P. (1977a), *Théories du langage; une introduction critique*. Bruxelles: Mardaga, [106, 195].
BRONCKART, J.-P. (1977b), Langage et développement cognitif. In J.-P. Bronckart et al. (éds), *La genèse de la parole*. Paris: P.U.F., 137-159.
BRONCKART, J.-P., MALRIEU, P., SIGUAN-SOLER, M., SINCLAIR, H., SLAMA-CAZACU, T., TABOURET-KELLER, A. (éds), (1977), *La genèse de la parole*. Paris: P.U.F.
BRONCKART, J.-P., SINCLAIR, H. et PAPANDROPOULOU, I. (1976), Sémantique et réalité psychologique. *BullPsych*, numéro spécial: *La mémoire sémantique*, 225-231.
BRONCKART, J.P. et VENTOURAS-SPICHER, M. (1973), The Piagetian concept of representation and the Soviet-inspired view of self-regulation. In F. Zivin (éd.), *The development of self-regulation through private speech*. New York: Wiley, 99-131.
BROSSARD, J.-C. et GAYOUX, M. (1977), Quelques réflexions sur la notion de «handicap culturel». *PsychFr*, 22, 47-54.
BROWIN, T. et GOEBEL, R. (1976), Cerebral lateralization of speech: the effect of age, sex, race and socioeconomic classes, *Neuropsychologia*, 14, 363-370, [45].
BROWN, R. (1958), How shall a thing be called? *PsychReview*, 65, 14-21, [141].
BROWN, R. (1968), The development of *wh* questions in child speech. *JVLVB*, 7, 279-290, [77].
BROWN, R. (1973), *A first language*. Londres: George Allen and Unwin, [29, 60, 61, 62, 63, 64, 70, 71, 106, 164].
BROWN, R. (1977), Introduction à C. Snow et C. Ferguson (éds), *Talking to children*. Cambridge: Cambridge University Press, [163].
BROWN, R. et BELLUGI, U. (1964), Three processes in the child's acquisition of syntax. In E. Lenneberg (éd.), *New Directions in the Study of Language*, Cambridge, M.I.T. Press, [19, 25].
BROWN, R., CAZDEN, C. et BELLUGI, U. (1969), The child's grammar from I to III. In J. Hill (éd.), *Minnesota Symposia on Child Psychology*. Minneapolis: University of Minnesota Press, 28-73, [165].
BROWN, R. et FRASER, C. (1963), The acquisition of syntax. In C.N. Cofer et B.S. Musgrave (éds), *The acquisition of language*. New York: McGraw-Hill, 158-197. Aussi in U. Bellugi et R. Brown (éds), *The acquisition of language*. Monographs of the Society for Research in Child Development, 1964, 29, 43-79, [29, 59].
BROWN, R. et HANLON, C. (1970), Derivational complexity and order of acquisition in child speech. In R. Hayes (éd.), *Cognition and the development of language*. New York: Wiley and Sons, 11-53, [78, 145].
BROWN, R. et LENNEBERG, E.H. (1954), A study in language and cognition. *JAbnormSocPsych*, 49, 454-462, [195].

BRUNER, J.S. (1964), The course of cognitive growth. *AmerPsych*, 19, 1-15. Aussi in J. Anglin (éd.), *Beyond the information given*. Londres: George Allen and Unwin, 1974, 325-351, [**190, 191, 195**].
BRUNER, J.S. (1966a), The growth of representational processes in childhood. Communication au 18ᵉ Congrès international de Psychologie, Moscou, 1966. Aussi in J. Anglin (éd.), *Beyond the information given*. Londres: George Allen and Unwin, 1974, 312-324, [**195, 198**].
BRUNER, J.S. (1966b), *Toward a theory of instruction*. Cambridge: Harvard University Press, [**195**].
BRUNER, J.S. (1975a), The ontogenesis of speech acts. *JChLang*, 2, 1-19, [**31, 114, 118, 135**].
BRUNER, J.S. (1975b), From communication to language: a psychological perspective. *Cognition*, 3, 255-287, [**31, 135**].
BRUNER, J.S. (1977), Early social interaction and language acquisition. In H.R. Schaffer (éd.), *Studies in mother-infant interaction*. Londres: Academic Press, 271-289, [**31, 135**].
BRUNER, J.S. (1978), On prelinguistic prerequisites of speech. In R.N. Campbell et P.T. Smith (éds.), *Recent advances in the psychology of language*. New York: Plenum, 199-214, [**31, 115, 118, 120, 121, 135, 136**].
BRUNER, J.S., OLVER, R. et GREENFIELD, P.M. (1966), *Studies in cognitive growth*. New York: Wiley, [**191, 192, 193, 194, 198**].
BRUNER, J.S. et SHERWOOD, V. (1976), Peekaboo and the learning of rule structures. In J.S. Bruner, A. Jolly et K. Sylva (éds), *Play, its role in evolution and development*. Londres: Penguin, 277-285, [**114, 118, 135**].
BÜHLER, K. (1930), *Die geistige Entwicklung des Kindes*. Iéna, [**11**].
BULLOWA, M. (éd.) (1979), *Before speech: the beginning of interpersonal communication*. Cambridge: Cambridge University Press, [**136**].
BUSHNELL, E. et ASLIN, R.N. (1977), Inappropriate expansion: a demonstration of a methodology for child language research. *JChLang*, 4, 115-122.
BYKOV, C. (1956), *L'écorce cérébrale et les organes internes*. Moscou: Ed. en langues étrangères, [**212**].
BYNON, J. (1977), The derivational processes relating Berber nursery words to their counterparts in normal inter-adult speech. In C. Snow et C. Ferguson (éds), *Talking to children*. Cambridge: Cambridge University Press, 255-269, [**164**].
BZOCH, L. et LEAGUE, R. (1978), *Assessing language skills in infancy; a handbook for the multidimensional analysis of emergent language*. Baltimore: University Press Park, [**54**].
CAMPBELL, R. et WALES, R. (1970), The study of language acquisition. In J. Lyons (éd.), *New horizons in linguistics*. Londres: Penguin, 242-260, [**106**].
CARAMAZZA, A., GROBER, E., GARVEY, C., YATES, J. (1977), Comprehension of anaphoric pronouns. *JVLVB*, 16, 601-609, [**109**].
CAREY, S. (1977a), The child as word learner. In M. Halle, J. Bresnan et G.A. Miller (éds), *Linguistic theory and psychological reality*. Cambridge: M.I.T. Press, [**103**].
CAREY, S. (1977b), *Less* may never mean more. In R. Campbell (éd.), *Proceedings of Stirling Conference on Psycholinguistics*. Cit. De Villiers et De Villiers (1978), s.r., [**102**].
CARMICHAEL, L. (1926), The development of behavior in vertebrates experimentally removed from the influence of external stimulation. *PsychRev.*, 33, 253-260, 51-58, [**40**].
CARMICHAEL, L. (1928), A further experimental study of the development of behavior. *PsychRev.*, 35, 253-260, [**40**].

CARMICHAEL, L. (éd.) (1946), *Manual of child psychology*. New York: Wiley. Tr. fr.: *Manuel de psychologie de l'enfant*. Paris: P.U.F., 1952, [11].
CARRELL, P. (1981), Children's understanding of indirect requests: comparing child and adult comprehension. *JChLang*, 8, 329-345, [130, 133].
CARROLL, J.B. et CASAGRANDE, J.B. (1958), The function of language classifications in behavior. In E.E. Maccoby, T.M. Newcomb et E.L. Hartley (éds), *Readings in social psychology*. New York: Holt, Rinehart et Winston, 18-31. Repris partiellement dans «Langage structuring experience». In S. Rogers (éd.), *Children and language; Readings in early language and socialization*. Londres: Oxford University Press, 1975, 187-208, [172].
CARTER, A.L. (1979), Prespeech meaning relations: an outline of one infant's sensorimotor morpheme development. In P. Fletcher et M. Garman (éds), *Language acquisition*. Cambridge: Cambridge University Press, 71-92, [54].
CATANIA, A.C. (1972), Chomsky's formal analysis of natural languages: A behavioral translation. *Behaviorism*, 1, 1-15, [12].
CATANIA, A.C. (1973), The psychologies of structure, function and development. *American Psychologist*, 28, 434-443, [12].
CAZDEN, C. (1972), *Child language and education*. New York: Holt, Rinehart et Winston, [160, 166].
CAZDEN, C. (1974), Play with language and metalinguistic awareness: one dimension of language experience. *Urban Review*, 7, 23-29.
CHAMBERS, J.C. Jr. et TAVUCHIS, N. (1976), Kids and kin: children's understanding of American kin terms. *JChLang*, 3, 63-80.
CHAMPAUD, C. et JAKUBOWICZ, C. (1978-1979), Situation hypothétique et conditions de production des énoncés avec *si*: étude génétique. *Bull. de Psych.*, 32, 773-790, [110].
CHAPMAN, R.S. (1978), Comprehension strategies in children. In J.F. Kavanagh et W. Strange (éds), *Speech and language in the laboratory, school and clinic*. Cambridge: MIT, 308-327, [68].
CHAPMAN, R.S. (1981), Mother-child interaction in the second year of life. In R.L. Schiefelbusch et D. Bricker (éds), *Early language: acquisition and intervention*. Baltimore: University Park Press, 202-250, [68, 72, 163, 164].
CHOMSKY, N. (1957), *Syntactic structures*, La Haye: Mouton, [75].
CHOMSKY, N. (1959), Review of Skinner, B.F., *Verbal behavior*. *Language*, 25, 26-58 (trad. fr. in *Langages*, 1969, 4, 16-49), [12].
CHOMSKY, N. (1964a), *Current issues in linguistic theory*. La Haye: Mouton, [19].
CHOMSKY, N. (1964b), Discussion du rapport de Miller, W. et Ervin, S., «The development of grammar in child language». *ChildDevelopMonog*, 29 (n° 92), 35 sq.
CHOMSKY, N. (1965), *Aspects of the theory of syntax*. Cambridge: M.I.T. Press. Tr. fr. par J.-C. Milner, *Aspects de la théorie syntaxique*. Paris: Seuil, 1970, [75, 107].
CHOMSKY, N. (1968), *Language and mind*. New York: Harcourt, Brace et Jovanovich. Tr. fr. par L.-J. Calvet, *Le langage et la pensée*. Paris: Payot, 1970.
CHOMSKY, N. (1970), Deep structure, surface structure and semantic interpretation. In R. Jakobson et S. Kawamoto (éds), *Studies in general and oriental linguistics*. Tokyo: TEC Corporation for Language Research. Tr. fr. in *Questions de sémantique*. Paris: Seuil, 1975, [75].
CHOMSKY, N. (1975), *Reflections on language*. New York: Pantheon. Tr. fr. *Réflexions sur le langage*. Paris: Maspero, 1977, [75, 107].
CHOMSKY, N. (1977), *Essays on form and interpretation*. New York: Elsevier North Holland. Tr. fr. par J. Sampy, *Essais sur la forme et le sens*. Paris: Seuil, 1980, [75, 183, 196].

CHOMSKY, N. (1979), Interventions au colloque organisé à Royaumont, octobre 1975. In *Théories du langage - théories de l'apprentissage; le débat entre Jean Piaget et Noam Chomsky*. Texte recueilli et organisé par M. Piattelli-Palmarini. Paris: Seuil, [17, 75, 107].
CHOMSKY, N. (1981a), Principles and parameters in syntactic theory. In N. Hornstein et D. Lightfoot (éds), *Explanation in linguistics*. Londres: Longmans, [106].
CHOMSKY, N. (1981b), *Lectures on government and binding*. The Pisa Lectures: Amsterdam Foris Publications, [106].
CHOMSKY, N. et WALKER, E. (1978), The linguistic and psycholinguistic background. In E. Walker (éd.), *Explorations in the biology of language*. Montgomery: Bradford, 12-26, [23, 106].
CIBA FOUNDATION (éd.), (1975), *Parent-Infant interaction*. New York: Elsevier, [165].
CLARK, E. (1970), How young children describe events in time. In G.B. Flores d'Arçais et W.J.M. Levelt (éds), *Advances in psycholinguistics*. Amsterdam: North-Holland, 275-284, [196].
CLARK, E. (1971), On the acquisition of the meaning of *before* and *after*. *JVLVB*, 10, 266-275, [100].
CLARK, E. (1972), On the child's acquisition of antonyms in two semantic fields. *JVLVB*, 11, 750-758, [100].
CLARK, E. (1973a), What's in a word? On the child's acquisition of semantics in his first language. In T.E. Moore (éd.), *Cognitive development and the acquisition of language*. New York: Academic Press, 65-110, [100].
CLARK, E. (1973b), Non linguistic strategies and the acquisition of word meaning. *Cognition*, 2, 161-182, [70, 79, 100, 103, 110].
CLARK, E. (1979), Building a vocabulary: words for objects, actions and relations. In P. Fletcher et M. Garman (éds), *Language acquisition*. Cambridge: Cambridge University Press, 149-160, [103, 110, 111, 164].
CLARK, E. (1982), Acquisition of Romance, with special reference to French. In D.I. Slobin (éd.), *The crosslinguistic study of language acquisition*. Hillsdale, NJ: Lawrence Erlbaum Associates, [109].
CLARK, E. et LUCY, P. (1975), Understanding what is meant from what is said: a study in conversationally conveyed requests. *JVLVB*, 14, 56-72, [134].
CLARK, H.H. (1979), Responding to indirect speech acts. *CognPsych*, 11, 430-477.
CLARK, H.H. et SCHUNK, D.H. (1980), Polite responses to polite requests. *Cognition*, 8, 111-143.
CLARK, R. (1977), What's the use of imitation? *JChLang*, 4, 341-358.
COCKING, R.R. et McHALE, S. (1981), A comparative study of the use of pictures and objects in assessing children's receptive and productive language. *JChLang*, 8, 1-13, [36].
COGHILL, G.E. (1933), The neuro-embryologic study of behavior: principles, perspective and aim. *Science*, 78, 131-138.
COLLIS, G.M. et SCHAFFER, H.R. (1975), Synchronization of visual attention in mother-infant pairs. *Journal of Child Psychology and Psychiatry*, 16, 315-320, [116].
CORRIGAN, R. (1978), Language development as related to stage 6 object permanence development. *JChLang*, 5, 173-189, [106, 183, 196, 198].
COSTERMANS, J. (1980), *Psychologie du langage*. Bruxelles: Mardaga, [11, 107].
CROMER, R.F. (1974), The development of language and cognition: the cognition hypothesis. In B. Foss (éd.), *New perspectives in child development*. Londres: Penguin, 184-252, [186, 197].

CROMER, R.F. (1976), The cognitive hypothesis of language acquisition and its implication for child language deficiency. In D.M. Morehead et A.E. Morehead (éds), *Normal and deficient child language*. Baltimore: University Park Press, 283-333, [186, 197].
CROSS, T.G. (1978), Motherese; its association with rate of syntactic acquisition in young children. In N. Waterson et C.E. Snow (éds), *The development of communication*. New York: Wiley, [147].
CURTISS, S. (1977), *Genie; a psycholinguistic study of a modern-day «wild child»*. New York: Academic Press, [46].
DALE, Ph. (1980), Is early pragmatic development measurable? *JChLang*, 7, 1-12, [127, 128, 137].
DANNEQUIN, C. (1977), *Les enfants baillonnés*. Paris: CEDIC, [35, 160].
DANNEQUIN, C., ENGELSON-HARDY, M. et VIDAL-PLATONE, F. (1974), Les enfants de travailleurs... handicapés linguistiques? *Politique aujourd'hui*, 8-9, sp., [160, 166].
DENNIS, M. et WHITAKER, H.A. (1976), Language acquisition following hemidecortication: linguistic superiority of the left over the right hemisphere. *Brain and Language*, 3, 404-433, [42].
DE PAULO, J. et BONVILLIAN, D. (1978), The effect on language development of the special characteristics of speech addressed to children. *JPsycholingRes*, 7, 189-211, [164].
DETHEUX-JEHIN, M. et MANNI, G. (1973), Etude différentielle du développement psycholinguistique. In *Recherches convergentes sur le diagnostic et la compensation des handicaps socioculturels affectant des enfants de 0 à 7-8 ans*. Bruxelles: Ministère de l'Education nationale et de la Culture française, 171-195, [33].
DEUTSCH, M., KATZ, I. et JENSEN, A. (éds), (1968), *Social class, race and psychological development*. New York: Holt, Rinehart et Winston, [166].
DE VILLIERS, J. et DE VILLIERS, P. (1977), Semantics and syntax in the first two years: the output of form and function and the form and function of the input. In F. Minifie et L. Lloyd (éds), *Communicative and cognitive abilities: early behavioral assessment*. Baltimore: University Park Press, [163].
DE VILLIERS, J. et DE VILLIERS, P. (1978), *Language acquisition*. Cambridge: Harvard University Press, [107].
DITTMAR, N. (1976), *Sociolinguistics, a critical survey of theory and application*. Londres: E. Arnold.
DONALDSON, M. et BALFOUR, G. (1968), Less is more: a study of language comprehension in children. *BritJournPsych*, 59, 461-472.
DORE, J. (1974), A pragmatic description of early language development. *JPsycholingRes*, 4, 343-350, [137].
DORE, J. (1975), Holophrases, speech acts and language universals. *JChLang*, 2, 21-39, [31, 70, 128, 137].
DORE, J. (1976), Children's illocutionary acts. In R. Freedle (éd.), *Discourse relations: comprehension and production*. Hillsdale, NJ: Lawrence Erlbaum, [103].
DORE, J. (1977a), Compte rendu de Halliday, M. (1975). *Lang. and Soc.*, 6, 190-195, [127].
DORE, J. (1977b), «Oh them sheriff»: a pragmatic analysis of children's responses to questions. In S. Ervin-Tripp et M. Kernan (éds), *Child discourse*. New York: Academic Press, 139-163, [31, 103, 127, 130, 134].
DORE, J. (1979a), Conversation and preschool language development. In P. Fletcher et M. Garman (éds), *Language acquisition*. Cambridge: Cambridge University Press, 337-361, [31, 103, 127, 130, 134, 135].

DORE, J. (1979b), Conversational acts and the acquisition of language. In E. Ochs et B. Schieffelin (éds), *Developmental pragmatics*. New York: Academic Press, 339-361, [127, 130, 134, 135, 136].
DORE, J., FRANKLIN, M., MILLER, R. et RAMER, A. (1976), Transitional phenomena in early language acquisition. *JChLang*, 3, 13-28, [54, 58].
DUCHAN, J. et LUND, N.J. (1979), Why not semantic relations? *JChLang*, 6, 243-251, [65].
DUCROT, O. (1972), *Dire et ne pas dire, Principes de sémantique linguistique*. Paris: Hermann, [120].
DUCROT, O. et al. (1980), *Les mots du discours*. Paris: Editions de Minuit.
EDWARDS, A.D. (1976a), Social class and linguistic choice. *Sociology*, 10, 101-110.
EDWARDS, A.D. (1976b). Speech codes and speech variants: social class and task differences in children's speech. *JChLang*, 3, 247-265.
EDWARDS, D. (1973), Sensorimotor intelligence and semantic relations in early child grammar. *Cognition*, 2, 395-434, [72].
EDWARDS, J.R. (1979), *Language and disavantadge*. Londres: E. Arnold, [166].
EDWARDS, M.L. (1974), Perception and production in child phonology: the testing of four hypothesis. *JChLang*, 1, 205-219, [49].
ERHRI, L.C. (1976), Comprehension and production of adjectives and seriation. *JChLang*, 3, 369-384.
EHRLICH, K. (1980), Comprehension of pronouns. *QuartJourExperPsych*. 32, 247-255.
EHRLICH, S., BRAMAUD DU BOUCHERON, G. et FLORIN, A. (1978), *Le développement des connaissances lexicales à l'école primaire*. Paris: P.U.F., [70].
EILERS, R.E., GAVIN, W.J. et WILSON, W.R. (1980), Effects of early linguistic experience on speech discrimination by infants: a reply. *ChildDev*, 51, 113-117, [70].
EILERS, R.E. et KIMBROUGH OLLER, D.K. (1976), The role of speech discrimination in developmental sound substitutions. *JChLang*, 3, 319-329.
EILERS, R.E., KIMBROUGH OLLER, D.K. et ELLINGTON, J. (1974), The acquisition of word meaning for dimensional adjectives: the long and short of it. *JChLang*, 1, 195-204, [103].
EILERS, R.E., WILSON, W.R. et MOORE, J.M. (1979), Speech discrimination in the language-innocent and the language-wise: a study in the perception of voice onset time. *JChLang*, 6, 1-18, [70].
EIMAS, P.D., SIQUELAND, E.R., JUSCZYK, P. et VIGORITO, J. (1971), Speech perception in infants. *Science*, 171, 303-306, [18, 48, 210].
EIMAS, P.D. et MILLER, J.L. (éds) (1981), *Perspectives on the study of speech*. Londres: Lawrence Erlbaum, [48].
EPSTEIN, R., LANZA, R.P. et SKINNER, B.F. (1980), Symbolic communication between two pigeons (*Columba Livia domestica*). *Science*, 207, 543, [136].
ERREICH, A., VALIAN, V. et WINZEMER, J. (1980), Aspects of a theory of language acquisition. *JChLang*, 7, 157-179, [107].
ERVIN-TRIPP, S. (1977), « Wait for me, Roller Skate! ». In S. Ervin-Tripp et C. Mitchell-Kernan (éds), *Child discourse*. New York: Academic Press, 165-188, [31, 130, 134, 138].
ERVIN-TRIPP, S. (1979), Children's verbal turn-taking. In E. Ochs et B. Schieffelin (éds), *Developmental pragmatics*. New York: Academic Press, 391-414, [31, 135].
ERVIN-TRIPP, S. et MITCHELL-KERMAN, C. (éds) (1977), *Child discourse*. New York: Academic Press, [135].
ESPÉRET, E. (1975-1976), Langage, milieu et intelligence: conceptions développées par Bernstein. *BullPsych*, 29, 10-35, [166].

ESPÉRET, E. (1978-1979), Intelligence verbale et milieu social. *BullPsych*, 32, 475-485, [166, 196].
ESPÉRET, E. (1979), *Langage et origine sociale des élèves*. Berne: Lang, [157, 166].
FERGUSON, C. (1964), Baby talk in six languages. *AmerAnthropologist*, 66, 103-114, [141, 163].
FERGUSON, C. (1977a), Learning to pronounce: the earliest stages of phonological development in child. In F. Minifie et L. Lloyd (éds), *Communication and cognitive abilities: early behavioral assessment*. Baltimore: University Park Press
FERGUSON, C. (1977b), Baby talk as a simplified register. In C. Snow et C. Ferguson (éds), *Talking to children*. Cambridge: Cambridge University Press, 219-235, [141].
FERGUSON, C. et FARWELL, C. (1975), Words and sounds in early language acquisition. *Language*, 51, 419-439, [52].
FERREIRO, E. (1971), *Les relations temporelles dans le langage de l'enfant*. Paris: Droz, [196].
FILLMORE, C. (1968), The case for case. In E. Bach et R. Harms (éds), *Universals of linguistic theory*. New York: Holt, Rinehart et Winston, [29].
FILLMORE, C. (éd.) (1979), *Individual differences in language ability and language behavior*. New York: Academic Press, [92].
FLANAGAN, J.L. (1965), *Speech analysis, synthesis and perception*. Berlin: Springer, [53].
FLAVELL, J., BOTKIN, P., FRY, C., WRIGHT, J. et JARVIS, P. (1968), *The development of role-taking and communication skills in children*. New York: Wiley, [164].
FLETCHER, P. et GARMAN, M. (éds) (1979), *Language acquisition. Studies in first language development*. Cambridge: Cambridge University Press.
FODOR, J.A. (1975), *The language of thought*. New York: Thomas Y. Crowell.
FOLGER, J.P. et CHAPMAN, R.S. (1978), A pragmatic analysis of spontaneous imitations. *JChLang*, 5, 25-38, [165].
FRANCIS, H. (1979), What does the child mean? A critique of the 'functional' approach to language acquisition. *JChLang*, 6, 201-210, [128].
FRANÇOIS, D. (1977), Du pré-signe au signe. In F. François et al., *La syntaxe de l'enfant avant 5 ans*. Paris: Larousse, 53-89, [52, 61, 69].
FRANÇOIS, F. (1976), Classes sociales et langue de l'enfant. *La Pensée*, 90, 74-92, [160].
FRANÇOIS, F. (1978a), Que veut dire qu'un enfant « sait mieux parler » qu'un autre? *Psych. et Educ.*, Revue de Recherches du Laboratoire associé au CNRS, n° 259, 2, 23-32, [30, 36, 160].
FRANÇOIS, F. (1978b), *Syntaxe et mise en mots; analyse fonctionnelle des comportements linguistiques des enfants*. Paris: Editions du CNRS, [160].
FRANÇOIS, F., FRANÇOIS, D., SABEAU-JOUANNET, E. et SOURDOT, M. (1977), *La syntaxe de l'enfant avant 5 ans*. Paris: Larousse.
FRENCH, L.A. et BROWN, A.L. (1977), Comprehension of *before* and *after* in logical and arbitrary sequences. *JChLang*, 4, 247-256, [109].
FRENCH, P. et McLURE, M. (1980), Adult-child conversation: studies in structure and process. Londres: Croom Held.
FRISCH, K. von (1967), *The dance language and orientation of bees*. Cambridge: Harvard University Press, [8].
FRY, D.B. (1966), The development of the phonological system in the normal and the deaf child. In F. Smith et G.A. Miller (éds), *The genesis of language*. Cambridge: M.I.T. Press, 187-206, [53].

FRY, D.B. (1975), Phonological aspects of language acquisition in the hearing and the deaf. In E.H. Lenneberg et E. Lenneberg (éds), *Foundations of Language; a multidisciplinary approach*. New York: Academic Press, Vol. 2, 137-155, [53].

FURROW, D., NELSON, K. et BENEDICT, H. (1979), Mothers'speech to children and syntactic develoment; some simple relationships. *JChLang*, 7, 423-442, [143].

GARDNER, R.A. et GARDNER, B.T. (1969), Teaching sign language to a chimpanzee. *Science*, 165, 664-672, [8].

GARDNER, R.A. et GARDNER, B.T. (1972), Communication with a young chimpanzee: Washoe's vocabulary. In R. Chauvin (éd.), *Modèles animaux du comportement humain*. Paris: C.N.R.S., 241-264, [8].

GARNICA, O.K. (1973), The development of phoneme speech perception. In T.E. Moore (éd.), *Cognition and the acquisition of language*. New York: Academic Press, 215-222, [49].

GARVEY, C. (1975), Requests and responses in children's speech. *JChLang*, 2, 41-59, [31, 103, 130, 134, 135].

GARVEY, C. (1977), The contingent query: a dependent act in conversation. In M. Lewis et L. Rosenblum (éds), *Interaction, conversation and the development of language*. New York: Wiley, 63-93, [31, 103, 135].

GARVEY, C. (1979), Contingent queries and their relations in discourse. In E. Ochs et B. Schieffelin (éds), *Developmental pragmatics*. New York: Academic Press, 363-372, [31, 103, 135].

GARVEY, C., CARAMAZZA, A. et YATES, J. (1974), Factors influencing assigment of pronoun antecedents. *Cognition*, 3, 227-243, [109].

GILLES, B. (1970), *Identification des voyelles et restes auditifs*. Mémoire de licence en Psychologie, Université de Liège. Non publié, [53].

GOLDEN, M. et BIRNS, B. (1976), Social class and infant intelligence. In M. Lewis (éd.), *Origin of intelligence*. New York: Wiley, 299-351, [167].

GOLDIN MEADOWS, S., SELIGMAN, M.E. et GELMAN, R. (1976), Language in the two year old. *Cognition*, 4, 189-202, [183, 196].

GOLDMAN-EISLER, F. (1958a), Speech production and the predictability of words in context. *QuartJExperPsych*, 10, 96-106.

GOLDMAN-EISLER, F. (1958b), Speech analysis and mental processes. *Language and Speech*, 1, 59-75.

GOLDMAN-EISLER, F. (1958a), The predictability of words in context and the length of pauses in speech. *Language and speech*, 1, 226-231.

GOLDMAN-EISLER, F. (1968), *Psycholinguistics; Experiments in spontaneous speech*. New York: Academic Press, [156].

GOLINKOFF, R.M. (1981), The case for semantic relations: evidence from the verbal and nonverbal domains. *JChLang*, 8, 413-437, [72].

GOLINKOFF, R.M. et MARKESSINI, J. (1980), 'Mommy sock': the child's understanding of possession as expressed in two-noun phrases. *JChLang*, 7, 119-135, [62].

GORDON, D. et LAKOFF, G. (1975), Conversational postulates. In P. Cole et J.L. Morgan (éds), *Syntax and semantics, Vol. III: Speech acts*. New York: Academic Press, 83-106, [14].

GREENFIELD, P. (1978), Informativeness, presupposition and semantic choice in single-word utterances. In N. Waterson et C. Snow (éds), *The development of communication*. Londres: Wiley, [57, 164].

GREENFIELD, P. (1980), Going beyond information theory to explain early word choice: a reply to Roy Pea. *JChLang*, 7, 217-221, [57, 58, 164].

GREENFIELD, P.M. et BRUNER, J.S. (1969), Culture and cognitive growth. In D. Goslin (éd.), *Handbook of socialization theory and research*. Chicago: Rand Mc

Nally et Cie, 633-654. Aussi in J. Anglin (éd.), *Beyond the information given*. Londres: Allen et Unwin, 368-393, [195, 198].
GREENFIELD, P.M. et SMITH, J.H. (1976), *The structure of communication in early language development*. New York: Academic Press, [56, 92].
GREGOIRE, A. (1937 et 1947), *L'apprentissage du langage*. Liège: Bibliothèque de la Faculté de Philosophie et Lettres, 2 vol., [11, 27, 50, 69, 70, 109]
GRICE, H.P. (1968), Utterer's meaning, sentence-meaning and word-meaning. *FoundLang*, 4, 225-242, [114].
GRICE, H.P. (1975), Logic and conversation. In P. Cole et J.L. Morgan (éds), *Syntax and semantics, vol. III: Speech acts*. New York: Academic Press, 41-58. Tr. fr. in *Communication*, 1979, 30, 57-72, [14, 114, 135].
GRIFFIN, D.R. (1976), *The question of animal awareness, Evolutionary continuity of mental experience*. New York: The Rockfeller University Press, [225].
GRIFFITHS, P. (1979), Speech acts and early sentences. In P. Fletcher et M. Garman (éds), *Language acquisition*. Cambridge: Cambridge University Press, 105-120.
GUILLAUME, P. (1927), Les débuts de la phrase dans le langage de l'enfant. *JPsychNormPath*, 24, 1-25, [70].
GVOZDEV, A.N. (1949), *Formation chez l'enfant de la structure grammaticale de la langue russe*, parties I et II, Moscou, Akad. Pedag. Nauk RSFSR (en russe), [11, 27].
HAKES, D.T. (1980), *The development of metalinguistic abilities in children*. Berlin: Springer, [104].
HALLIDAY, M.A.K. (1973), *Explorations in the functions of language*. Londres: E. Arnold.
HALLIDAY, M.A.K. (1975a), Learning how to mean. In E.H. Lenneberg et E. Lenneberg (éds), *Foundations of language development: a multidisciplinary approach*. New York: Academic Press, 239-265. Aussi dans Halliday (1975b), [54, 123, 135].
HALLIDAY, M.A.K. (1975b), *Learning how to mean; explorations in the development of language*. Londres: E. Arnold, [54, 58, 123, 137].
HALLIDAY, M.A.K. (1976), *System and function in language*. Londres: Oxford University Press, [123].
HALLIDAY, M.A.K. (1978), *Langage as social semiotic*. Londres: E. Arnold, [123].
HARDY, M., PLATONE, F., DANNEQUIN, C. (1977), Langage et classes sociales: quelques problèmes méthodologiques. *PsychFranç*, 22, 37-46.
HEBB, D.O., LAMBERT, W.E. et TUCKER (1971), *Language, thought and experience* (texte précirculé d'un article en préparation), [12, 45].
HECAEN, H. (1976), Acquired aphasia in children and the ontogenis of hemispheric functional specialization. *Brain and Language*, 3, 114-134.
HECAEN, H. (1977), La dominance cérébrale, *Recherche*, 8, 238-244, [45].
HECAEN, H. et ANGELERGUES, R. (1965), *Pathologie du langage: l'aphasie*. Paris: Larousse, [45].
HINDE, R.A. (1966), *Animal Behaviour. A Synthesis of Ethology and Comparative psychology*. New York, MacGraw Hill, [17].
HOIJER, H. (éd.), (1954), *Language in culture*. Chicago: University of Chicago Press, [171].
HORGAN, D. (1978), How to answer questions when you've got nothing to say. *JChLang*, 5, 159-165, [79, 92].
HORMANN, H. (1971), *Psycholinguistics: an introduction to research and theory*. Berlin: Springer. Tr. fr. par F. Dubois-Charlier, *Introduction à la psycholinguistique*. Paris: Larousse, 1972, [72].
HOWE, C.J. (1976), The meanings of two-word utterances in the speech of young children. *JChLang*, 3, 29-47, [66, 71, 72].

HOWE, C.J. (1981), Interpretive analysis and role semantics, a ten-year mésalliance? *JChLang*, 8, 439-456.
HUBEL, D.H. et WIESEL, T.N. (1963), Receptive fields of cells in striate cortex of very young visually unexperienced kittens. *JNeurophysiol.*, 26, 994-1002, [45].
HUBEL, D.H. et WIESEL, T.N. (1970), The periode of susceptibility to the physiological effects of unilateral eye closure in kittens, *JPhysiol.* (G.B.), 206, 419-436, [45].
HYMES, D. (1971), Competence and performance in linguistic theory. In R. Huxley et E. Ingram (éds), *Language acquisition, models and methods*. New York: Academic Press, 3-24, [13].
INGRAM, D. (1976), Current issues in child phonology. In D.M. Morehead et A.E. Morehead (éds), *Normal and deficient child language*. Baltimore: University Park Press, 3-27, [45, 53].
INGRAM, D. (1978), Sensorimotor intelligence and language development. In A. Lock (éd.), *Action, gesture and symbol: the emergence of language*. New York: Academic Press, 261-290, [196].
INGRAM, E. (1971), The requirements of model users. In R. Huxley et E. Ingram (éds), *Language acquisition; models and methods*. New York: Academic Press, 147-159, [106].
INHELDER, B. (1970), Mémoire et intelligence. In D. Bovet et al. (éds), *La mémoire*. Paris: P.U.F., 155-158, [225].
JAKOBSON, R. (1941), *Kindersprache, Aphasie und allgemeine Lautgesetze*. Uppsala: Uppsala Universiteits Arsskrift. Tr. fr. par J.-P. Boons et R. Zygouris, *Langage enfantin et aphasie*. Paris: Editions de Minuit, 1969, [11, 51].
JAKOBSON, R. (1949), Les lois phoniques du langage enfantin et leur place dans la phonologie générale in TROUBETZKOY, N., *Principes de Phonologie*, Paris, Klincksieck, 1949, 367-379, [11].
JAKOBSON, R. (1956), *Fundamentals of language*. La Haye: Mouton. Tr. fr. par N. Ruwet, *Essais de linguistique générale*. Paris, Editions de Minuit, 1963, [137].
JAKOBSON, R. et HALLE, M. (1956), *Fundamentals of language*. La Haye: Mouton. Tr. fr. in *Essais de linguistique générale*. Paris: Editions de Minuit, 1963, [51].
JAKUBOWICZ, C. (1971), *La compréhension des phrases négatives*. Thèse de 3e cycle non publiée. Paris: Université René Descartes, [108].
JAKUBOWICZ, C. (1978), Fait actuel ou fait virtuel? La compréhension d'énoncés conditionnels chez l'enfant. *AnnéePsych*, 78, 105-128, [110].
JAKUBOWICZ, C. (à paraître), L'acquisition des phrases conditionnelles. In J.-P. Bronckart, M. Kail et G. Noizet (éds), *Problèmes et perspectives en psycholinguistique de l'enfant*. Neuchâtel: Delachaux et Niestlé.
JAKUBOWICZ, C. et SEGUI, J. (1980), L'utilisation des indices de surface dans la compréhension d'énoncés chez l'enfant; les phrases passives. In M. Reuchlin et F. François (éds), *Approches du langage. Colloque interdisciplinaire*. Paris: Publications de la Sorbonne, 63-75, [80].
JAMES, S.L. (1978), The effect of listener age and situation on the politeness of children's directives. *JPsycholingRes*, 7, 307-317, [164].
JARVIS, P.E. (1968), Verbal control of sensorimotor performance: a test of Luria's hypothesis. *HumanDevelopment*, 11, 173-183.
JESPERSEN, O. (1912), *Language, its nature, development and origin*. Londres: Allen, [11].
JOHNSTON, J.R. et SLOBIN, D.I. (1979), The development of locatives expressions in English, Italian, Serbo-croatian and Turkish. *JChLang*, 6, 529-545, [109, 195].

JONES, O.H. (1977), Mother-child communication with pre-linguistic Down's syndrome and normal infants. In H.R. Schaffer (éd.), *Studies in mother-child interaction*. New York: Academic Press, 379-401, [136].
JOSSE, D., LEONARD, M. LEZINE, I., ROBINOT, F. et ROUCHOUSE, J.-C. (1973), Evolution de la communication entre l'enfant de 4 à 9 mois et l'adulte. *Enfance*, 3-4, 175-205, [136].
KAIL, M. (1975), Etude génétique de la reproduction des phrases relatives. I. Reproduction immédiate. *AnnéePsych*, 75, 109-123. II. Reproduction différée. *AnnéePsych*, 75, 427-443, [108].
KAIL, M. (1976), Stratégies de compréhension des pronoms personnels chez le jeune enfant. *Enfance*, 4-5, 447-465, [36, 83, 109].
KAIL, M. (1978), La compréhension des présuppositions chez l'enfant. *AnnéePsych*, 78, 425-444, [103].
KAIL, M. (1979), Coréférence et thématisation. *AnnéePsych*, 79, 411-427, [109].
KAIL, M. (1980), Etude génétique des présupposés de certains morphèmes grammaticaux; un exemple: *mais*. In M. Reuchlin et F. François (éds), *Approches du langage. Colloque interdisciplinaire*. Paris: Publications de la Sorbonne, 53-62, [103].
KAIL, M. (à paraître), Stratégie des fonctions parallèles et coréférence des pronoms. In J.-P. Bronckart, M. Kail et G. Noizet (éds), *Problèmes et perspectives en psycholinguistique de l'enfant*. Neuchâtel: Delachaux et Niestlé, [108].
KAIL, M. et LÉVEILLÉ, M. (1977), Compréhension de la coréférence des pronoms personnels chez l'enfant et chez l'adulte. *AnnéePsych*, 77, 79-94, [83].
KARMILOFF-SMITH, A. (1976), *Little words mean a lot: plurifunctionality of determiners in child language*. Thèse de doctorat non publiée. Université de Genève. Voir Karmiloff-Smith (1979), [97].
KARMILOFF-SMITH, A. (1977a), More about the same: children's understanding of post-articles. *JChLang*, 4, 377-394, [97, 107, 197, 198].
KARMILOFF-SMITH, A. (1977b), Développement cognitif et acquisition de la plurifonctionalité des déterminants. In J.-P. Bronckart et al. (éds), *La genèse de la parole*. Paris: P.U.F., 169-177, [97, 198].
KARMILOFF-SMITH, A. (1978), The interplay between syntax, semantics and phonology in language acquisition processes. In R. Campbell et P. Smith (éds), *Recent advances in the psychology of language*. New York: Plenum, 1-23, [97].
KARMILOFF-SMITH, A. (1979), *A functional approach to child language*. Cambridge: Cambridge University Press, [97, 104].
KARMILOFF-SMITH, A. et INHELDER, B. (1975), If you want to get ahead get a theory. *Cognition*, 3, 195-212, [198].
KAYE, K. (1980a), Why we don't talk «baby talk» to babies. *JChLang*, 7, 489-507, [143, 152, 164].
KAYE, L. (1980b), The infant as a projective stimulus. *AmerJOrthopsychiatry*, 50, 732-736, [152, 164].
KAYE, K. et CHARNEY, R. (1981), Conversational asymmetry between mothers and children. *JChLang*, 8, 35-49.
KEENAN, E.O. (1974), Conversational competence in children. *JChLang*, 1, 163-183, [14, 137].
KEENAN, J.M., MacWHINNEY, B. et MAYHEW, D. (1977), Pragmatics in memory: a study of natural conversation. *JVLVB*, 16, 549-560.
KIMBROUGH OLLER, D., WIEMAN, L.A., DOYLE, W.J. et ROSS, C. (1976), Infant babbling and speech. *JChLang*, 3, 1-11.
KLATZKY, R.L., CLARK, E.V. et MACKEN, M. (1973), Asymetries in the acquisition of polar adjectives: linguistic or conceptual? *JExpChildPsych*, 16, 32-46, [102].

KLUCHHOHN, C. et LEIGHTON, D. (1946), *The Navaho*. Cambridge: Harvard University Press, [171].
KUCZAJ, S.A. (éd.) (1981), *Language development: I. Syntax and semantics; II. Language, thought and culture*. Londres: Lawrence Erlbaum.
KUCZAJ, S.A. et LEDEBERG, A. (1977), Height, age and function: differing influences on children's comprehension of *younger* and *older*. *JChLang*, 4, 395-416, [70].
KUCZAJ, S.A. et MARATSOS, M.P. (1975), On the acquisition of *front, back* and *side*. *ChildDevelopment*, 46, 202-210, [103].
KUHL, P.K. et MILLER, J.D. (1975), Speech perception by the chinchilla: voicevoiceless distinction in alveolar plosive consonants. *Science*, 190, 69-72, [18, 48].
LABOV, W. (1972a), *Sociolinguistic patterns*. Philadelphie: University of Pennsylvania Press. Tr. fr. par A. Kihm, *Sociolinguistique*. Paris: Editions de Minuit, 1976, [13, 35, 158, 160, 166].
LABOV, W. (1972b), *Language in the Inner City: studies in the Black English Vernacular*. Philadelphie: University of Pennsylvania Press. Tr. fr. par A. Kihm, *Le parler ordinaire*. Paris: Editions de Minuit, 1978, [13, 158, 160, 163, 166].
LAFON, J.-C. (1965), Information phonétique et surdité. *Langage et comportement*, 1, 135, [53].
LAFON, J.-C. (1968), Auditory basis of phonetics. In B. Malmberg (éd.), *Manual of phonetics*. Amsterdam: North Holland, Ch. IV.
LAROCK, A.-M. (1979), Stades transitionnels: contribution à l'étude de l'acquisition du langage par l'enfant. *PsychBelgica*, XIX-2, 167-175, [58].
LAUFER, M.Z. et HORII, Y. (1977), Fundamental frequency characteristics of infant non-distress vocalization during the first twenty-four weeks. *JChLang*, 4, 171-184.
LAWTON, D. (1968), *Social class, language and education*. Londres: Routledge et Kegan Paul, [166].
LEMPERT, H. et KINSBOURNE, M. (1980), Preschool children's sentence comprehension: strategies with respect to word order. *JChLang*, 7, 371-379.
LENNEBERG, E.H. (1967), *Biological foundations of language*. New York: Wiley, [39, 45, 49].
LENNEBERG, E.H. et LENNEBERG, E. (éds) (1975), *Foundations of language development: a multidisciplinary approach*. 2 vol. New York: Academic Press, [45, 137].
LENTIN, L. (1976), *Apprendre à parler à l'enfant de moins de 6 ans*. Paris: ESF.
LENTIN, L. (1977), *Comment apprendre à parler à l'enfant*. Paris: ESF.
LEONARD, L.B. (1976), *Meaning in child language*. New York: Greene and Stratton, [63].
LEONARD, L.B. (1978), Cognitive factors in early cognitive development. In R.L. Schiefelbusch (éd.), *Bases of language intervention*. Baltimore: University Park Press, 68-96, [196].
LEOPOLD, W.F. (1939-1949), *Speech development of a bilingual child: a linguist's record*. Evanston (Chicago): North Western University Press. 4 Vol., [11, 27, 70].
LEPOT, C. (1979-1980), Guidance parentale et développement de la communication chez l'enfant. *Le langage et l'Homme*, 41, 17-23; 42, 7-13; 44, 11-19, [135].
LE ROUZO, M. (1977), *Les relations spatiales dans le langage de l'enfant*. Thèse de 3e cycle non publiée. Paris: Ecole des Hautes Etudes en Sciences Sociales, [110].
LÉVEILLÉ, M. et SUPPES, P. (1976), La compréhension des marques d'appartenance par les enfants. *Enfance*, 309-317, [104].
LEWIS, M. (1936), *Infant speech; a study of the beginnings of language*. New York: Harcourt et Brace, [50, 54].

LEWIS, M. et FREEDLE, R. (1973), Mother-infant dyad: the cradle of meaning. In L. Lewis et R. Freedle (éds), *Communication and affect: language and thought*. New York: Academic Press, 127-155, [136].

LEWIS, M. et ROSENBLUM, L. (éds) (1977), *Interaction, conversation and the development of language*. New York: Wiley.

LÉZINE, I. (1977), A propos de la communication gestuelle dans la première année. In J.-P. Bronckart et al. (éds), *La genèse de la parole*. Paris: P.U.F., 81-88, [136].

LÉZINE, I., DUBON, C., JOSSE, D. et LEONARD, M. (1976), Etude des modes de communication entre le jeune enfant et l'adulte; observations faites en crèche sur des enfants âgés de trois à dix mois. *Enfance*, 5-62, [136].

LIBERMAN, A.M., HARRIS, K.S., HOFFMAN, H.S. et GRIFFITH, B.C. (1957), The discrimination of speech sounds within and across phoneme boundaries. *JExpPsych*, 54, 358-368, [48].

LIEURY, A. (1975), *Les procédés mnémotechniques, science ou charlatanisme?* Bruxelles, Mardaga, [225].

LIEVEN, E. (1978a), Conversation between mothers and young children: individual differences and their possible implications for the study of language learning. In N. Waterson et C. Snow (éds), *The development of communication*. New York: Wiley, [92, 120, 147].

LIEVEN, E. (1978b), Turn-taking and pragmatics: two issues in early child language. In R. Campbell et P. Smith (éds), *Recent advances in the psychology of language*. New York: Plenum, 215-236, [92, 120, 147].

LIEVEN, E. (1980), Different routes to multiple-word combinations? *Papers and reports on child language development*, 19, 34-44, [92, 120, 147].

LIEVEN, E. (à paraître), Context, process and progress in young children's speech. In M. Beveridge (éd.), *Children thinking through language*. Londres: E. Arnold, [120, 147].

LIMBER, J. (1976), Unravelling competence, performance and pragmatics in the speech of young children. *JChLang*, 3, 309-318.

LINDAUER, M. (1971), *Communication among social bees* (éd. revue). Cambridge: Harvard University Press, [8].

LLOYD, B. (1977), Culture and colour coding. In G. Vesey (éd.), *Communication and understanding*. Hassocks: Harverster Press, 140-161, [195].

LLOYD, P. et DONALDSON, M. (1976), On a method for eliciting true/false judgements from young children. *JChLang*, 3, 411-416, [36].

LURIA, A.R. (1975), Basic problems of language in the light of psychology and neurolinguistics. In E.H. Lenneberg et E. Lenneberg (éds), *Foundations of language development: a multidisciplinary approach*. New York: Academic Press, vol. 2, 49-73, [56].

LOCK, A. (éd.) (1978), *Action, gesture and symbol: the emergence of language*. New York: Academic Press, [135, 165].

LURÇAT, L. (1976), *L'enfant et l'espace; le rôle du corps*. Paris: P.U.F, [110].

LURIA, A.R. (1959), The directive function of speech in development and dissolution. *Word*, 15, 341-352, 453-464, [67].

LURIA, A.R. (1961), *The role of speech in the regulation of normal and abnormal behaviour*. Londres: Pergamon, [32, 200, 212].

LURIA, A.R. (1969), The origin and cerebral organization of man's conscious action. Conférence au XIXe Congrès International de Psychologie. Londres, [221].

LURIA, A.R. (1975), Basic problems of language in the light of psychology and neurolinguistics. In E.H. Lenneberg et E. Lenneberg (éds), *Foundations of language development: a multidisciplinary approach*. New York: Academic Press, vol. 2, 49-73, [56].

LURIA, A.R. et YUDOVICH, F.I. (1959), *Speech and the development of mental process in the child*. Londres: Staple.
LYONS, J. (éd.), *New horizons in linguistics*. Londres: Penguin.
LYONS, J. et WALES, R.J. (éds), (1966), *Psycholinguistic papers*. Edinburgh: Edinburgh University Press.
MacCARTHY, D. (1946), Le développement du langage chez l'enfant. In L. Carmichael (éd.), *Manual of child psychology*. New York: Wiley. Tr. fr. *Manuel de psychologie de l'enfant*. Paris: P.U.F., tome II, 751-916, [27].
MacCORQUODALE, K., (1970), On Chomsky's review of Skinner's *Verbal Behavior*. *Journal of the Experimental Analysis of Behavior*, 13, 83-99, [12].
McGRAW, M.B. (1935), *Growth: A study of Johnny and Jimmy*. New York: Appleton-Century.
McGRAW, M.B., (1937), The Moro reflex. *AmerJDisChild*, 54, 240-251.
McGRAW, M.B., (1939a), Behavior of the newborn infant and early neuro-muscular development, *ResPublAssNervMentDis*, 19, 244-246.
McGRAW, M.B. (1939b), Later development of children specially trained during infancy. *ChildDev*, 10, 1-19.
McGRAW, M.B. (1939c), Swimming behavior of the human infant. *JPediat*, 15, 485-490.
McGRAW, M.B., (1940a), Basic concepts and procedures in a study of behavior development. *PsycholRev*, 47, 79-89.
McGRAW, M.B. (1940b), Neural maturation as exemplified in achievement of bladder control. *JPediat*, 16, 580-590.
McGRAW, M.B. (1940c), Suspension grasp behavior of the human infant. *AmerJDisChild*, 60, 799-811.
McGRAW, M.B., (1940d), Neuromuscular mechanism of the infant. Development reflected by postural adjustements to an inverted position. *AmerJDisChild*, 60, 1031-1042.
McGRAW, M.B. (1940e), Neuromuscular development of the human infant as exemplified in the achievement of erect locomotion. *JPediat*, 17, 747-771.
McGRAW, M.B. (1941a), Development of neuro-muscular mechanisms as reflected in the crawling and creeping behavior of the human infant. *JGenetPsychol*, 58, 83-111.
McGRAW, M.B. (1941b), Neuro-motor maturation of antigravity functions as reflected in the development of a sitting posture. *JGenetPsychol*, 59, 155-175.
McGRAW, M.B. (1942), *The neuro-muscular maturation of the human infant*. New York: Columbia University Press.
McGRAW, M.B. and WEINBACH, A.P. (1936), Quantitative measures in studying development of behavior patterns (erect locomotion). *BullNeurolInstN.Y.*, 4, 563-571.
McLAUGHLIN, B. (1977), Second language learning in children, *PsychBull*, 84, 438-459, [46].
MACNAMARA, J. (1972), Cognitive basis of language learning in infants. *PsychRev*, 79, 1-14, [79, 164].
McNEILL, D. (1966), Developmental psycholinguistics. In F. Smith et G. Miller (éds), *The genesis of language*. Cambridge: M.I.T. Press, 15-84, [61].
McNEILL, D. (1970a), The development of language. In P.A. Mussen (éd.), *Carmichael's manual of child psychology*. New York: Wiley, Vol. I, 1061-1161, [71, 184, 195].
McNEILL, D. (1970b), *The acquisition of language; the study of developmental psycholinguistics*. New York: Harper and Row, [56, 75, 184, 185, 195].

McNEILL, D. (1970c), Language before symbols: very early children's grammar. *Interchange*, I, 127-133, [**184, 195**].
McNEILL, D. (1971), The capacity for the ontogenesis of grammar. In D.I. Slobin (éd.), *The ontogenesis of grammar*. New York: Academic Press, 17-40, [**184, 195**].
McNEILL, D. (1979), *The conceptual basis of language*. Londres: Lawrence Erlbaum.
MAHONEY, G. et SEELY, P., (1976), The role of social agent in language acquisition: implications for language intervention. In N. Ellis (éd.), *International review of research in mental retardation*. New York: Academic Press.
MALSON, L. (1964), *Les enfants sauvages*. Paris: 10/18, [**44**].
MANNI, G. (1970), *Contribution à l'étude du trouble fonctionnel d'articulation par une expérimentation filmée*. Mémoire de licence en Psychologie, non publié. Université de Liège, [**165**].
MARATSOS, M.P., (1976), *The use of definite and indefinite reference in young children*. Cambridge: Cambridge University Press, [**110, 164**].
MARATSOS, M.P. (1977), New models in linguistics and language acquisition. In M. Halle, J. Bresnan et G.A. Miller (éds), *Linguistic theory and psychological reality*. Cambridge: M.I.T. Press, [**79**].
MARATSOS, M.P. et KUCZAJ, S.A. (1978), Against the transformationalist account: a simpler analysis of auxiliary overmarkings. *J.ChLang*, 5, 337-345, [**79**].
MARTLEW, M. (1980), Mothers' control strategies in dyalic mother/child conversations. *JPsycholingRes*, 9, 327-347, [**135**].
MARTLEW, M., CONNOLLY, K et Mc LEOD, C. (1978), Language use, role and context in a five-year old. *JChLang*, 5, 81-99, [**135, 164**].
MEHLER, J. et BERTONCINI, J. (1980), Infant's perception of speech and other acoustic stimuli. In J. Morton et C. Marshall (éds), *Psycholinguistics series*. Londres: Paul Elek, 67-105, [**70**].
MENYUK, P. (1969), *Sentences children use*. Cambridge: M.I.T. Press, [**29**].
MERESSE-POLAERT, J. (1969), *Etude sur le langage des enfants de 6 ans*. Neuchâtel: Delachaux et Niestlé, [**109**].
MEUMANN, E. (1908), *Die Entstehung der ersten Wortbedeutungen beim Kinde*. Leipzig: Engelmann, [**66**].
MILLER, J.F., (1978), Assessing children's behavior: a developmental process approach. In R.L. Schiefelbusch (éd.), *Bases of language intervention*. Baltimore: University Park Press, 269-318.
MILLER, J.F. (1981), *Assessing language production in children; experimental procedures*. Londres: E. Arnold, [**36**].
MITCHELL-KERNAN, C. et KERNAN K.T. (1977), Pragmatics of directive choice among children. In S. Ervin-Tripp et C. Mitchell-Kernan (éds), *Child discourse*. New York: Academic Press, 189-208, [**130**].
MOERK, E.L., (1975), Verbal interactions between children and their mothers during the pre-school years. *DevPsych*, 11, 788-794, [**146**].
MOERK, E.L. (1980), Relationships between parental input frequencies and children's language acquisition: a reanalysis of Brown's data. *JChLang*, 7, 105-118, [**164**].
MOREAU, M.-L. (1977), A la recherche d'une méthode pour approcher la compréhension du langage par l'enfant. In M. Spoelders (éd.), *Pedagogische psycholinguistiek*. Gand: Rijksuniversiteit, Gent, 179-192, [**34, 81**].
MOREHEAD, D.M. et MOREHEAD, A.E. (éds) (1976), *Normal and deficient child language*. Baltimore: University Park Press.
MORLEY, M.E. (1957), *The development and disorders of speech in children*. Londres: Livingstone, [**45**].

MOSCATO, M. et SIMONOT, M. (1976-1977), Langage, appartenance sociale et activités cognitives. *Bull. Psych*, 30, 589-597, [166].
MOTTET, G. (1975), Les rapports du langage et du développement cognitif dans l'œuvre de Piaget. *BullPsych*, 29, 36-44, [195].
MOULARD, J.M. (1975), Le décodage subit-il l'influence du milieu socioculturel? Travail dactylographié, Université de Mons, [34].
NADEL, J. (1975-1976), Théories du langage, rôle du milieu et différences individuelles. *BullPsych*, 29, 3-9.
NELSON, K. (1973), Structure and strategy in learning to talk. *Monographs of the Society for Research in Child Development*, 38, 1-35, [92, 164].
NELSON, K. (1974), Concept, word and sentence: interrelations in acquisition and development. *PsyChRev*, 81, 267-285, [70, 164].
NELSON, K. (1975), The nominal shift in semantic-syntactic development. *Cognitive Psychology*, 7, 461-479, [164].
NELSON, K. (1976), Some attributes of adjectives used by young children. *Cognition*, 4, 13-30, [164].
NELSON, K. (1977), Facilitating children's syntax acquisition. *DevPsych*, 13, 101-107, [143, 147].
NELSON, K., CARSKADDON, G. et BONVILLIAN, J. (1973), Syntax acquisition: impact of experimental variations in adult verbal interaction with the child. *ChilDev*, 44, 497-504, [165].
NEWPORT, E., GLEITMAN, H. et GLEITMAN, L. (1977), « Mother, I'd rather do it myself »: some effects and non-effects of maternal speech style. In C. Snow et C. Ferguson (éds), *Talking to children*. Cambridge: Cambridge University Press, 109-149, [143, 146, 147].
NINIO, A. et BRUNER, J.S. (1978), The achievement and antecedents of labelling. *JChLang*, 5, 1-15, [114, 117, 118, 135, 164].
NOIZET, G. (1977), Les stratégies dans le traitement des phrases. *Actes du XXIe Congrès international de Psychologie*. Paris: P.U.F., 185-202. Aussi in *Cahiers de Psych*, 20, 3-14, [108].
NOIZET, G. (1980), *De la perception à la compréhension du langage. Un modèle psycholinguistique du locuteur*. Paris: P.U.F, [212].
NOIZET, G. et VION, M. (1979), Les stratégies de compréhension dans le traitement des relations fonctionnelles de base. Communication aux Journées d'Etude sur la Psycholinguistique de l'Enfant, Genève, juin 1979. A paraître in J.P. Bronckart, M. Kail et G. Noizet (éds), *Problèmes et perspectives en psycholinguistique de l'enfant*. Neuchâtel: Delachaux et Niestlé.
NURSS, J.R. et DAY, D.E. (1971), Imitation, comprehension and production of grammatical structures. *JVLVB*, 10, 68-74.
OCHS, E. et SCHIEFFELIN, B. (éds) (1979), *Developmental pragmatics*. New York: Academic Press, [136].
OLERON, P. (1972), *Langage et développement mental*. Bruxelles: Dessart, [170, 194].
OLERON, P. (1976), L'acquisition du langage. In H. Gratiot-Alphandery et R. Zazzo (éds), *Traité de psychologie de l'enfant*. Paris: P.U.F., 71-208, [53, 109].
OLERON, P. (1979), *L'enfant et l'acquisition du langage*. Paris: P.U.F, [70, 107, 109, 110, 170, 183, 194, 196].
OLERON, P. (1980), On Piaget and language: some remarks. *IntJPsycholing*, 7, 9-17, [195].
OLERON, P. (1981), Coreference of the personal pronoun and sentence meaning. *IntJPsycholing*, 8, 31-50, [103, 108, 109].

OLERON, P. et LEGROS, S. (1977), Présuppositions, implications linguistiques et atteinte de la signification de termes psychologiques par l'enfant. *Journal de Psych*, 4, 409-429, [103, 108].
OLLER, D.K., WIEMAN, L.A., DOYLE, W.J. et ROSS, C. (1976), Infant babbling and speech. *JChLang*, 3, 1-11, [50].
OLMSTED, D.L. (1971), *Out of the mouth of babes*. La Haye: Mouton.
OLNEY, R.L. et SCHOLNICK, E.K. (1978), An experimental investigation of adult perception of one-word utterances. *JChLang*, 5, 131-142, [164].
OLSON, D.R. (1970a), *Cognitive development; the child's acquisition of diagonality*. New York: Academic Press, [195].
OLSON, D.R., (1970b), Language and thought; aspects of a cognitive theory of semantics. *PsychRev*, 77, 257-273, [195].
PALERMO, D.S. (1973), More about *less*: a study of language comprehension. *JVLVB*, 12, 211-221, [100].
PALERMO, D.S. (1974), Still more about the comprehension of *less*. *DevPsych*, 10, 827-829, [100].
PAULUS, J. (1969), *La fonction symbolique et le langage*. Bruxelles: Dessart, [7, 135].
PEA, R. (1979), Can information theory explain early word choice? *JChLang*, 6, 397-410, [58].
PENFIELD, W. et ROBERTS, L. (1959), *Speech and brain mechanisms*. Princeton: Princeton University Press, [45].
PETRETIC, P.A. et TWENEY, R.D. (1977), Does comprehension precede production? The development of children's responses to telegraphic sentences of varying grammatical adequacy. *JChLang*, 4, 201-209, [68].
PIAGET, J. (1923), *Le langage et la pensée*. Neuchâtel: Delachaux et Niestlé, [164, 214, 225].
PIAGET, J. (1946), *La formation du symbole chez l'enfant*. Neuchâtel: Delachaux et Niestlé, [173, 175, 223].
PIAGET, J. (1954), Le langage et la pensée du point de vue génétique. *ActaPsychologica*, 10, 88-98. Tr. angl. in D. Elkind (éd.), *Psychological studies*. Random House, 1967. Aussi in Parveen Adams (éd.), *Language in thinking*. Londres: Penguin, 170-179.
PIAGET, J. (1963), Le langage et les opérations intellectuelles. In *Problèmes de psycholinguistique*. Paris: P.U.F., 51-61.
PIAGET, J. (1964), Le langage et la pensée. In J. Piaget, *Six études de psychologie*. Genève: Gonthier (1979), [180, 181, 195].
PIAGET, J. (1967a), *Biologie et connaissance*. Paris: N.R.F, [17].
PIAGET, J. (1967b), Compte rendu de Bruner et al. (1966), *Studies in cognitive growth*. *Contemporary Psychology*, 12, 530-532, [17, 198].
PIAGET, J. (1968), *Le structuralisme*. Paris: P.U.F, [17].
PIAGET, J. (1970), Mémoire et intelligence. In D. Bovet et al., *La mémoire*. Paris: P.U.F., 169-170, [225].
PIAGET, J. (1971), Préface de Ferreiro (1971), [195].
PIAGET, J. (1979), Interventions au colloque organisé à Royaumont, octobre 1975. In *Théories du langage - théories de l'apprentissage; le débat entre Jean Piaget et Noam Chomsky*. Texte recueilli et organisé par M. Piattelli-Palmarini. Paris: Seuil, [17, 173, 174, 195].
PIATTELLI-PALMARINI, M. (éd.) (1979), *Théories du langage, Théories de l'apprentissage*. Paris Seuil, [19].
PIÉRART, B. (1975), La genèse de *entre*: « intuition primitive » ou « coordination des voisinages »? *ArchPsych*, 43, 75-109, [95].

PIÉRART, B. (1976), Acquisition du langage, patron sémantique et développement cognitif: *à côté de, contre, loin de, près de*. *Le langage et l'homme*, 30, 27-35, [95].
PIÉRART, B. (1977), L'acquisition du sens des marqueurs de relation spatiale: *devant* et *derrière*. *AnnéePsych*, 77, 95-116, [95, 110].
PIÉRART, B. (1978), Acquisition du langage, patron sémantique et développement cognitif - observations à propos des prépositions spatiales *au-dessus de, en dessous de, sous* et *sur*. *Enfance*, 4-5, 197-208, [95].
PIÉRART, B., BIZET, A. et COLLART, J. (1976), Objets ou images? Question méthodologique en psycholinguistique génétique. *ArchPsych*, 44, 267-276, [33].
PIÉRART, B., LAMBINET, C. et MICHEL, P. (1981), Style d'échange verbal à huit ans et à onze ans. *RevPhonétAppl.*, 57, 87-92, [164].
PIÉRON, H. (1973), *Vocabulaire de psychologie*. Paris: P.U.F., [197].
PLAS, R. (1979), *Compréhension et mémoire d'un film; étude expérimentale*. Thèse de 3e cycle non publiée. Université de Paris VIII, [36].
POPPER, K.R. (1934), *Logik der Forschung*. Tr. angl. par Popper, *The logic of scientific discovery*. Londres: Hutchinson, 1959. Tr. fr. par Rutten et Devaux, *La logique de la découverte scientifique*. Paris: Payot, 1973, [63].
POURTOIS, J.-P. (1979), *Comment les mères enseignent à leur enfant (5-6 ans)*. Paris: P.U.F., [167].
PREMACK, D. (1970), A functional analysis of language. *JExpAnalBehav*, 14, 107-125.
PREMACK, D. (1971), Language in chimpanzee? *Science*, 172, 808-822.
PREMACK, D. (1976), *Intelligence in ape and man*. New York: Wiley, [8].
PRIESTLEY, T.M.S. (1977), One idiosyncratic strategy in the acquisition of phonology. *JChLang*, 4, 45-65.
PUTNAM, H. (1979), Ce qui est inné et pourquoi. In Piatelli-Palmarini M. (éd.), *Théories du langage, Théories de l'apprentissage*. Paris, Seuil, pp. 415-443, [12].
RAMER, A.L. (1974), *Syntactic styles and universal aspects of language emergence*. Ph. D. Dissertation. City University of New York. Cit. De Villiers et De Villiers (1978), [63].
RAMER, A.L. (1976), Syntactic styles in emerging language. *JChLang*, 3, 49-62, [58, 92].
RATNER, N. et BRUNER, J.S. (1978), Games, social exchange and the acquisition of language. *JChLang*, 5, 391-401, [115, 135].
RAZRAN, G. (1939), A quantitative study of meaning by a conditioned salivary technique (semantic conditioning). *Science*, 90, 89-91, [202].
RAZRAN, G. (1961), Raphael's «idealess» behavior. *JComparPhysiologPsych*, 54, 366-367, [32].
RAZRAN, G. (1961), The observable unconscious and the inferable conscious in current soviet psychophysiology: interoceptive conditioning and the orienting reflex. *PsychRev*, 68, 81-147, [212].
RAZRAN, G. (1971), *Mind in evolution, An East-West synthesis of learned behavior and cognition*. Boston: Houghton Mifflin Company, [212].
REES, N.S. (1975), Imitation and language development: issues and clinical implications. *JSocHumDev*, 40, 339-350, [135].
REES, N.S. (1978), Pragmatics of language; applications to normal and disordered language development. In R. Schiefelbusch (éd.), *Bases of language intervention*. Baltimore: University Park Press, 191-268, [135].
REICH, P.A. (1976), The early acquisition of word meaning. *JChLang*, 117-123.
RESCORLA, L. (1980), Overextension in early language development. *JChLang*, 7, 321-325, [70].

REY, A. (1935), *L'intelligence pratique chez l'enfant*. Paris: Alcan, [216].
RICHELLE, M. (1966), *Le conditionnement operant*. Neuchâtel, Paris: Delachaux et Niestlé, [212].
RICHELLE, M. (1971), *L'acquisition du langage*. Bruxelles: Dessart, [106, 110, 197].
RICHELLE, M. (1973), Analyse formelle et analyse fonctionnelle du comportement verbal: note sur le débat entre Chomsky et Skinner. *BullPsych*, 26, 252-259, [12]
RICHELLE, M. (1974), Le behaviorisme aujourd'hui: I. Méthodes de conditionneent et théorie du comportement. *Psychologica Belgica*, 24, 127-143, [225].
RICHELLE, M. (1978), *B.F. Skinner ou le péril behavioriste*, Bruxelles, Dessart-Mardaga, [12].
RICHELLE, M. et MOREAU, M.L. (sous presse), The acquisition of language, or where did the behavioristic revolution take place, [24]
RIEBER, R.W. (éd.) (1981), *Dialogues in the psychology of language and thought*. New York: Plenum, [19, 184, 195].
RIEBER, R.W. et VOYAT, G. (1981), An overview of the controversial issues in the psychology of language and thought. *JPsycholingRes*, 10, 341-361, [19, 184, 195].
ROBERTS, L. (1966), Central brain mechanisms in speech. In E. Carterette (éd.), *Brain function. Vol. III: Speech, language and communication*. Los Angeles: University of California Press, 17-36, [45].
ROBINSON, W.P. (1969), Speech markers and social class. In K.R. Scherer et H. Giles (éds), *Social markers and speech*. Cambridge: Cambridge University Press. Paris: Maison des Sciences de l'Homme, 211-249.
RODGON, M.M. (1976), *Single-word usage, cognitive development and the beginnings of combinatorial speech; a study of ten English-speaking children*. Cambridge: Cambridge University Press, [56].
RODGON, M.M., JANKOWSKY, W., ALENSKAS, L. (1977), A multi-functional approach to single-word usage. *JChLang*, 4, 23-43, [56, 136].
RONDAL, J. (1973), Le rôle du langage dans la régulation du comportement moteur. *JPsychNormPath*, 3, 307-324, [206, 207].
RONDAL, J. (1976), Investigation of the regulatory power of the impulsive and meaningful aspects of speech. *Genetic Psychology Monographs*, 94, 3-33, [206, 207].
RONDAL, J. (1977), Environnement linguistique et retard mental. *Enfance*, 1, 37-48.
RONDAL, J. (1978a), *Langage et éducation*. Bruxelles: Mardaga, [109, 111, 136, 161, 162, 164, 166, 167].
RONDAL, J. (1978b), Patterns of correlation for various language measures in mother-child interactions for normal and Down's syndrome children. *Language and Speech*, 21, 242-252, [146].
RONDAL, J. (1979), «Maman est au courant»: une étude des connaissances maternelles quant aux aspects formels du langage du jeune enfant. *Enfance*, 2, 95-105.
RONDAL, J. (1980), Fathers' and mothers' speech in early language development. *JChLang*, 7, 353-369, [142, 145, 165].
RONDAL, J. (1981), On the nature of linguistic input to language-learning children. *IntJPsycholing*, 8, 75-107, [146, 163, 164].
RONDAL, J. (à paraître), *L'interaction adulte-enfant et la construction du langage*. Bruxelles: Mardaga, [146, 163, 164].
RONDAL, J. et SERON, X. (éds) (à paraître). *Troubles du langage et rééducation*. Neuchâtel: Delachaux et Niestlé.
RUMBAUGH, D. (éd.) (1977), *Language learning by a chimpanzee, The Lana project*. New York: Academic Press, [8].
RUWET, N. (1967), *Introduction à la grammaire générative*. Paris: Plon, [24].

SABEAU-JOUANNET, E. (1973), L'expression des modalités aspectivo-temporelles et son évolution chez des enfants de 2 à 4 ans. *Etudes de linguistique appliquée*, 9, 91-100, [**104, 110**].
SABEAU-JOUANNET, E. (1977), L'expression de l'organisation spatiale et temporelle, son évolution chez des enfants de 2 à 5 ans. In François et al., *La syntaxe de l'enfant avant 5 ans*. Paris: Larousse, 193-204, [**110**].
SACHS, J. (1977), The adaptive significance of linguistic input to prelinguistic infants. In C. Snow et C. Ferguson (éds), *Talking to children*. Cambridge: Cambridge University Press, 51-61, [**164**].
SACHS, J. et DEVIN, J. (1976), Young children's use of age-appropriate speech style in social interaction and role-playing. *JChLang*, 3, 81-98, [**142**].
SACHS, J. et TRUSWELL, L. (1978), Comprehension of two-word instructions by children in the one-word stage. *JChLang*, 5, 17-24, [**67**].
SACKS, H., SCHEGLOFF, E. et JEFFERSON, G. (1974), A simplest systematics for the analysis of turn-taking in conversation. *Language*, 50, 696-735, [**137**].
SAPIR, E. (1921), *Language*. New York: Harcourt, Brace and World. Tr. fr. par S.M. Guillemin, *Le langage*. Paris: Payot, 1953, [**170**].
SAVAGE-RUMBAUGH, E.S., RUMBAUGH, D.M. et BOYSEN, S. (1978), Symbolic communication between two chimpanzees (*Pan troglodytes*). *Science*, 201, 641, [**136**].
SCAIFE, M. et BRUNER, J.S. (1975), The capacity for joint visual attention in the infant. *Nature*, 253, 265-266, [**116, 135**].
SCHACHTER, F.F., FOSHA, D., STEMP, S., BROTMAN, N. et GANGER, S. (1976), Everyday caretaker talk to toddlers vs threes and fours. *JChLang*, 3, 221-245, [**31**].
SCHACHTER, F.F., KIRSHNER, K., KLIPS, B., FRIEDRICKS, M. et SAUNDERS, K. (1974), Everyday preschool interpersonal speech usage: methodological, developmental and sociolinguistic studies. *MonogrSocResChDev*, 39.
SCHAERLAEKENS, A.M., (1973), *The two-word sentences in child language development*. La Haye: Mouton, [**61**].
SCHAFFER, H.R. (éd.) (1977), *Studies in mother-infant interaction*. New York: Academic Press, [**135, 165**].
SCHIEFELBUSCH, R. (éd.) (1978), *Bases of language intervention*. Baltimore: University Park Press.
SCHIEFELBUSCH, R. et LLOYD, L.L. (éds) (1974), *Language perspectives: acquisition, retardation and intervention*. Baltimore: University Park Press.
SCHLESINGER, I.M. (1971), Production of utterances and language acquisition. In D.I. Slobin (éd.), *The ontogenesis of grammar*. New York: Academic Press, 63-101, [**61**].
SCHLESINGER, I.M. (1974), Relational concepts underlying language. In R. Schiefelbusch et L.L. Lloyd (éds), *Language perspectives: acquisition, retardation and intervention*. Baltimore: University Park Press.
SCHLESINGER, I.M. (1977), The role of cognitive development and linguistic input in language acquisition. *JChLang*, 4, 153-169, [**170, 194**].
SCHLESINGER, I.M. (1981), *Steps to language*. Londres: Lawrence Erlbaum
SEARLE, J. (1969), *Speech acts: an essay in the philosophy of language*. Cambridge: Cambridge University Press, [**114, 120**].
SEBEOK, T.A. et UMIKER-SEBEOK, J. (1980), *Speaking of apes. A critical anthology of two-way communication with man*. New York and London: Plenum Press, [**8**].

SEGAL, E.F. (1975), Psycholinguistics discovers the operant: a review of Roger Brown's *A first language: The early stages*. *Journal of the Experimental Analysis of Behavior*, 23, 149-158, [12].
SEGUI, J. et LÉVEILLÉ, M. (1977), Etude de la compréhension de phrases chez l'enfant. *Enfance*, 105-115, [80, 82, 105].
SERON, X. (1977), L'aphasie de l'enfant, Quelques questions sans réponses. Revue critique. *Enfance*, 2-4, 249-270, [45].
SHATZ, M. (1978a), Children's comprehension of their mothers' question-directives. *JChLang*, 5, 39-46, [72, 79, 130, 132].
SHATZ, M. (1978b), On the development of communicative understanding: an early strategy for interpreting and responding to messages. *CognitivePsych*, 10, 271-301, [130, 132].
SHIBAMOTO, J.S. et OLMSTED, D.L. (1978), Lexical and syllabic patterns in phonological acquisition. *JChLang*, 5, 417-456, [52].
SHIPLEY, E.F., SMITH, C.S. et GLEITMAN, L.R. (1969), A study in the acquisition of language: free responses to commands. *Language*, 45, 322-342.
SHRINER, T. (1969), A review of mean length of response as a measure of expressive language development in children. *JSocHumDev*, 34, 61-68, [106].
SHUGAR, G.W. (1978), Text analysis as an approach to the study of early linguistic operations. In N. Waterson et C. Snow (éds), *The development of communication*. New York: Wiley, [147].
SINCLAIR, A. (1980), Thinking about language: an interview study of children aged three to eight. *IntJPsycholing*, 7, 19-40, [104].
SINCLAIR, A., JARVELLA, R.J. et LEVELT, W.J.M. (éds) (1978), *The child conception of language*. Berlin: Springer, [104].
SINCLAIR, H. (1967), *Acquisition du langage et développement de la pensée; sous-systèmes linguistiques et opérations concrètes*. Paris: Dunod, [32, 176, 193].
SINCLAIR, H. (1968), L'acquisition des structures syntaxiques. *PsychFranç*, 13, 167-174.
SINCLAIR, H. (1969a), A possible theory of language acquisition within the general framework of Piaget's development theory. In D. Elkind et J. Flavell (éds), *Studies in cognitive development*. Oxford: Oxford University Press, 326-336. Aussi in Parveen Adams (éd.), *Language in thinking*. Londres: Penguin, 1972, 364-373, [195].
SINCLAIR, H. (1969b), Developmental psycholinguistics. In D. Elkind et J. Flavell (éds), *Studies in cognitive development*. Oxford: Oxford University Press, 315-325. Aussi in Parveen Adams (éd.), Language in thinking. Londres: Penguin, 1972, 266-276, [195].
SINCLAIR, H. (1971), Sensorimotor action patterns as a condition for the acquisition of syntax. In E. Ingram et R. Huxley (éds), *Language acquisition: models and methods*. New York: Academic Press, [195].
SINCLAIR, H. (1974), L'acquisition du langage d'un point de vue piagétien. *Folia Phoniatrica*, 26, 1-12, [195]
SINCLAIR, H. (1975), The role of cognitive structures in language acquisition. In E.H. Lenneberg et E. Lenneberg (éds), *Foundations of language development: a multidisciplinary approach*. New York: Academic Press, Vol. I, 223-238, [195].
SINCLAIR, H. (1978), L'apport de la théorie de Piaget à l'étude de l'acquisition du langage. In J. Costermans (éd.), *Structures cognitives et organisation du langage. Cahiers de l'Institut de Linguistique de Louvain*, 5, 29-40, [195].
SINCLAIR, H., BERTHOUD, J., BRONCKART, J.-P., CHIPMAN, H., FERREIRO, E. et RAPPE DU CHER, E., (1976), Recherches en psycholinguistique génétique. *ArchPsych*, 44, 157-175, [80].

SINCLAIR H. et BRONCKART, J.-P. (1972), SVO: a linguistic universal? A study in developmental psycholinguistics. *JExpChPsych*, 14, 329-348, [80, 108].
SINCLAIR, H. et FERREIRO, E. (1970), Etude génétique de la compréhension, production et répétition des phrases au mode passif. *ArchPsych*, 41, 1-42, [81, 80, 196].
SINCLAIR, J.M. et COULTHARD, R.M. (1974), *Towards an analysis of discourse: the English used by teachers and pupils*. Oxford: Oxford University Press.
SKINNER, B.F. (1953), *Science and human behavior*. New York: The MacMillan Company.
SKINNER, B.F. (1957), *Verbal behavior*. New York: Appleton-Century-Crofts, [11, 21, 114, 136].
SKINNER, B.F. (1966), The Phylogeny and Ontogeny of Behavior, *Science*, (repris dans Skinner, B.F., 1971), [17].
SKINNER, B.F., (1969), *La révolution scientifique de l'enseignement*. Bruxelles: Dessart (trad. de *The Technology of Teaching*. New York: Appleton Century Crofts), [17].
SLAMA-CAZACU, T. (1977a), Les échanges verbaux entre les enfants et entre adultes et enfants. In J.-P. Bronckart et al. (éds), *La genèse de la parole*. Paris: P.U.F., 179-229, [135].
SLAMA-CAZACU, T. (1971b), *Dialogue in children*. La Haye: Mouton, [135].
SLOBIN, D.I. (1966a), Grammatical transformation and sentence comprehension in childhood and adulthood. *JVLVB*, 5, 219-227.
SLOBIN, D.I., (1966b), Abstract of soviet studies of child language. In F. Smith et G.A. Miller (éds), *The genesis of language*. Cambridge: M.I.T. Press, 363-386, [201, 202].
SLOBIN, D.I. (1966c), The acquisition of Russian as a native language. In F. Smith et G.A. Miller (éds), *The genesis of language*. Cambridge: M.I.T. Press, 129.
SLOBIN, D.I. (1970), Universals of grammatical development in children. In G. Florès d'Arçais et WJ.M. Levelt (éds), *Advances in psycholinguistics*. Amsterdam: North-Holland, 174-186, [64, 71].
SLOBIN, D.I. (1972), *Leopold's bibliography of child language*. Bloomington: Indiana University Press, [24].
SLOBIN, D.I. (1973), Cognitive prerequisites for the development of grammar. In C. Ferguson et D.I. Slobin (éds), *Studies in child language development*. New York: Holt, Rinehart et Winston, 175-208, [79, 87, 109, 186, 187, 188, 195, 197].
SLOBIN, D.I. (1975), On the nature of talk to children. In E.H. Lenneberg et E. Lenneberg (éds), *Foundations of language development: a multidisciplinary approach*. New York: Academic Press. Vol. I, 283-298, [163, 165].
SLOBIN, D.I. (1977), Language change in childhood and history. In J. Macnamara (éd.), *Language learning and thought*. New York: Academic Press, 185-214, [79, 87, 109, 186, 195].
SLOBIN, D.I. (1981a), Universal and particular in the acquisition of language. In L.R. Gleitman et E. Wanner (éds), *Language acquisition; State of the art*. Cambridge: Cambridge University Press, [79, 87, 186, 195].
SLOBIN, D.I. (1981b), The origins of grammatical encoding of events. In W. Deutsch et al. (éds), *The child's construction of language*. Cambridge: Cambridge University Press, [79, 87, 109, 186, 195].
SLOBIN, D.I. et AKSU, A.A. (1981), The psychological and linguistic grounds of evidentiality and its extensions in Turkish. Evidentials Symposium. University of California, Berkeley, Mai 1981.

SLOBIN, D.I. et AKSU, A.A. (1982), Acquisition of Turkish. In D.I. Slobin (éd.), *The crosslinguistic study of child language*. Hillsdale, NJ: Lawrence Erlbaum, [87, 109, 195].
SLOBIN, D.I. et WELSCH, C. (1973), Elicited imitations as a research tool in developmental psycholinguistics. In C. Ferguson et D.I. Slobin (éds), *Studies of child language development*. New York: Holt, Rinehart and Winston, 485-497, [100].
SMITH, C.S. (1970), An experimental approach to children's linguistic competence. In J.R. Hayes (éd.), *Cognition and the development of language*. New York: Wiley, 209-235, [67].
SMITH, M.E. (1926), An investigation of the development of the sentence and the extent of vocabulary in young children. *University of Iowa Studies Child Welfare*, 3, n° 5, [55].
SMITH, N.V. (1973), *The acquisition of phonology: a case study*. Cambridge: Cambridge University Press, [51].
SNOW, C.E. (1972), Mothers' speech to children learning language. *ChildDev*, 43, 549-565, [142, 163].
SNOW, C.E. (1976), The language of the mother-child relationship. In Sinclair Rogers (éd.), *They don't speak our language*. Londres: E. Arnold.
SNOW, C.E. (1977a), The development of conversation between mothers and babies. *JChLang*, 4, 1-22, [118, 119, 136, 142, 163].
SNOW, C.E. (1977b), Mothers'speech research: from input to interaction. In C.E. Snow et C. Ferguson (éds), *Talking to children*. Cambridge: Cambridge University Press, 31-49, [118, 142, 163].
SNOW, C.E. (1978), The conversational context of language acquisition. In R. Campbell et P. Smith (éds), *Recent advances in the psychology of language*. New York: Plenum, 253-269, [118].
SNOW, C.E. (1979), Conversations with children. In P. Fletcher et M. Garman (éds), *Language acquisition*. Cambridge: Cambridge University Press, 363-375, [120, 163].
SNOW, C.E. (1981), The uses of imitation. *JChLang*, 8, 205-212.
SNOW, C.E., ARLMAN-RUPP, A., HASSING, Y., JOBSE, J., JOOSTENT, J. et VORSTER, J. (1976), Mothers' speech in three social classes. *JPsycholingRes*, 5, 1-20, [142].
SNOW, C.E. et FERGUSON, C. (éds) (1977), *Talking to children*. Cambridge: Cambridge University Press.
SOURDOT, M. (1977), Identification et différenciation des unités: les modalités nominales. In François et al., *La syntaxe de l'enfant avant 5 ans*. Paris: Larousse, 90-119, [66, 69].
SPITZ, R.A. (1965), *The first year of life*. New York: International Universities Press, [122].
STAM, J.H. (1972), Past linguistics and Chomsky's future. *Journal of Psycholinguistic Research*, 1, 195-201.
STARK, R.E. (1978), Features of infant sounds: the emergence of cooing. *JChLang*, 5, 379-390, [49].
STARK, R.E. et NATHANSON, S.N. (1974), Spontaneous cry in the newborn infant; sounds and facial gestures. In J.F. Bosma (éd.), *Fourth Symposium on oral sensation and perception: development in the fetus and infant*. Bethesda, Md: US Governement Printing Press. Cit. Stark (1978).
STARK, R.E., ROSE, S.N. et BENSON, P.J. (1974), Classification of infant vocalization behavior. Conférence présentée à la réunion de l'ASHA à Las Vegas. Cit. Stark (1978).

STARK, R.E., ROSE, S.N. et McLAGEN, M. (1975), Features of infant sounds: the first eight weeks of life. *JChLang*, 2, 205-221.

STERN, C. et W. (1928), *Die Kindersprache, Eine psychologische und sprachtheoritische Untersuchung*. Leipzig: Barth, [11, 27].

STICK, S.L. et NORRIS, J.A. (1979), Use of situational cues by preschool children. *JPsycholingRes*, 8, 111-121, [36].

STRAIN, B. et VIETZE, P.M. (1975), Early dialogues: the structure of reciprocal infant-mother vocalization. Communication faite à la Conférence bisannuelle de la Society for Research in Child Development, Denver, Colorado, avril 1975. Cit. Rondal (1978), [136].

STERRI, A. (1980), Etude génétique des production et compréhension des pronoms anaphoriques dans une situation de reprise de discours. *ArchPsych*. 48, 41-58, [104].

SUPPES, P. (1969a), Stimulus-Reponse theory of finite automata. *Journal of mathematical Psychology*, 6, 327-355, [12].

SUPPES, P. (1969b), Stimulus-Reponse theory of automata and Tote hierarchy, *Psychological Review*, 76, 511-524, [12].

SYLVESTER-BRADLEY, B. et TREVARTHEN, C. (1978), Baby talk as an adaptation to infant's communication. In N. Waterson et C. Snow (éds), *The development of communication*. New York: Wiley, [136].

TANNER, B. (éd.) (1976), *Language and communication in general practice*. Londres: Hodder and Stoughton.

TAVAKOLIAN, S. (éd.) (1981), *Language acquisition and linguistic theory*. Cambridge: M.I.T. Press, [106].

TERRACE, H.S. (1978), *Nim, a chimpanzee who learned sign language*, New York: Alfred Knof Inc., (traduit de l'américain par Antoinette Armand (1979), *Nim, un chimpanzé qui a appris le langage gestuel*). Bruxelles: Mardaga, [8].

THOMSON, J.R. et CHAPMAN, R.S. (1977), Who is «Daddy» revisited; the status of two-year-olds'over-extended words in use and comprehension. *JChLang*, 4, 359-375.

TISSOT, R. (1966), *Neuropsychopathologie de l'aphasie*. Paris: Masson, [45].

TOURRETTE, G. (1980), Compétence cognitive et performance linguistique. *BullPsych*, 34, 167-175, [198].

TWENEY, R.D. et PETRETIC, P.A., (1981), On the comprehension of comprehension studies: a reply to Gleitman, Shipley and Smith's (1978) criticism of Petretic et Tweney (1977). *JChLang*, 8, 193-204, [72].

TYACK, D. et INGRAM, D. (1977), Children's production and comprehension of questions. *JChLang*, 4, 211-224.

VALIAN, V. et CAPLAN, J. (1979), What children say when asked «what»: a study of the use of syntactic knowledge. *JExpChPsych*, 28, 424-444.

VERHAVE, T. (1972), The language and mind of a polemicist: Some reflections on *Language and mind*. *Journal of Psycholinguistic Research*, 1, 183-195.

VIGOTSKY, L.S. (1934), *Thought and Language*. Moscou: Stosekgiz. Tr. angl. Cambridge: M.I.T. Press, 1962, [56, 170, 216].

VION, M. (1978a), La compréhension des phrases simples comportant des marqueurs de relation spatiale. *CahiersdePsych*, 21, 37-52, [83].

VION, M. (1978b), Les résistances pragmatiques à la compréhension de phrases simples chez l'enfant. *Enfance*, 4-5, 225-236, [83, 108].

VION, M. (1980), *La compréhension des phrases simples chez le jeune enfant*. Thèse de 3e cycle non publiée. Université d'Aix-Marseille, [83, 84, 198].

WARDEN, D.A. (1976), The influence of context on children's use of identifying expressions and reference. *BritJPsych*, 67, 101-112, [110].

WATERSON, N. et SNOW, C.E. (éds) (1978), *The development of communication: social and pragmatic factors in language acquisition*. New York: Wiley.
WEIR, R.H. (1962), *Language in the crib*, La Haye, Mouton, [214].
WEIR, R.H. (1966), Some questions in the child's learning of phonology. In F. Smith et G.A. Miller (éds), *The genesis of language*. Cambridge: Cambridge University Press, 153-172, [50].
WEIST, R. et KRUPPE, B. (1977), Parent and sibbling comprehension of children's speech. *JPsycholingRes*, 6, 49-58, [145].
WELLS, G. (1974), Learning to code experience through language. *JChLang*, 1, 243-269, [64].
WELLS, G. (1979a), Variation in child language. In P. Fletcher et M. Garman (éds), *Language acquisition*. Cambridge: Cambridge University Press, 377-395, [148].
WELLS, G. (1979b), Describing children's language development at home and at school. *BritEducResJ*, 5, 75-98, [148].
WERNER, H. et KAPLAN, B. (1973), *Symbol formation: an organismic-developmental approach to language and the expression of throught*. New York: Wiley, [136].
WEXLER, K. et CULICOVER, P. (1980), *Formal principles of language acquisition*. Cambridge: M.I.T. Press, [106].
WHORF, B.L. (1956), *Language, thought and reality*. Edité par J.B. Carroll. Cambridge: M.I.T. Press. Tr. fr. par C. Carmé, *Linguistique et anthropologie*. Paris: Denoël, 1969, [166, 170].
WIDMER, C. et TISSOT, R. (1981), *Modes de communication du bébé*. Neuchâtel: Delachaux et Niestlé, [136].
WIERT, W.M. (1967). Some recent criticisms of behaviorism and learning theory with special reference to Breger and McGaugh and to Chomsky. *Psychological Bulletin*, 67, 214-225, [12].
WING, C.S., KOFSKY-SCHOLNICK, E. (1981), Children's comprehension of pragmatic concepts expressed in *because, although, if,* and *unless*. *JChLang*, 8, 347-365, [104].
WOLF, P.H. (1969), The natural history of crying and other vocalizations in early infancy. In B.M. Foss (éd.), *Determinants of infant behaviour*. Vol. IV. Londres: Methuen, [49].
WOZNIAK, R.H. (1972), Verbal regulation of motor behavior. Soviet research and non-soviet replication: a review and an explication. *HumDev*, 15, 13-57, [206].
WYATT, G.L. (1969), *Language learning and communication disorders in children*. New York: The free Press. Tr. fr. par J. Lucas-Debefve, *La relation mère-enfant et l'acquisition du langage*. Bruxelles: Mardaga, [136, 144, 149].
ZACHRY, W. (1978), Ordinality and interdependance of representation and language development in infancy. *ChildDev*, 49, 681-687, [196].
ZANGWILL, O. (1960a), *Cerebral dominance and its relation to psychological function*. Edimburgh. Oliver and Boyd, [45].
ZANGLWILL, O. (1960b), Speech in Field, J. *Handbook of Physiology*, section I: H.W. Magoun (éd.), *Neurophysiology*, Vol. III, Ch. 68, 1709-1722, Washington, American Physiological Association, [45].
ZANGWILL, O.L. (1975), The ontogeny of cerebral dominance in man, in E.H. Lenneberg et E. Lenneberg, *Foundations of language development. A multidisciplinary approach*, vol. 1, New York: Academic Press, 137-147, [45].
ZIVIN G. (éd.), (1973), *Development of self-regulation through speech*. New York: Wiley, [212].

Index des matières

Accommodation: 175, 188, 190.
Accord (règles d'): 22, 186.
Acoustiques (traits): 49, 51, 53 sv.
Actes indirects de langage: 129 sv., 137.
Actives (phrases): 80 sv.
Adaptation du langage à l'interlocuteur: 129, 130, 142, 155, 164 (voir aussi *langage modulé*).
Adulto-centrisme: 65, 79, 92 sv., 107, 108, 128.
Adverbes: 94, 95, 110.
Affectif (développement): 21, 38.
Affectivité (rôle de l'): 148 sv.
Analyse fonctionnelle: 8, 11, 12, 14, 20 sv., 210, 217.
Analyse formelle: 12, 13, 20 sv, 78, 126, 147, 179, 210, 217.
Aphasie: 40 sv., 70, 197.
Apprentissage linguistique: 178, 192, 193, 195.
Apprentissage par approximations successives: 119.
Apprentissage par sélection des conduites: 17, 66, 119, 122, 129, 181, 222, 224.
Approbation par l'adulte: 145, 146, 164.
Articles: 59, 88, 97, 110.
Articulation: 120, 141, 143, 150.
Aspect (codage de l'): 94.
Assimilation: 173, 175, 188, 190.
Association verbale: 156.
Attitudes éducatives: 154, 159, 161.
Auto-description: 219, 220.
Autre: 98 sv.

Babil: 38, 39, 40, 49 sv., 52, 54, 70, 118, 214.
Bégaiement: 152.
Behaviorisme: 11, 12, 17, 20, 196.
Biais méthodologiques: 102, 160.
Bilinguisme: 27, 43, 46, 92, 165.
Biologiques (bases): 37 sv., 75, 169.
Biographiques (études): 11, 27.

Catégories de mots: 56, 156.
Catégorisation (opération de): 22, 172, 173, 192, 212.
Catégorisation des données: 62, 65, 66 (voir aussi *Taxonomie*).
Chimpanzé (langage chez le): 8, 136.
Classe sociale: 34, 139, 142, 146, 153 sv., 212.
Classification (opération de): 22, 172, 173, 192, 212.
Clivées (phrases): 108.
Code élaboré: 154 sv.
Code restreint: 154 sv.
Cognitif (développement): 9, 13, 22, 32, 38, 44, 57, 58, 64, 72, 74, 78, 85, 86, 87, 103, 122, 131, 134, 137, 153, 158, 159, 161, 168 sv., 217.
Combinaisons (premières): 58, 71, 127.
Communication: 14, 22, 31, 59, 104 sv., 113 sv., 128, 214 sv.
Comparatifs: 30, 177, 178.
Compétence linguistique: 12, 13, 23, 105.
Compléments de lieu: 83, 109.

INDEX DES MATIERES

Complexité linguistique: 28, 29, 33, 74, 86, 141, 143, 154, 156, 157, 187.
Comportements non verbaux: 31.
Compréhension: 13, 32, 40, 51, 62, 66, 70, 71, 72, 80 sv., 93 sv., 100, 132 sv., 186, 195, 196.
Compréhension par l'adulte: 144, 145.
Concordance des temps: 22, 186, 197.
Conditionnement: 201 sv., 211, 212, 222.
Conscience: 219 sv.
Conservation: 176 sv., 182, 191, 192, 193.
Constructivisme: 17, 45.
Contexte situationnel: 12, 21, 22, 23, 57, 105, 127, 139, 154, 155 (voir aussi *Situation* et *Enonciation*).
Contingences de renforcement: 39, 181.
Contrôle du comportement: 155, 158.
Conversation: 115, 118, 127, 147, 149 (voir aussi *Dialogue* et *Communication*).
Corpus: 15, 16, 28 sv., 36.
Correction par l'adulte: 144.
Créativité linguistique: 19.
Culture: 36, 171, 189 sv., 212, 222, 225.

Débiles: 202, 205.
Décentration: 177, 178, 214, 215.
Déficit (linguistique): 153 sv.
Déictiques: 104.
Désapprobations par l'adulte: 145, 146, 164.
Désignation: 115 sv.
Désinences casuelles: 87, 88, 89, 90, 109, 187.
Déterminants du nom: 69, 97 sv.
Déterminisme linguistique: 171.
Dialogue: 49, 113, 114 sv., 125, 135, 143, 148.
Différences individuelles: 53, 64, 92, 194, 197.
Diminutifs: 141.
Discrimination auditive: 18, 47, 70, 210.
Discrimination visuelle: 211.
Dominance cérébrale: 41 sv.

Ecole: 105, 106, 111, 153, 157, 160 sv., 163.
Education compensatoire: 162, 163, 166, 169.
Egocentrisme: 164, 173, 181.
Empreinte: 37, 38.
Enfants sauvages: 44.
Enonciation: 14, 30, 104, 105, 138.
Entourage (rôle de l'): 139 sv.
Environnement: 20, 21, 22.
Epigenèse: 17, 20.
Episode verbal global: 12, 114.
Equipotentialité des hémisphères: 41 sv.

Etiquetage verbal: 117 sv.
Expansions: 146, 147, 151.
Extensions: 146, 147.
Extralinguistiques (variables): 22 (voir aussi *Situationnelles*).

Feed-back: 117, 118, 119, 150 sv., 207.
Figure et fond: 211.
Fonction du langage: 113, 123, 135, 137, 214.
Fonction incitatrice: 203, 207, 208, 209.
Fonction intégratrice: 9, 32, 210.
Fonction mathétique: 126.
Fonction pragmatique: 125, 126.
Fonction régulatrice: 32, 203 sv., 220.
Fonction symbolique: 7, 173, 174, 181, 221, 224.
Formes de politesse: 124, 130.
Fréquence: 45, 50, 60, 78, 83, 90, 102, 133, 141, 164.

Gazouillis: voir *Babil*.
Généralisation: 201 sv.
Génétique (équipement): voir *Innéisme*.
Genre (marques de): 59, 83, 89, 97.
Grammaire générative transformationnelle: voir *Transformation, Transformationaliste*.
Grammaires à pivots: 60, 61, 71, 126.
Grammaticalité: 15, 16, 60.

Handicap linguistique: voir *Déficit linguistique*.
Hémisphérectomie: 42.
Holophrases: 38, 55, 56, 70, 126, 164.
Hypothético-déductives (opérations): 159, 173, 179, 180, 196.
Hypothétiques (énoncés): 110.

Identification à l'entourage: 153, 163, 165.
Identité de la personne: 221 sv.
Illocutoire (acte): 120, 122, 129, 136.
Images (description d'): 32 sv., 36.
Imitation: 16, 32, 174, 176, 181.
Imitation différée: 175.
Imitation intériorisée: 174.
Imitation par l'adulte: 50, 144, 165.
Impératives (phrases): 33, 67, 76, 129, 130, 132, 133, 136, 141, 155.
Individuation: 213, 219 sv.
Inflexions grammaticales: 59, 143 (voir aussi *Désinences casuelles*).
Inhibition: 41, 180, 199, 202 sv.
Innéisme: 13, 17 sv., 25, 45, 75, 76, 107, 140, 183 sv., 196, 197.
Input linguistique: voir *Langage des adultes* et *Langage modulé*.
Intégration: 200.

Intention significative: 61, 62, 116, 117, 129, 187.
Interaction avec l'entourage: 78, 120, 128, 132, 176.
Intéroception: 201, 219.
Interprétation «riche»: 60 sv., 128.
Interrogatives (phrases): 33, 76, 119, 129, 133, 141.
Intonation: 50, 58, 59, 125, 141.
Introspection: 208, 219.
Intuition grammaticale: 16.

Jeu symbolique: 122.
Jeux verbaux: voir *Monologue*.

Langage-bébé: 140, 163.
Langage chez l'animal: 8, 18, 136.
Langage des adultes: 21, 78, 184, 197 (voir aussi *Langage modulé*).
Langage égocentrique: 214 sv., 225.
Langage intériorisé: 200, 213 sv., 220 (voir aussi *Verbalisations intérieures*).
Langage modulé: 140 sv., 150.
Langage normé: 154, 158, 160, 166.
Langage populaire: 154, 158, 160, 161, 166.
Langage socialisé: 213 sv.
Langage sympraxique: 199.
Language acquisition device - L.A.D.: 19, 76, 183.
Latéralisation: 41 sv.
Lexique: voir *Vocabulaire*.
Locutoire (acte): 120, 122.
Logatome: 32, 68, 70, 102.
Longueur des énoncés: 28, 29, 68, 72, 74, 106, 128, 154, 164.

Maturation: 37 sv., 45.
Même: 98 sv.
Mémoire: 9, 188, 198, 213, 221 sv.
Mensonge: 224.
Mère (relation avec la): 39, 136, 148 sv., 165.
Métalinguistique (activité): 16, 35, 83, 104, 105, 106, 113.
Méthodes: 27 sv., 166 (voir aussi *Biais méthodologiques*).
Milieu: 20, 21, 22.
Milieu socioculturel: 34, 139, 142, 146, 153 sv., 212.
Monologue: 214 sv.
Moteur (développement): 38.
Motricité: 9, 203 sv.
Mots (premiers): 38, 55 (voir aussi *Holophrases*).
Mots fonctionnels: 59, 60, 67, 68, 71.
Mythe: 191, 223.

Nativisme: voir *Innéisme*.
Négation: 76, 77, 107, 109, 133.
«Négociation réciproque du sens»: 148.
Neurophysiologiques (bases): 37 sv., 75, 169.
Nombre (marques de): 59, 83, 97, 108.
Norme linguistique: 14, 158, 160, 161.
Normes d'évaluation: 28.

Oligophrène: 205, 206.
Ontogenèse: 8, 9, 37, 220.
Opération: voir *Structures opératoires*.
Ordre des mots: 63, 71, 78, 81, 82, 83, 85, 88, 90, 108, 151, 186, 187, 197.

Parkinsonien: 205.
Particules verbales: 88.
Passives (phrases): 33, 34, 75, 80 sv., 85, 93, 141.
Pauses: 141, 156.
Pensée: 9, 71 (voir aussi *Cognitif*).
Perception: 9, 171, 198, 210, 212.
Performance: voir *Compétence*.
Période critique, période privilégiée: 37 sv.
Perlocutoire (acte): 120, 121, 136.
Permanence de l'objet: 122, 182, 183, 196, 198, 211.
Personnalité: 213 sv., 220, 221 sv.
Phonème: 28, 47 sv., 69, 100.
Phrases à deux mots: 38, 59 sv., 69.
Phylogenèse: 8, 220.
Physiologiques (bases): 8.
Pivots: 60, 61, 71, 126.
Plasticité du cortex: 41 sv.
Pluriel: 90, 92, 184.
Possessives (relations): 61, 62, 71, 91.
Pragmatique: 23, 24, 80, 83, 93, 108, 114, 128, 129, 135, 137, 176, 196, 225.
Prélinguistique (phase): 40, 114, 115.
Prépositions: 59, 83, 85, 87, 88, 94, 102, 109, 110, 184, 187.
Pré-requis: 115, 120, 136, 137.
Présuppositions: 103.
Processus éducatifs implicites: 21, 119, 142, 143, 146.
Production (vs compréhension): 13, 32, 36, 51, 66, 67, 70, 72, 84, 110, 130 sv., 196.
Pronoms: 16, 59, 83 sv., 108, 109, 110, 156.
Pseudo-structures: 179.
Psychanalyse: 223, 224.

Rapidité de l'acquisition linguistique: 9, 19, 104 sv., 184, 197.
Réactions des adultes: 144 sv.
Redondance: 53, 141.

Registres de langue: 14, 30, 161.
Régulation de l'action: 32, 203 sv., 220.
Relations sémantiques: 56, 57, 60, 61 sv., 86 sv., 117, 141, 148.
Relations spatiales: 22, 87, 95 sv., 182, 186, 187 (voir aussi *Compléments de lieu*).
Relations syntaxiques: 56, 57, 61.
Relations temporelles: 182 (voir aussi *Temps*).
Relatives (propositions): 30, 31, 82 sv., 99, 108.
Relativisme culturel: 171, 193.
Relativisme linguistique: 171.
Renforcement: 45, 118, 119, 121, 161, 201.
Réponse sous forme d'activité: 132, 133.
Représentation «enactive»: 35.
Représentation iconique: 190.
Représentation symbolique: 191, 193, 194 (voir aussi *Fonction symbolique*).
Requête: 14, 128, 129 sv., 137, 138.
Rêve: 218, 219.

Schèmes: 173 sv.
Second système de signalisation: 200 sv.
Sélection (des comportements): 17, 66, 119, 122, 129, 181, 222, 224.
Sèmes: 100 sv.
Sensori-moteur (développement): 77, 122, 172, 174, 184, 211.
Sériation: 22, 178, 195.
Singulier: 33, 184.
Situation, situationnelles (variables): 23, 35, 56, 67, 93, 102, 104, 132, 149.
Social (développement): 21, 77, 121, 122, 129, 131, 134, 136.
Sourds (enfants): 53.
Sourds (enfants de parents): 39.
Sous-inclusion (sous-extension): 55, 70, 101, 102.

Souvenirs: 221 sv.
Spécificité du langage: 18, 75, 183.
Stimulus conditionnel: 200 sv.
Stratégies: 56, 74, 79 sv., 107, 110, 132.
Stratégies locales: 80 sv.
Stratégies universelles: 86 sv., 109, 186 sv.
Structures opératoires: 173, 176 sv.
Structures profondes: 75 sv., 106.
Structures superficielles: 75 sv.
Style télégraphique: 59 sv.
Sur-inclusion (surextension): 55, 70, 101, 102.
Symbole: 173, 218 (voir aussi *Fonction symbolique*).
Syndrome cérébro-asthénique: 205.
Système nerveux: 37.

Taxonomie: 30, 127, 128 (voir aussi *Catégorisation des données*).
Temps (du verbe): 93 sv., 110, 142.
Temps (notion du): 22, 222.
Théorie de l'information: 11.
Trachéotomie: 40.
Transformations (règles de): 29, 75 sv., 107.
Transformationaliste (modèle): 12, 74, 75 sv., 100, 106, 126, 140, 141.
Transitionnels (stades): 58, 69, 70.

Unité de la personne: 221 sv.
Universels (traits): 18, 19, 52, 63, 64, 71, 141, 184, 193 (voir aussi *Stratégies universelles*).

Verbalisations intérieures: 208.
Vocabulaire (Lexique): 11, 28, 70, 125, 141, 142, 154, 158, 164, 192, 225.
Vocalisations: 118, 119, 176 (voir aussi *Babil*).

Table des matières

Avant-propos 5
CHAPITRE I: PERSPECTIVES THEORIQUES 7
1. Psycholinguistique développementale et psychologie du langage 7
2. Evolution des problématiques 10
3. Compétence et performance 13
4. Inné et acquis 17
5. Analyse formelle et analyse fonctionnelle 20

CHAPITRE II: METHODES 27
1. L'observation du comportement linguistique spontané 28
2. Les méthodes expérimentales 31

CHAPITRE III: LES CONDITIONS BIOLOGIQUES DU DEVELOPPEMENT LINGUISTIQUE 37

CHAPITRE IV: PREMIERES ETAPES DE L'ACQUISITION 47
1. L'acquisition des sons de la langue 47
2. Emergence de la référence 54
3. Les premiers mots 55
4. Emergence de la combinatoire 58
5. Les phrases à deux mots 59
6. La compréhension 66
7. Où le souci de clarté peut nuire 68

CHAPITRE V: EVOLUTION DES ACQUISITIONS 73
1. Le modèle transformationaliste 75
2. Les stratégies 79
   A. Les stratégies locales 80
   B. Les stratégies universelles 86
3. Vers une psycholinguistique dégagée de l'adulto-centrisme 92

CHAPITRE VI: APPRENTISSAGE DE LA COMMUNICATION	113
1. La mise en place du dialogue	114
2. La filiation des premiers actes de langage	120
3. Les actes indirects de langage	129

CHAPITRE VII: LE RÔLE DE L'ENTOURAGE	139
1. Le comportement linguistique de l'entourage	140
A. Le langage modulé	140
B. Réactions des adultes au langage de l'enfant	144
2. La relation mère-enfant: la part de l'affectivité	148
3. Contexte sociologique et développement du langage	153
A. La thèse du déficit	153
B. La thèse de la différence	160

CHAPITRE VIII: LANGAGE ET COGNITION	169
1. Primauté du linguistique: l'hypothèse Sapir-Whorf	170
2. Primauté du cognitif: les thèses piagétiennes	173
3. Spécificité du linguistique	183
4. Interaction du cognitif et du linguistique	189

CHAPITRE IX: LANGAGE ET REGULATION DE L'ACTION	199
1. Le second système de signalisation	200
2. Développement des régulations motrices par le langage: les recherches de Luria	203
3. Confirmation des hypothèses de Luria dans la pathologie	205
4. Contrôles et prolongements	206
5. Langage et activités perceptives	210

CHAPITRE X: DEVELOPPEMENT DU LANGAGE ET CONSTRUCTION DE LA PERSONNE	213
1. Du langage socialisé au langage intériorisé	213
2. Univers intérieur, langage, conscience	219
3. Unité et identité de la personne et mémoire verbale	221

BIBLIOGRAPHIE	227
INDEX DES MATIERES	256

CHEZ LE MEME EDITEUR

DERNIERS VOLUMES PARUS DANS LA COLLECTION PSYCHOLOGIE ET SCIENCES HUMAINES
collection publiée sous la direction de MARC RICHELLE

66 Emile Meurice: PSYCHIATRIE ET VIE SOCIALE
67 J. Château, H. Gratiot-Alphandéry, R. Doron et P. Cazayus: LES GRANDES PSYCHOLOGIES MODERNES
68 P. Sifnéos: PSYCHOTHERAPIE BREVE ET CRISE EMOTIONNELLE
69 Marc Richelle: B.F. SKINNER OU LE PERIL BEHAVIORISTE
70 J.P. Bronckart: THEORIES DU LANGAGE
71 Anika Lemaire: JACQUES LACAN, 2e éd. revue et augmentée
72 J.L. Lambert: INTRODUCTION A L'ARRIERATION MENTALE
73 T.G.R. Bower: DEVELOPPEMENT PSYCHOLOGIQUE DE LA PREMIERE ENFANCE
74 J. Rondal: LANGAGE ET EDUCATION
75 Sheila Kitzinger: PREPARER A L'ACCOUCHEMENT
76 Ovide Fontaine: INTRODUCTION AUX THERAPIES COMPORTEMENTALES
77 Jacques-Philippe Leyens: PSYCHOLOGIE SOCIALE, 2e éd.
78 Jean Rondal: VOTRE ENFANT APPREND A PARLER
79 Michel Legrand: LE TEST DE SZONDI
80 H.J. Eysenck: LA NEVROSE ET VOUS
81 Albert Demaret: ETHOLOGIE ET PSYCHIATRIE
82 Jean-Luc Lambert et Jean A. Rondal: LE MONGOLISME
83 Albert Bandura: L'APPRENTISSAGE SOCIAL
84 Xavier Seron: APHASIE ET NEUROPSYCHOLOGIE
85 Roger Rondeau: LES GROUPES EN CRISE?
86 J. Danset-Léger: L'ENFANT ET LES IMAGES DE LA LITTERATURE ENFANTINE
87 Herbert S. Terrace: NIM, UN CHIMPANZE QUI A APPRIS LE LANGAGE GESTUEL
88 Roger Gilbert: BON POUR ENSEIGNER?
89 Wing, Cooper et Sartorius: GUIDE POUR UN EXAMEN PSYCHIATRIQUE
90 Jean Costermans: PSYCHOLOGIE DU LANGAGE
91 Françoise Macar: LE TEMPS, PERSPECTIVES PSYCHOPHYSIOLOGIQUES
92 Jacques Van Rillaer: LES ILLUSIONS DE LA PSYCHANALYSE, 2e éd.
93 Alain Lieury: LES PROCEDES MNEMOTECHNIQUES
94 Georges Thinès: PHENOMENOLOGIE ET SCIENCE DU COMPORTEMENT
95 Rudolph Schaffer: COMPORTEMENT MATERNEL
96 Daniel Stern: MERE ET ENFANT, LES PREMIERES RELATIONS
97 R. Kempe & C. Kempe: L'ENFANCE TORTUREE
98 Jean-Luc Lambert: ENSEIGNEMENT SPECIAL ET HANDICAP MENTAL
99 Jean Morval: INTRODUCTION A LA PSYCHOLOGIE DE L'ENVIRONNEMENT
100 Pierre Oleron et al.: SAVOIRS ET SAVOIR-FAIRE PSYCHOLOGIQUES CHEZ L'ENFANT
101 Bernard I. Murstein: STYLES DE VIE INTIME
102 Rondal/Lambert/Chipman: PSYCHOLINGUISTIQUE ET HANDICAP MENTAL
103 Brédart/Rondal: L'ANALYSE DU LANGAGE CHEZ L'ENFANT
104 David Malan: PSYCHODYNAMIQUE ET PSYCHOTHERAPIE INDIVIDUELLE
105 Philippe Muller: WAGNER PAR SES REVES
106 John Eccles: LE MYSTERE HUMAIN
107 Xavier Seron: REEDUQUER LE CERVEAU
108 Moreau/Richelle: L'ACQUISITION DU LANGAGE
109 Georges Nizard: ANALYSE TRANSACTIONNELLE ET SOIN INFIRMIER

110 Howard Gardner: GRIBOUILLAGES ET DESSINS D'ENFANTS, LEUR SIGNIFICATION
111 Wilson/Otto: LA FEMME MODERNE ET L'ALCOOL
112 Edwards: DESSINER GRACE AU CERVEAU DROIT
113 Rondal: L'INTERACTION ADULTE-ENFANT
114 Blancheteau: L'APPRENTISSAGE CHEZ L'ANIMAL
115 Boutin: FORMATION ET DEVELOPPEMENTS
116 Húsen: L'ECOLE EN QUESTION
117 Ferrero/Besse: L'ENFANT ET SES COMPLEXES
118 R. Bruyer: LE VISAGE ET L'EXPRESSION FACIALE
119 J.P. Leyens: SOMMES-NOUS TOUS DES PSYCHOLOGUES?
120 J. Château: L'INTELLIGENCE OU LES INTELLIGENCES?
121 M. Claes: L'EXPERIENCE ADOLESCENTE
122 J. Hayes et P. Nutman: COMPRENDRE LES CHOMEURS
123 S. Sturdivant: LES FEMMES ET LA PSYCHOTHERAPIE
124 A. Pomerleau et G. Malcuit: L'ENFANT ET SON ENVIRONNEMENT
125 A. Van Hout et X. Seron: L'APHASIE DE L'ENFANT
126 A. Vergote: RELIGION, FOI, INCROYANCE
127 Sivadon/Fernandez-Zoïla: TEMPS DE TRAVAIL, TEMPS DE VIVRE
128 Born: JEUNES DEVIANTS OU DELINQUANTS JUVENILES?
129 Hamers/Blanc: BILINGUALITE ET BILINGUISME
130 Legrand: PSYCHANALYSE, SCIENCE, SOCIETE
131 Le Camus: PRATIQUES PSYCHOMOTRICES
132 Lars Fredén: ASPECTS PSYCHOSOCIAUX DE LA DEPRESSION
133 Mount: LA FAMILLE SUBVERSIVE
134 Magerotte: MANUEL D'EDUCATION COMPORTEMENTALE CLINIQUE
135 Dailly/Moscato: LATERALISATION ET LATERALITE CHEZ L'ENFANT
136 Bonnet/Tamine-Gardes: QUAND L'ENFANT PARLE DU LANGAGE
137 Bruyer: LES SCIENCES HUMAINES ET LES DROITS DE L'HOMME
138 Taulelle: L'ENFANT A LA RENCONTRE DU LANGAGE
139 de Boucaud: PSYCHOLOGIE DE L'ENFANT ASTHMATIQUE
140 Duruz: NARCISSE EN QUETE DE SOI
141 Feyereisen/de Lannoy: PSYCHOLOGIE DU GESTE
142 Florin et al.: LE LANGAGE A L'ECOLE MATERNELLE
143 Debuyst: MODELE ETHOLOGIQUE ET CRIMINOLOGIE
144 Ashton/Stepney: FUMER
145 Winkel et al.: L'IMAGE DE LA FEMME DANS LES LIVRES SCOLAIRES
146 Bideaud/Richelle: PSYCHOLOGIE DEVELOPPEMENTALE
147 Schmid-Kitsikis: THEORIE CLINIQUE ET FONCTIONNEMENT MENTAL
148 Guggenbühl/Craig: POUVOIR ET RELATION D'AIDE
149 Rondal: LANGAGE ET COMMUNICATION CHEZ LES HANDICAPES MENTAUX
150 Moscato et al.: FONCTIONNEMENT COGNITIF ET INDIVIDUALITE
151 Château: L'HUMANISATION OU LES PREMIERS PAS DES VALEURS HUMAINES
152 Avery/Litwack: NEE TROP TOT
153 Rondal: LE DEVELOPPEMENT DU LANGAGE CHEZ L'ENFANT TRISOMIQUE 21
154 Kellens: QU'AS-TU FAIT DE TON FRERE?
155 Rondal/Henrot: LE LANGAGE DES SIGNES
156 Lafontaine: LE PARTI PRIS DES MOTS
157 Bonnet/Hoc/Tiberghien: AUTOMATIQUE, INTELLIGENCE ARTIFICIELLE ET PSYCHOLOGIE
158 Giovannini et al.: PSYCHOLOGIE ET SANTE
159 Wilmotte et al.: LE SUICIDE
160 Giurgea: L'HERITAGE DE PAVLOV
161 Ionescu: MANUEL D'INTERVENTION EN DEFICIENCE MENTALE N° 1
162 Ionescu: MANUEL D'INTERVENTION EN DEFICIENCE MENTALE N° 2

163 Pieraut-Le Bonniec: CONNAITRE ET LE DIRE
164 Huber: PSYCHOLOGIE CLINIQUE AUJOURD'HUI
165 Rondal et al.: PROBLEMES DE PSYCHOLINGUISTIQUE
166 Slukin: LE LIEN MATERNEL
167 Baudour: L'AMOUR CONDAMNE
168 Wilwerth: VISAGES DE LA LITTERATURE FEMININE
169 Edwards: VISION, DESSIN, CREATIVITE
170 Lutte: LIBERER L'ADOLESCENCE
171 Defays: L'ESPRIT EN FRICHE
172 Broome Walace: PSYCHOLOGIE ET PROBLEMES GYNECOLOGIQUES
173 Aimard: LES BEBES DE L'HUMOUR
174 Perruchet: LES AUTOMATISMES COGNITIFS
175 Bawin-Legros: FAMILLES, MARIAGE, DIVORCE
176 Pourtois/Desmet: EPISTEMOLOGIE ET INSTRUMENTATION EN SCIENCES HUMAINES
177 Sloboda: L'ESPRIT MUSICIEN
178 Fraisse: POUR LA PSYCHOLOGIE SCIENTIFIQUE
179 Ruffiot: PSYCHOLOGIE DU SIDA
180 McAdams/Deliège: LA MUSIQUE ET LES SCIENCES COGNITIVES
181 Argentin: QUAND FAIRE C'EST DIRE...
182 Van der Linden: LES TROUBLES DE LA MEMOIRE
183 Lecuyer: BEBES ASTRONOMES, BEBES PSYCHOLOGIQUES : L'INTELLIGENCE DE LA 1re ANNEE
184 Immelmann: DICTIONNAIRE DE L'ETHOLOGIE
185 Collectif: ACTEUR SOCIAL ET DELINQUANCE
186 Fontana: GERER LE STRESS
187 Bouchard: DE LA PHENOMENOLOGIE A LA PSYCHANALYSE
188 Chanceaulme: MOURIR, ULTIME TENDRESSE
189 Rivière: LA PSYCHOLOGIE DE VYGOTSKY

Hors collection

Paisse: PSYCHOPEDAGOGIE DE LA LUCIDITE
Paisse: ESSENCE DU PLATONISME
Collectif: SYSTEME AMDP
Boulangé/Lambert: LES AUTRES, L'EXPRESSION ARTISTIQUE CHEZ LES HANDICAPES MENTAUX

Manuels et Traités

2 Thinès: PSYCHOLOGIE DES ANIMAUX
3 Paulus: LA FONCTION SYMBOLIQUE ET LE LANGAGE
4 Richelle: L'ACQUISITION DU LANGAGE
5 Paulus: REFLEXES-EMOTIONS-INSTINCTS
Droz-Richelle: MANUEL DE PSYCHOLOGIE
Hurtig-Rondal: MANUEL DE PSYCHOLOGIE DE L'ENFANT (Tome 1)
Hurtig-Rondal: MANUEL DE PSYCHOLOGIE DE L'ENFANT (Tome 2)
Hurtig-Rondal: MANUEL DE PSYCHOLOGIE DE L'ENFANT (Tome 3)
Rondal-Seron: LES TROUBLES DU LANGAGE (DIAGNOSTIC ET REEDUCATION)
Fontaine/Cottraux/Ladouceur: CLINIQUES DE THERAPIE COMPORTEMENTALE
Godefroid: LES CHEMINS DE LA PSYCHOLOGIE